全国“七五”普法统编教材
QUANGUO QIWU PUFA TONGBIAN JIAOCAI

以案释法版

公民
学法用法读本

中国社会科学院法学研究所法治宣传教育与公法研究中心◎组织编写

总顾问：张苏军
总主编：李　林　本册主编：艾其来　邵　波

中国出版集团
中国民主法制出版社
全国百佳图书出版单位

图书在版编目（CIP）数据

公民学法用法读本 ：以案释法版 / 中国社会科学院法学研究所法治宣传教育与公法研究中心组织编写. -- 北京 ：中国民主法制出版社，2016.6

全国“七五”普法统编教材

ISBN 978-7-5162-1205-9

Ⅰ. ①公… Ⅱ. ①中… Ⅲ. ①案例－中国－普及读物 Ⅳ. ①D920.5

中国版本图书馆CIP数据核字(2016)第128595号

责任编辑 / 郭槿桉
装帧设计 / 郑文娟　陈明永

书　　名 / 公民学法用法读本（以案释法版）
作　　者 / 艾其来　邵　波

出版·发行 / 中国民主法制出版社
社　　址 / 北京市丰台区右安门外玉林里7号（100069）
电　　话 / 010-62155988
传　　真 / 010-62151293
经　　销 / 新华书店
开　　本 / 16开　710mm×1000mm
印　　张 / 13
字　　数 / 234千字
版　　本 / 2016年6月第1版　　2016年6月第1次印刷
印　　刷 / 北京精乐翔印刷有限公司

书　　号 / ISBN 978-7-5162-1205-9
定　　价 / 28元

丛书编委会名单

总　序

搞好法治宣传教育
营造良好法治氛围

全面推进依法治国，是坚持和发展中国特色社会主义，努力建设法治中国的必然要求和重要保障，事关党执政兴国、人民幸福安康、国家长治久安。

我们党长期重视依法治国，特别是党的十八大以来，以习近平同志为总书记的党中央对全面依法治国作出了重要部署，对法治宣传教育提出了新的更高要求，明确了法治宣传教育的基本定位、重大任务和重要措施。十八届三中全会要求“健全社会普法教育机制”；十八届四中全会要求“坚持把全民普法和守法作为依法治国的长期基础性工作，深入开展法治宣传教育”；十八届五中全会要求“弘扬社会主义法治精神，增强全社会特别是公职人员尊法学法守法用法观念，在全社会形成良好法治氛围和法治习惯”。习近平总书记多次强调，领导干部要做尊法学法守法用法的模范。法治宣传教育要创新形式、注重实效，为我们做好工作提供了基本遵循。

当前，我国正处于全面建成小康社会的决定性阶段，依法治国在党和国家工作全局中的地位更加突出，严格执法、公正司法的要求越来越高，维护社会公平正义的责任越来越大。按照全面依法治国新要求，深入开展法治宣传教育，充分发挥法治宣传教育在全面依法治国中的基础作用，推动全社会树立法治意识，为“十三五”时期经济社会发展营造良好法治环境，为实现“两个一百年”奋斗目标和中华民族伟大复兴的中国梦作出新贡献，责任重大、意义重大。

为深入贯彻党的十八大和十八届三中、四中、五中全会精神，贯彻落实习近平总书记系列重要讲话精神特别是依法治国重要思想，深入扎实地做好“七五”普法工作，中国社会科学院法学研究所联合中国民主法制出版社，经过反复研究、精心准备，特组织国内从事法律教学、研究和实务的专家学者，在新一轮的五年普法规划实施期间，郑重推出“全面推进依法治国精品书库（六大系列）”，即《全国“七五”普法统编教材（以案释法版，25册）》《青少年法治教育系列教材（法治实践版，30册）》《新时期法治宣传教育工作系列丛书（30册）》《“谁执法谁普法”系列丛书（以案释法版，70册）》《“七五”普法书架——以案释法系列丛书（60册）》和《“谁执法谁普法”

系列宣传册（漫画故事版，70册）》。六套丛书均注重采取宣讲要点、以案释法、图文并茂、通俗易懂的形式，紧紧围绕普法宣传的重点、法律规定的要点、群众关注的焦点、社会关注的热点、司法实践的难点，结合普法学习、法律运用和司法实践进行了全面阐释。丛书涵盖了中国特色社会主义法律体系的方方面面，系统收录了各类法律法规和规章，筛选了涉及经济、政治、文化、社会和生态文明建设的各类典型案例，清晰展现了法律教学研究和司法工作的生动实践，同时兼顾了领导干部、青少年学生、工人和农民等不同普法对象的学习需求，具有很强的实用性和操作性，对于普法学习、法学研究和司法实务均具有较好的参考价值。

丛书的出版，有助于广大公民深入学习中央关于全面推进依法治国的战略布局，系统掌握宪法和法律规定，学会运用多样的权利救济途径表达诉求、维护合法权益；有助于广大行政执法人员和法律工作者进一步优化知识结构，丰富相关法律知识储备，强化能力素质和提高工作水平；有助于广大司法实务工作者准确把握法律应用方面的最新进展，解决实际工作中存在的司法疑难问题。

诚然，中国特色社会主义的建设日新月异，依法治国的实践也在不断丰富和发展。丛书出版后，还需要结合普法实践新进展，立法工作新动态和执法司法新需求，及时进行修订完善和内容更新，以确保读者及时、准确掌握中央全面推进依法治国的新要求、立法执法的新进展，使丛书的社会应用价值不断提升。

全面建成小康社会、实现中华民族伟大复兴的中国梦，必须全面推进依法治国；落实依法治国基本方略，必须不断提高全社会的法律应用水平。衷心希望这六套丛书的出版，能够在普法学习宣传、法学理论研究和教学、法律工作实务方面起到应有作用，切实有助于广大公务人员能够更好地运用法治思维和法治方式推动工作，带头在宪法法律范围内活动；有助于执法司法工作人员始终坚持严格执法、公正司法，不断提升执法司法能力；有助于广大干部群众坚持依法治理，加强法治保障，运用法治思维和法治方式化解社会矛盾，更好地营造学法尊法守法用法的良好氛围。

本书编委会

2016年5月

目　录

第一章　全面推进依法治国的重大战略布局

本 章 要 点

★依法治国，就是广大人民群众在党的领导下，依照宪法和法律规定，通过法定形式管理国家事务，管理经济文化事业，管理社会事务，保证国家各项工作都依法进行，逐步实现民主制度化、法律化，建设社会主义法治国家。

★全面推进依法治国，是我们党从坚持和发展中国特色社会主义，实现国家治理体系和治理能力现代化，提高党的执政能力和执政水平出发，总结历史经验、顺应人民愿望和时代发展要求作出的重大战略布局。

★全面推进依法治国，必须坚持中国共产党的领导，坚持人民主体地位、坚持法律面前人人平等，坚持依法治国和以德治国相结合，坚持从中国实际出发。

★坚持依法治国、依法执政、依法行政共同推进，坚持法治国家、法治政府、法治社会一体建设，实现科学立法、严格执法、公正司法、全民守法，促进国家治理体系和治理能力现代化。

★"七五"普法有七项主要任务。

第一节　依法治国方略的形成与发展过程

依法治国，从根本上讲，就是广大人民群众在党的领导下，依照宪法和法律规定，通过法定形式管理国家事务、管理经济文化事业、管理社会事务，保证国家各项工作都依法进行，逐步实现民主制度化、法律化，建设社会主义法治国家。

全面推进依法治国的提出，是对我们党严格执法执纪优良传统作风的传承，是对党的十五大报告提出的"依法治国，建设社会主义法治国家"的深化。历史地看，我们党依法治国基本方略的形成和发展，经历了一个长期的探索发展过程。

早在革命战争年代，我党领导下的革命根据地红色政权就陆续制定和颁布过《中华苏维埃共和国宪法大纲》《中国土地法大纲》《陕甘宁边区施政纲领》等一系列法律制度规定，为新生红色政权的依法产生和依法办事，为调动一切抗日力量抵御外来侵略者，为解放全中国提供了宪法性依据和法律遵循。遵守法纪、依法办事成为这一时期党政工作的一大特色。尽管从总体上看，为适应战时需要，当时主要实行的还是政策为主、法律为辅，但在战争年代，尤其是军事力量对比实力悬殊的情况下，我们党依然能够在革命根据地和解放区坚持探索和实践法制建设，充分显示了一个无产阶级政党领导人民翻身解放、当家作主的博大胸怀。

1949年中华人民共和国的建立，开启了中国法治建设的新纪元。从1949年到20世纪50年代中期，是中国社会主义法制的初创时期。这一时期中国制定了具有临时宪法性质的《中国人民政治协商会议共同纲领》和其他一系列法律、法令，对巩固新生的共和国政权，维护社会秩序和恢复国民经济，起到了重要作用。1954年第一届全国人民代表大会第一次会议制定的《中华人民共和国宪法》，以及随后制定的有关法律，规定了国家的政治制度、经济制度和公民的权利与自由，规范了国家机关的组织和职权，确立了国家法制的基本原则，初步奠定了中国法治建设的基础。20世纪50年代后期以后，特别是“文化大革命”十年（1966年－1976年）动乱，中国社会主义法制遭到严重破坏。

20世纪70年代末，中国共产党总结历史经验，特别是汲取“文化大革命”的惨痛教训，作出把国家工作中心转移到社会主义现代化建设上来的重大决策，实行改革开放政策，并明确了一定要靠法制治理国家的原则。为了保障人民民主，必须加强社会主义法制，使民主制度化、法律化，使这种制度和法律具有稳定性、连续性和权威性，使之不因领导人的改变而改变，不因领导人的看法和注意力的改变而改变，做到有法可依，有法必依，执法必严，违法必究，成为改革开放新时期法治建设的基本理念。在发展社会主义民主、健全社会主义法制的基本方针指引下，现行宪法以及刑法、刑事诉讼法、民事诉讼法、民法通则、行政诉讼法等一批基本法律出台，中国的法治建设进入了全新发展阶段。

20世纪90年代，中国开始全面推进社会主义市场经济建设，由

此进一步奠定了法治建设的经济基础，也对法治建设提出了更高的要求。1997年召开的中国共产党第十五次全国代表大会，将“依法治国”确立为治国基本方略，将“建设社会主义法治国家”确定为社会主义现代化的重要目标，并提出了建设中国特色社会主义法律体系的重大任务。1999年，将“中华人民共和国实行依法治国，建设社会主义法治国家”载入宪法。中国的法治建设揭开了新篇章。

进入21世纪，中国的法治建设继续向前推进。2002年召开的中国共产党第十六次全国代表大会，将社会主义民主更加完善，社会主义法制更加完备，依法治国基本方略得到全面落实，作为全面建设小康社会的重要目标。2004年，将“国家尊重和保障人权”载入宪法。2007年召开的中国共产党第十七次全国代表大会，明确提出全面落实依法治国基本方略，加快建设社会主义法治国家，并对加强社会主义法治建设作出了全面部署。

2012年，党的十八大召开以来，党中央高度重视依法治国。2014年，党的十八届四中全会专门作出《中共中央关于全面推进依法治国若干重大问题的决定》，描绘了全面推进依法治国的总蓝图、路线图、施工图，标志着依法治国按下了“快进键”、进入了“快车道”，对我国社会主义法治建设具有里程碑意义。在新的历史起点上，我们党更加重视全面依法治国和社会主义法治建设，强调落实依法治国基本方略，加快建设社会主义法治国家，必须全面推进科学立法、严格执法、公正司法、全民守法进程，强调坚持党的领导，更加注重改进党的领导方式和执政方式；依法治国，首先是依宪治国；依法执政，关键是依宪执政；新形势下，我们党要履行好执政兴国的重大职责，必须依据党章从严治党、依据宪法治国理政；党领导人民制定宪法和法律，党领导人民执行宪法和法律，党自身必须在宪法和法律范围内活动，真正做到党领导立法、保证执法、带头守法。

现在，全面建成小康社会进入决定性阶段，改革进入攻坚期和深水区。我们党面对的改革发展稳定任务之重前所未有、矛盾风险挑战之多前所未有，依法治国在党和国家工作全局中的地位更加突出、作用更加重大。全面推进依法治国是关系我们党执政兴国、关系人民幸福安康、关系党和国家长治久安的重大战略问题，是完善和发展中国特色社会主义制度、推进国家治理体系和治理能力现代化的重要方面。我们要实现党的十八大和十八届三中、四中、五中全会作出的一系列战略部署，全

面建成小康社会、实现中华民族伟大复兴的中国梦，全面深化改革、完善和发展中国特色社会主义制度，就必须在全面推进依法治国上作出总体部署、采取切实措施、迈出坚实步伐。

以案释法 01

严肃法纪、引以为戒

【案情介绍】1937年10月5日傍晚，延河边刮着寒风，河滩上扬着尘土，红军抗日军政大学第三期6队队长黄克功与第二期15队学员刘茜沿河滩漫步。两人因情感纠葛再次发生争执。黄克功为了挽回这段恋情，情急之下拔出手枪。本想吓阻刘茜改变主意、回心转意，可他得到的回应是冷峻的眸子、厉声的斥责和响亮的耳光。呯！呯！黄克功手里的勃朗宁手枪响了……

"黄克功事件"在边区内外引起了巨大的反响。一时间，人们议论纷纷，有的探询事件细节，有的揣测如何处理。有人主张，黄克功刚刚经过二万五千里长征，是红军的重要干部，民族解放战争正需要这样的人去冲锋陷阵，应当给他戴罪立功的机会。

在黄克功提出戴罪立功请求，干部群众提出依法偿命和从轻发落不同意见的情况下，作为时任陕甘宁边区高等法院代院长、本案审判长的雷经天，在坚持依法审理的同时，又及时向毛泽东主席报告了案情和惩处意见。

鉴于本案案情重大，具有典型的法制教育意义，边区政府及高等法院根据党中央的指示，于10月11日在被害人所在单位——陕北公学大操场，召开了数千人的大会，进行公开审判。公审大会上，雷经天接到并当着黄克功本人的面，当场宣读了毛主席的回信。

雷经天同志：

你及黄克功的信均收阅。

黄克功过去的斗争历史是光荣的，今天处以极刑，我及党中央的同志都是为之惋惜的。但他犯了不容赦免的大罪，一个共产党员、红军干部而有如此卑鄙的，残忍的，失掉党的立场的，失掉革命立场的，失掉人的立场的行为，如赦免他，便无以教育党，无以教育红军，无以教育革命，根据党与红军的纪律，处他以极刑。正因为黄克功不同于一个普通人，正因为他是一个多年的共产党员，正因为他是一个多年的红军，所以不能不这样办。共产党与红军，对于自己的党员与红军成员不能不执行比一般平民更加严格的纪律。当此国家危急革命紧张之时，黄克功卑鄙无耻残忍自私至如此程度，他之处死，是他自己的行为决定的。一切共产党员，一切红军指战员，一切革命分子，都要以黄克功为前车之鉴。请你在公审会上，当着黄克功及到会群众，除宣布法庭判决外，并宣布我这封信。对刘茜同志之家属，应给以安慰与体恤。

毛泽东

1937年10月10日

随着雷经天宣读的声音停止，大家再将目光转向黄克功时，如梦初醒的他，高高地扬起头，连呼“中华民族解放万岁！”“打倒日本帝国主义！”“中国共产党万岁！”口号三遍，呼罢，跟着行刑队走出会场……

【以案释法】法治是治国理政的重要途径，是社会秩序的根本保障，是文明进步的显著标志。黄克功一案的处理从一个侧面反映，我们党历来有着严肃法纪、强调依法办事的优良传统。红色根据地时期，我们党立即在夺取政权后的边区治理中注重立法、完备法制，并严格依法办事，为新中国成立后的法治建设奠定了基础。

时任抗大副校长的罗瑞卿强调：“黄克功敢于随便开枪杀人，原因之一就是自恃有功，没有把法律放在眼里，如果我们不惩办他，不是也没有把法律放在眼里吗？任何人都要服从法律，什么功劳、地位、才干都不能阻挡依法制裁。”黄克功案判决书中也载明：“刘茜今年才16岁，根据特区的婚姻法律，未达到结婚年龄。黄克功是革命干部，要求与未达婚龄的幼女刘茜结婚，已属违法，更因逼婚未遂，以致实行枪杀泄愤，这完全是兽行不如的行为，罪无可逭。”

著名民主人士李公朴先生评价此案：“它为将来的新中国成立了一个好的法律榜样。”

以案释法 02

治国就是治吏

【案情介绍】1952年2月10日，在河北省保定东关校场，两声清脆的枪声，结束了原天津地委书记刘青山、专员张子善的生命。这两个党的高级干部，因贪污腐化而被判处死刑，这在新中国成立之初尚属首次，也是我党建国之后反腐败的第一大案。

刘青山，曾任中共天津地委书记，被捕前任中共石家庄市委副书记。张子善，曾任中共天津地委副书记、天津专区专员，被捕前任中共天津地委书记。经查，在短短的两年内，刘青山、张子善二人先后盗窃国家救济粮、治河专款、干部家属救济粮、克扣民工粮、机场建筑款及骗取国家银行等，总计达170.6272亿元（旧币1万元约折合今人民币1元）。

最后，河北省人民法院在公判大会上宣布，奉中央人民政府最高人民法院令，判处大贪污犯刘青山、张子善死刑，立即执行，并没收其本人全部财产。同案其他各犯另行审判。

【以案释法】刘青山、张子善贪污案，被称为新中国开国第一大案。刘青山和张子善作为战争年代的革命功臣，建国后因居功自傲、贪污腐化堕落成犯罪分子。我们党向党内腐败行为开的第一刀，杀的就是身居高位的刘、张两人。相比今天的巨贪来说，刘青山、张子善的贪污案的案值可能并不算大，那么为什么一定要对他们处以极刑？这在当时是经过审慎权衡的。刘青山、张子善贪污案披露后，在河北省各级干部中引起极大的震动。一些干部特别是当年曾和刘青山、张子善一起出生入死闹革命的干部，感到惋惜，有不少的议论。有的说："他们是有功之臣，不能杀呀！"有的认为："可以判个重刑，让他们劳动改造，重新做人。"有的呼吁："希望中央能刀下留情！"有的感叹："三十多岁正是好年华，说杀就杀了，实在可惜，应该给他们一个立功赎罪的机会。"

由于刘青山、张子善的地位和影响，以及广大干部在认识上的不尽一致，因而对刘、张的量刑十分审慎。在广泛听取各种不同意见的基础上，毛泽东同志明确表示：是要他们俩，还是要新中国？正因为他们两人的地位高，功劳大，影响大，所以才要下决心处决他们。只有处决他们，才可能挽救20个、200个、2000个、2万个犯有各种不同程度错误的干部。我建议重读一下《资治通鉴》。治国就是治吏！我说过的，杀人不是割韭菜，要慎之又慎。但是事出无奈，不得已啊！问题若是成了堆，就要积重难返了啊！

显然，建国之初，我们党从革命党成功转型为执政党，新生的红色政权刚刚建立，战后的中国正值百废待兴之际，端正党风、严肃法纪、惩治贪腐事关民心所向、社稷安危，一旦腐败蔓延开来就会危及党的生死存亡。

以案释法03

严格依法办事、坚持从严治党

【案情介绍】2015年5月22日，天津市第一中级人民法院鉴于周永康案中一些犯罪事实证据涉及国家秘密，依法对周永康案进行不公开审理。

天津市第一中级人民法院经审理认为，周永康受贿数额特别巨大，但其归案后能如实供述自己的罪行，认罪悔罪，绝大部分贿赂系其亲属收受且其系事后知情，案发后主动要求亲属退赃且受贿款物全部追缴，具有法定、酌定从轻处罚情节；滥用职权，犯罪情节特别严重；故意泄露国家秘密，犯罪情节特别严重，但未造成特别严重的后果。

根据周永康犯罪的事实、性质、情节和对于社会的危害程度，天津市第一中级人民法院于2015年6月11日宣判，周永康犯受贿罪，判处无期徒刑，剥夺政治权利终身，并处没收个人财产；犯滥用职权罪，判处有期徒刑七年；犯故意泄露国家秘密罪，判处有期徒刑四年，三罪并罚，决定执行无期徒刑，剥夺政治权利终身，并处没收个人财产。

周永康在庭审最后陈述时说，我接受检方指控，基本事实清楚，我表示认罪悔罪；有关人员对我家人的贿赂，实际上是冲着我的权力来的，我应负主要责任；自己不断为私情而违法违纪，违法犯罪的事实是客观存在的，给党和国家造成了重大损失；对我问题的依纪依法处理，体现了全面从严治党、全面依法治国的决心。

【以案释法】周永康一案涉及建国以来第一例因贪腐被中纪委立案审查的正国级领导干部。周永康的落马充分反映了我们党全面从严治党、全面依法治国的坚定决心。说明反腐没有"天花板"，无论任何人，不管位有多高，权有多大，只要违法乱纪，一样要严惩不贷。周永康一案的宣判表明，无论是位高权重之人，还是基层党员干部，都应始终要敬畏党纪、敬畏国法，不以权谋私，切忌把权力当成自家的"后花园"。通过办案机关依法办案、文明执法，讲事实、讲道理，周永康也认识到自己违法犯罪的事实给党的事业造成的损失，给社会造成了严重影响，并多次表示认罪悔罪。

综观周永康一案从侦办、审理和宣判，整个过程都坚持依法按程序办案，很好地体现了"以法治思维和法治方式反对腐败"的基本理念。这充分说明，我们党敢于直面问题、纠正错误，勇于从严治党、依法治国。周永康案件再次表明，党纪国法绝不是"橡皮泥""稻草人"，无论是因为"法盲"导致违纪违法，还是故意违规违法，都要受到追究，否则就会形成"破窗效应"。法治之下，任何人都不能心存侥幸，都不能指望法外施恩，没有免罪的"丹书铁券"，也没有"铁帽子王"。

上述三个案例，尽管时间上跨度很大，分别为新民主主义革命时期、新中国成立初期和中国特色社会主义建设时期，但共同显示出我们党严格依法办事和从严治党的决心与信心没有变。

第二节　全面推进依法治国必须坚持的基本原则

全面推进依法治国是一项系统工程，是国家治理领域一场广泛而深刻的革命，需要付出长期艰苦努力，这一过程中，既要避免不作为，又要防范乱作为。为此，党的十八届四中全会明确提出了全面推进依法治国必须要坚持的基本原则，即坚持中国共产党的领导，坚持人民主体地位，坚持法律面前人人平等，坚持依法治国和以德治国相结合，坚持从中国实际出发。

一、党的领导原则

党的领导是中国特色社会主义最本质的特征，是社会主义法治最根本的保证。把党的领导贯彻到依法治国全过程和各方面，是我国社会主义法治建设的一条基本经验。我国宪法确立了中国共产党的领导地位。坚持党的领导，是社会主义法治的根本要求，是党和国家的根本所在、命脉所在，是全国各族人民的利益所系、幸福所系。党的领导和社会主义法治是一致的，社会主义法治必须坚持党的领导，党的领导必须依靠社会主义法治。只有在党的领导下依法治国、厉行法治，人民当家作主才能充分实现，国家和社会生活法治化才能有序推进。依法执政，既要求党依宪依法治国理政，也要求党依据党内法规管党治党。实践证明，只有把依法治国基本方略的贯彻实施同依法执政的基本方式统一起来，把党领导立法、保证执法、支持司法、带头守法统一起来，把党总揽全局、协调各方同人大、政府、政协、审判机关、检察机关依法依章程履行职能，开展工作统一起来，把党领导人民制定和实施宪法法律同党坚持在宪法法律范围内活动统一起来，才能确保法治中国的建设有序推进、深入开展。

二、人民主体原则

在我国，人民是依法治国的主体和力量源泉，法治建设以保障人民根本权益为出发点和落脚点。法治建设的宗旨是为了人民、依靠人民、保护人民、造福人民。因此，全面推进依法治国，必须要保证人民依法享有广泛的权利和自由、承担应尽的义务，维护社会公平正义，促进共同富裕。

全面推进依法治国，就是为了更好地实现人民在党的领导下，依照法律规定，通过各种途径和形式管理国家事务，管理经济文化事业，管理社会事务。法律既是保障公民权利的有力武器，也是全体公民必须一体遵循的行为规范，因此全面推行依法治国，必须要坚持人民主体原则，切实增强全社会学法尊法守法用法意识，使法律为人民所掌握、所遵守、所运用。

三、法律面前人人平等原则

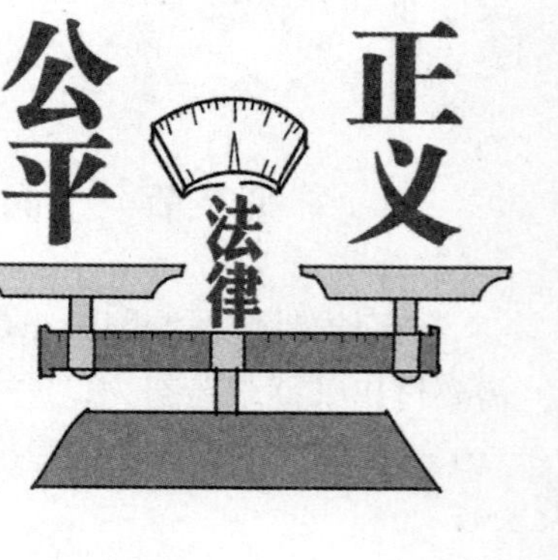

平等是社会主义法律的基本属性。法律面前人人平等，要求任何组织和个人都必须尊重宪法法律权威，都必须在宪法法律范围内活动，都必须依照宪法法律行使权力或权利、履行职责或义务，都不得有超越宪法法律的特权。全面推行依法治国，必须维护国家法制统一、尊严和权威，切实保证宪法法律有效实施，任何人都不得以任何借口任何形式以言代法、以权压法、徇私枉法。必须规范和约束公权力，加大监督力度，做到有权必有责、用权受监督、违法必追究。坚决纠正有法不依、执法不严、违法不究行为。

四、依法治国和以德治国相结合原则

法律和道德同为社会行为规范，在支撑社会交往、维护社会稳定、促进社会发展方面，发挥着各自不同的且不可替代的交互作用，国家和社会治理离不开法律和道德的共同发挥作用。全面推进依法治国，必须要既重视发挥法律的规范作用，又重视发挥道德的教化作用，要坚持一手抓法治、一手抓德治，大力弘扬社会主义核心价值观，弘扬中华传统美德，培育社会公德、职业道德、家庭美德、个人品德。法治要体现道德理念、强化对道德建设的促进作用，道德要滋养法治精神、强化对法治文化的支撑作用，以实现法律和道德相辅相成、法治和德治相得益彰。

五、从实际出发原则

全面推进依法治国是中国特色社会主义道路、理论、制度实践的必然选择。建设法治中国，必须要从我国基本国情出发，同改革开放不断深化相适应，总结和运用党领导人民实行法治的成功经验，围绕社会主义法治建设重大理论和实践问题，深入开展法治建设，推进法治理论创新。

第三节　全面推进依法治国的总体要求

十八届四中全会是我党历史上，第一次通过全会的形式专题研究部署、全面推进依法治国问题。全会在对全面推进依法治国的重要意义、重大作用、指导思想和基本原则作了系统阐述的基础上，站在总揽全局、协调各方的高度，对全面推进依法治国进程中的人大、政府、政协、审判、检察等各项工作提出了工作要求。

一、加强立法工作，完善中国特色社会主义法律体系建设和以宪法为核心的法律制度实施

（一）建设中国特色社会主义法治体系，坚持立法先行，发挥立法的引领和推动作用，抓住提高立法质量这个关键

立法工作要恪守以民为本、立法为民理念，贯彻社会主义核心价值观，要符合宪法精神、反映人民意志、得到人民拥护。要把公正、公平、公开原则贯穿立法全过程，完善立法体制机制，坚持立改废释并举，增强法律法规的及时性、系统性、针对性、有效性。坚持依法治国，首先要坚持依宪治国、坚持依宪执政。一切违反宪法的行为都必须予以追究和纠正。

为了强化宪法意识，党和国家还确定，每年12月4日定为国家宪法日。在全社会普遍开展宪法教育，弘扬宪法精神。建立宪法宣誓制度，凡经人大及其常委会选举或者决定任命的国家工作人员正式就职时公开向宪法宣誓。

（二）完善党对立法工作中重大问题决策的程序

凡立法涉及重大体制和重大政策调整的，必须报党中央讨论决定。党中央向全国人大提出宪法修改建议，依照宪法规定的程序进行宪法修改。法律制定和修改的重大问题由全国人大常委会党组向党中央报告。

健全有立法权的人大主导立法工作的体制机制。建立由全国人大相关专门委员会、全国人大常委会法制工作委员会组织有关部门参与起草综合性、全局性、基础性等重要法律草案制度。增加有法治实践经验的专职常委比例。依法建立健全专门委员会、工作委员会立法专家顾问制度。

加强和改进政府立法制度建设，完善行政法规、规章制定程序，完善公众参与政府立法机制。重要行政管理法律法规由政府法制机构组织起草。

明确立法权力边界，从体制机制和工作程序上有效防止部门利益和地方保护主义法律化。明确地方立法权限和范围，依法赋予设区的市地方立法权。

（三）深入推进科学立法、民主立法

加强人大对立法工作的组织协调，健全立法起草、论证、协调、审议机制，健全向下级人大征询立法意见机制，建立基层立法联系点制度，推进立法精细化。更多发挥人大代表参与起草和修改法律作用。充分发挥政协委员、民主党派、工商联、无党派人士、人民团体、社会组织在立法协商中的作用，拓宽公民有序参与立法途径，广泛凝聚社会共识。

（四）加强重点领域立法

依法保障公民权利，加快完善体现权利公平、机会公平、规则公平的法律制度，保障公民人身权、财产权、基本政治权利等各项权利不受侵犯，保障公民经济、文化、社会等各方面权利得到落实，实现公民权利保障法治化。增强全社会尊重和保障人权意识，健全公民权利救济渠道和方式。

二、深入推进依法行政，加快建设法治政府

各级政府必须坚持在党的领导下、在法治轨道上开展工作，创新执法体制，完善执法程序，推进综合执法，严格执法责任，建立权责统一、权威高效的依法行政体制，加快建设职能科学、权责法定、执法严明、公开公正、廉洁高效、守法诚信的法治政府。

（一）依法全面履行政府职能

完善行政组织和行政程序法律制度，推进机构、职能、权限、程序、责任法定化。行政机关要坚持法定职责必须为、法无授权不可为，勇于负责、敢于担当，坚决纠正不作为、乱作为，坚决克服懒政、怠政，坚决惩处失职、渎职。行政机关不得法

外设定权力，没有法律法规依据不得作出减损公民、法人和其他组织合法权益或者增加其义务的决定。

（二）健全依法决策机制

把公众参与、专家论证、风险评估、合法性审查、集体讨论决定确定为重大行政决策法定程序，确保决策制度科学、程序正当、过程公开、责任明确。

建立重大决策终身责任追究制度及责任倒查机制，对决策严重失误或者依法应该及时作出决策但久拖不决造成重大损失、恶劣影响的，严格追究行政首长、负有责任的其他领导人员和相关责任人员的法律责任。

（三）深化行政执法体制改革

根据不同层级政府的事权和职能，按照减少层次、整合队伍、提高效率的原则，合理配置执法力量。

推进综合执法，大幅减少市县两级政府执法队伍种类，重点在食品药品安全、工商质检、公共卫生、安全生产、文化旅游、资源环境、农林水利、交通运输、城乡建设、海洋渔业等领域内推行综合执法，有条件的领域可以推行跨部门综合执法；严格实行行政执法人员持证上岗和资格管理制度，未经执法资格考试合格，不得授予执法资格，不得从事执法活动。严格执行罚缴分离和收支两条线管理制度，严禁收费罚没收入同部门利益直接或者变相挂钩。

（四）坚持严格规范公正文明执法

依法惩处各类违法行为，加大关系群众切身利益的重点领域执法力度。完善执法程序，建立执法全过程记录制度。明确具体操作流程，重点规范行政许可、行政处罚、行政强制、行政征收、行政收费、行政检查等执法行为。严格执行重大执法决定法制审核制度。

全面落实行政执法责任制，严格确定不同部门及机构、岗位执法人员执法责任和责任追究机制，加强执法监督，坚决排除对执法活动的干预，防止和克服地方和部门保护主义，惩治执法腐败现象。

（五）强化对行政权力的制约和监督

加强党内监督、人大监督、民主监督、行政监督、司法监督、审计监督、社会监督、舆论监督制度建设，努力形成科学有效的权力运行制约和监督体系，增强监督合力和实效。

加强对政府内部权力的制约，对财政资金分配使用、国有资产监管、政府投资、政府采购、公共资源转让、公共工程建设等权力集中的部门和岗位实行分事行权、分岗设权、分级授权，定期轮岗，强化内部流程控制，防止权力滥用。改进上级机关对下级机关的监督，建立常态化监督制度。完善纠错问责机制，健全责令公开道歉、停职检查、引咎辞职、责令辞职、罢免等问责方式和程序。

完善审计制度，保障依法独立行使审计监督权。对公共资金、国有资产、国有资源和领导干部履行经济责任情况实行审计全覆盖。

（六）全面推进政务公开

坚持以公开为常态、不公开为例外原则，推进决策公开、执行公开、管理公开、服务公开、结果公开。各级政府及其工作部门依据权力清单，向社会全面公开政府职能、法律依据、实施主体、职责权限、管理流程、监督方式等事项。重点推进财政预算、公共资源配置、重大建设项目批准和实施、社会公益事业建设等领域的政府信息公开。

涉及公民、法人或其他组织权利和义务的规范性文件，按照政府信息公开要求和程序予以公布。推行行政执法公示制度。推进政务公开信息化，加强互联网政务信息数据服务平台和便民服务平台建设。

三、**保证公正司法，提高司法公信力**

必须完善司法管理体制和司法权力运行机制，规范司法行为，加强对司法活动的监督，努力让人民群众在每一个司法案件中感受到公平正义。

（一）完善确保依法独立公正行使审判权和检察权的制度

建立领导干部干预司法活动、插手具体案件处理的记录、通报和责任追究制度。任何党政机关和领导干部都不得让司法机关做违反法定职责、有碍司法公正的事情，任何司法机关都必须执行党政机关和领导干部不得违法干预司法活动的要求。对干预司法机关办案的，给予党纪政纪处分；造成冤假错案或者其他严重后果的，依法追究刑事责任。

（二）优化司法职权配置

健全公安机关、检察机关、审判机关、司法行政机关各司其职，侦查权、检察权、审判权、执行权相互配合、相互制约的体制机制。

完善审级制度，一审重在解决事实认定和法律适用，二审重在解决事实法律争议、实现二审终审，再审重在解决依法纠错、维护裁判权威；建立司法机关内部人员过问案件的记录制度和责任追究制度。完善主审法官、合议庭、主任检察官、主办侦查员办案责任制，落实谁办案谁负责。

（三）推进严格司法

健全事实认定符合客观真相、办案结果符合实体公正、办案过程符合程序公正的法律制度。加强和规范司法解释和案例指导，统一法律适用标准。全面贯彻证据裁判规则，严格依法收集、固定、保存、审查、运用证据，完善证人、鉴定人出庭制度，保证庭审在查明事实、认定证据、保护诉权、公正裁判中发挥决定性作用。明确各类司法人员工作职责、工作流程、工作标准，实行办案质量终身负责制和错案责任倒查问责制，确保案件处理经得起法律和历史检验。

（四）保障人民群众参与司法

坚持人民司法为人民，依靠人民推进公正司法，通过公正司法维护人民权益。在司法调解、司法听证、涉诉信访等司法活动中保障人民群众参与。推进审判公开、检务公开、警务公开、狱务公开，依法及时公开执法司法依据、程序、流程、结果和生效法律文书，杜绝暗箱操作。

（五）加强人权司法保障

强化诉讼过程中当事人和其他诉讼参与人的知情权、陈述权、辩护辩论权、申请权、申诉权的制度保障。健全落实罪刑法定、疑罪从无、非法证据排除等法律原则的法律制度。完善对限制人身自由司法措施和侦查手段的司法监督，加强对刑讯逼供和非法取证的源头预防，健全冤假错案有效防范、及时纠正机制。

（六）加强对司法活动的监督

完善检察机关行使监督权的法律制度，加强对刑事诉讼、民事诉讼、行政诉讼的法律监督。完善人民监督员制度，重点监督检察机关查办职务犯罪的立案、羁押、扣押冻结财物、起诉等环节的执法活动。

依法规范司法人员与当事人、律师、特殊关系人、中介组织的接触、交往行为。严禁司法人员私下接触当事人及律师、泄露或者为其打探案情、接受吃请或者收受其财物、为律师介绍代理和辩护业务等违法违纪行为，坚决惩治司法掮客行为，防止利益输送。

四、增强全民法治观念，推进法治社会建设

弘扬社会主义法治精神，建设社会主义法治文化，增强全社会厉行法治的积极性和主动性，形成守法光荣、违法可耻的社会氛围，使全体人民都成为社会主义法治的忠实崇尚者、自觉遵守者、坚定捍卫者。

（一）推动全社会树立法治意识

坚持把全民普法和守法作为依法治国的长期基础性工作，深入开展法治宣传教育，引导全民自觉守法、遇事找法、解决问题靠法。坚持把领导干部带头学法、模范守法作为树立法治意识的关键，完善国家工作人员学法用法制度，把法治教育纳入国民教育体系，从青少年抓起，在中小学设立法治知识课程。

健全普法宣传教育机制，各级党委和政府要加强对普法工作的领导，宣传、文

化、教育部门和人民团体要在普法教育中发挥职能作用。实行国家机关“谁执法谁普法”的普法责任制，建立法官、检察官、行政执法人员、律师等以案释法制度。把法治教育纳入精神文明创建内容，开展群众性法治文化活动，健全媒体公益普法制度，加强新媒体、新技术在普法中的运用，提高普法实效；加强社会诚信建设，健全公民和组织守法信用记录，完善守法诚信褒奖机制和违法失信行为惩戒机制，使尊法守法成为全体人民共同追求和自觉行动；加强公民道德建设，弘扬中华优秀传统文化，增强法治的道德底蕴，强化规则意识，倡导契约精神，弘扬公序良俗。发挥法治在解决道德领域突出问题中的作用，引导人们自觉履行法定义务、社会责任、家庭责任。

（二）推进多层次多领域依法治理

深入开展多层次多形式法治创建活动，深化基层组织和部门、行业依法治理，支持各类社会主体自我约束、自我管理。发挥市民公约、乡规民约、行业规章、团体章程等社会规范在社会治理中的积极作用。建立健全社会组织参与社会事务、维护公共利益、救助困难群众、帮教特殊人群、预防违法犯罪的机制和制度化渠道，发挥社会组织对其成员的行为导引、规则约束、权益维护作用。

（三）建设完备的法律服务体系

完善法律援助制度，扩大援助范围，健全司法救助体系，保证人民群众在遇到法律问题或者权利受到侵害时获得及时有效法律帮助。

（四）健全依法维权和化解纠纷机制

强化法律在维护群众权益、化解社会矛盾中的权威地位，引导和支持人们理性表达诉求、依法维护权益。建立健全社会矛盾预警机制、利益表达机制、协商沟通机制、救济救助机制，畅通群众利益协调、权益保障法律渠道。把信访纳入法治化轨道，保障合理合法诉求依照法律规定和程序就能得到合理合法的结果。

健全社会矛盾纠纷预防化解机制，完善调解、仲裁、行政裁决、行政复议、诉讼等有机衔接、相互协调的多元化纠纷解决机制。

完善立体化社会治安防控体系，有效防范化解管控影响社会安定的问题，保障人民生命财产安全。依法严厉打击暴力恐怖、涉黑犯罪、邪教和黄赌毒等违法犯罪活动，绝不允许其形成气候。依法强化危害食品药品安全、影响安全生产、损害生态环境、破坏网络安全等重点问题治理。

此外，十八届四中全会还就法治工作队伍建设、党对全面推进依法治国的领导等重大问题提出了加强和改进要求。

以案释法 04

让人民群众在司法案件中感受到公平正义

【案情介绍】欠债还钱，天经地义，支付罚息，也理所应当。但是，银行却在本金、罚息之外，另收“滞纳金”，并且还是按复利计算，结果经常导致“滞纳金”远高于本金，成了实际上的“驴打滚”。中国银行某高新技术产业开发区支行起诉信用卡欠费人沙女士，请求人民法院依法判令沙女士归还信用卡欠款共计375079.3元(包含本金339659.66元及利息、滞纳金共计35419.64元)。银行按每日万分之五的利率计算的利息，以及每个月高达5%的滞纳金，这就相当于年利率高达78%。受理本案的人民法院认为，根据合同法、商业银行法，我国的贷款利率是受法律限制的，最高人民法院在关于民间借贷的司法解释中明确规定：最高年利率不得超过24%，否则就算“高利贷”，不受法律保护。但问题在于，最高法的司法解释针对的是“民间高利贷”，而原告是根据中国人民银行的《银行卡业务管理办法》收取滞纳金的，该如何审理?

【以案释法】在我国社会主义法律体系中，宪法是国家的根本大法，处于最高位阶，一切法律、行政法规、司法解释、地方性法规和规章、自治条例和单行条例都不得与宪法规定精神相违背。依法治国首先是必须依宪治国。十八届四中全会重申了宪法第五条关于“一切违反宪法和法律的行为必须予以追究”的原则，强调要“努力让人民群众在每一个司法案件中感受到公平正义。”此案中，法官引述了宪法第三十三条第二款：“中华人民共和国公民在法律面前一律平等。”法官认为：“平等意味着对等待遇，除非存在差别对待的理由和依据。一方面，国家以贷款政策限制民间借款形成高利；另一方面，在信用卡借贷领域又形成超越民间借贷限制一倍或者几倍的利息。这显然极可能形成一种‘只准州官放火，不许百姓点灯’的外在不良观感。”法官从宪法“平等权”等多个层面，提出应对法律进行系统性解释，认为“商业银行错误将相关职能部门的规定作为自身高利、高息的依据，这有违于合同法及商业银行法的规定”，从而最终驳回了银行有关滞纳金的诉讼请求，仅在本金339659.66元、年利率24%的限度内予以支持。

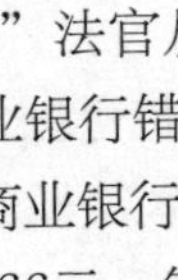

思考题

1. 全面推进依法治国的重大意义是什么?
2. 全面推进依法治国必须坚持的基本原则有哪些?
3. 全面推进依法治国的总体要求是什么?

第二章　建设中国特色社会主义法治体系

本章要点

★全面推进依法治国，总目标是建设中国特色社会主义法治体系，建设社会主义法治国家。

★从“法律体系”到“法治体系”是一个质的飞跃，是一个从静态到动态的过程，是一个从平面到立体的过程。

★建设中国特色社会主义法治体系是在法治领域为推进国家治理现代化增添总体效应的重要举措。

★中国特色社会主义法治体系包括完备的法律规范体系、高效的法治实施体系、严密的法治监督体系、有力的法治保障体系、完备的党内法规体系五个子系统。

★以高度自信建设中国特色社会主义法治体系。

第一节　建设中国特色社会主义法治体系的提出

中国特色社会主义法律体系是在中国共产党领导下，适应中国特色社会主义建设事业的历史进程而逐步形成的。法律体系是指由一国全部现行法律规范分类组合为不同法律部门而形成的有机整体，党的十五大报告将它正式上升到政策层面。十五大报告提出了21世纪第一个十年国民经济和社会发展的远景目标，确立了“依法治国，建设社会主义法治国家”的基本方略，明确提出到2010年形成中国特色社会主义法律体系。截至2011年 8 月底，我国已制定现行宪法和有效法律共240部、行政法规706部、地方性法规8600多部，涵盖社会关系各个方面的法律部门已经齐全，各个法律部门中基本的、主要的法律已经制定，相应的行政法规和地方性法规比较完备，法律体系内部总体做到科学和谐统一。作为一项法治建设目标，中国特色社会主义法律体系在实践中如期基本形成。

十八届四中全会通过的《中共中央关于全面推进依法治国若干重大问题的决定》提出："全面推进依法治国，总目标是建设中国特色社会主义法治体系，建设社会主义法治国家。"这是我们党的历史上，第一次提出建设中国特色社会主义法治体系的新目标。从"法律体系"到"法治体系"是一个质的飞跃，是一个从静态到动态的过程，是一个从平面到立体的过程。

一、准确把握中国特色社会主义法治体系的内涵

中国特色社会主义法治体系，指的是立足中国国情和实际，适应全面深化改革和推进国家治理现代化需要，集中体现中国人民意志和社会主义属性的法治诸要素、结构、功能、过程内在协调统一的有机综合体。之所以要以体系化的方法全面推进依法治国，是因为中国特色社会主义法治本身就是一个要素众多、结构复杂、功能综合、规模庞大的系统工程，各系统要素相互联系、相互作用、相互促进，当其协调一致时可以发挥最大功效，但当某一环节或系统出现了毛病，就会影响整体的正常运行和功能的发挥。为此，必须对中国特色社会主义法治的体系特征有一个客观、准确的认识。

（一）中国特色社会主义法治体系是法治诸要素、结构、功能、过程内在协调统一的有机综合体

法治体系是国家治理体系的重要组成部分，同时法治体系本身也是一个系统：第一，中国特色社会主义法治体系由众多要素组成，这些要素从存在形态入手可将其从总体上分为硬件要素和软件要素两大类。第二，中国特色社会主义法治体系并不等同于法治诸要素相加之和，它必须对法治诸要素进行组织、搭配和安排，实现法治结构的科学设置，并决定中国特色社会主义法治体系的功能。第三，中国特色社会主义法治体系不仅要求相互间具有有机联系的组成部分结合起来，而且要成为一个能完成特定功能的总体。第四，与法律体系不同，法治体系不是一个静止的存在，而是一个动态的过程，包括法律的制定、实施、监督、实现、发挥作用、反馈等阶段性过程的接续。

（二）中国特色社会主义法治体系是中国特色社会主义制度体系的规范表达

法治具有相对的独立性，同时也具有鲜明的政治性；法治不仅要以相应的政策、组织和权力构架作为基础，而且其实现程度又受制于政治文明的发展程度；法治不仅为政治建设提供权力运行的规则和依据，而且是政治的规范化表达。因此，要把"中国特色社会主义制度"和"法治体系"作为一个整体看待。法治体系是中国特色社会主义制度在法治领域的表达方式，中国特色社会主义是法治体系的本质属性。因此，建设中国特色社会主义法治体系，必须做到"七个坚持"：坚持中国共产党领导；坚持人民主体地位；坚持中国特色社会主义制度；坚持中国特色社会主义法治理论；坚

持法律面前人人平等；坚持依法治国和以德治国相结合；坚持从中国实际出发。

（三）中国特色社会主义法治体系是社会主义法治国家的自觉建构

全面推进依法治国，总目标是建设中国特色社会主义法治体系，建设社会主义法治国家。前后两句话是一个整体，不能断章取义理解。那么，“两个建设”之间是一个什么关系呢？这个关系可以概括为：中国特色社会主义法治体系是社会主义法治国家的自觉建构。特色形成于解决问题的实践，中国特色社会主义法治体系既是法治的一般理论与中国法治实践特殊问题的结合，更是对社会主义法治国家的自觉建构。这种自觉构建，避免将资本主义与法治捆绑在一起进入西方范式陷阱，是在立足中国国情创建本土化法治发展道路的实践，是针对需求回应问题面向未来的法治探索。

二、建设中国特色社会主义法治体系的主要内容

中国特色社会主义法治体系包括完备的法律规范体系、高效的法治实施体系、严密的法治监督体系、有力的法治保障体系、完备的党内法规体系五个子系统。其中，“完备的法律规范体系”是静态意义上的法规范体系，该体系是以宪法为核心的“中国特色社会主义法律体系”，包含了在中华人民共和国主权管辖范围内以宪法作为根本法的一切法律规范体系，例如在香港和澳门特别行政区适用的法律规范体系，等等。“高效的法治实施体系”“严密的法治监督体系”及“有力的法治保障体系”是动态意义上的法运行体系，体现了法治的价值重在宪法和法律的实施，更关注在实际生活中法律规范的实施状况和实现程度，强调的是现实生活中人们的行为真正受到法律规范的约束。“完善的党内法规体系”是从准法律规范的角度对我党管党治党的党内法规提出的体系化要求，将党内法规体系纳入“中国特色社会主义法治体系”范畴，正是体现了“中国特色社会主义法治体系”的“中国特色”。经过近百年的实践探索，我们党已形成了一整套系统完备、层次清晰、运行有效的党内法规制度。这个制度体系包括党章、准则、条例、规则、规定、办法、细则，体现着党的先锋队性质和先进性要求，使管党治党建设党有章可循、有规可依。

（一）完备的法律规范体系

建设中国特色社会主义法治体系，全面推进依法治国，需要充分的规范供给为全社会依法办事提供基本遵循。一方面，要加快完善法律、行政法规、地方性法规体系；另一方面，也要完善包括市民公约、乡规民约、行业规章、团体章程在内的社会规范

体系。恪守原有单一的法律渊源已无法满足法治实践的需求，有必要适当扩大法律渊源，甚至可以有限制地将司法判例、交易习惯、法律原则、国际惯例作为裁判根据，以弥补法律供给的不足，同时还应当建立对法律扩大或限缩解释的规则，通过法律适用过程填补法律的积极或消极的漏洞。为了保证法律规范的质量和提升立法科学化的水平，应当进一步改善立法机关组成人员的结构，提高立法程序正当化水平，构建立法成本效益评估前置制度，建立辩论机制，优化协商制度，提升立法技术，规范立法形式，确定法律规范的实质与形式标准，设立法律规范的事前或事后的审查过滤机制，构建实施效果评估机制，完善法律修改、废止和解释制度等等。尤其要着力提高立法过程的实质民主化水平，要畅通民意表达机制以及民意与立法的对接机制，设定立法机关组成人员联系选民的义务，规范立法机关成员与“院外”利益集团的关系，完善立法听取意见（包括听证等多种形式）、整合吸纳意见等制度，建立权力机关内部的制约协调机制，建立立法成员和立法机关接受选民和公众监督的制度，等等。

（二）高效的法治实施体系

法治实施是一个系统工程。首先，要认真研究如何使法律规范本身具有可实施性，不具有实施可能性的法律规范无疑会加大实施成本，甚至即使执法司法人员费尽心机也难以实现。因此，要特别注意法律规范的可操作性、实施资源的配套性、法律规范本身的可接受性以及法律规范自我实现的动力与能力。其次，要研究法律实施所必需的体制以及法律设施，国家必须为法律实施提供强有力的体制、设施与物质保障。再次，要认真研究法律实施所需要的执法和司法人员的素质与能力，要为法律实施所需要的素质和能力的培训与养成提供必要的条件和机制。又次，要研究法律实施的环境因素，并为法律实施创造必要的执法和司法环境。最后，要研究如何克服法律实施的阻碍和阻力，有针对性地进行程序设计、制度预防和机制阻隔，针对我国现阶段的国情，有必要把排除“人情”“关系”“金钱”“权力”对法律实施的干扰作为重点整治内容。

（三）严密的法治监督体系

对公共权力的监督和制约，是任何法治形态的基本要义；公共权力具有二重性，唯有法律能使其扬长避短和趋利避害；破坏法治的最大危险在一般情况下都来自公共权力；只有约束好公共权力，国民的权利和自由才可能安全实现。有效监督和制约公共权力，要在以下几个方面狠下工夫：要科学配置权力，使决策权、执行权、监督权相互制约又相互协调；要规范权力的运行，为权力的运行设定明确的范围、条件、程序和界限；要防止权力的滥用，为权力的行使设定正当目的及合理基准与要求；要严格对权力的监督，有效规范党内、人大、民主、行政、司法、审计、社会、舆论诸项监督，并充分发挥各种监督的独特作用，使违法或不正当行使权力的行为得以及时有效纠正；要健全权益恢复机制，使受公共权力侵害的私益得到及时赔偿或补偿。

（四）有力的法治保障体系

依法治国是一项十分庞大和复杂的综合性系统工程。要在较短时间内实现十八届四中全会提出的全面推进依法治国的战略目标，任务艰巨而繁重，如果缺少配套的保证体系作为支撑，恐难以持久。普遍建立法律顾问制度。完善规范性文件、重大决策合法性审查机制。建立科学的法治建设指标体系和考核标准。健全法规、规章、规范性文件备案审查制度。健全社会普法教育机制，增强全民法治观念。逐步增加有地方立法权的较大的市数量。深化行政执法体制改革。完善行政执法程序，规范执法自由裁量权，加强对行政执法的监督，全面落实行政执法责任制和执法经费由财政保障制度，做到严格规范公正文明执法。完善行政执法与刑事司法衔接机制。确保依法独立公正行使审判权检察权。改革司法管理体制，推动省以下地方法院、检察院人财物统一管理，探索建立与行政区划适当分离的司法管辖制度，保证国家法律统一正确实施。建立符合职业特点的司法人员管理制度，健全法官、检察官、人民警察统一招录、有序交流、逐级遴选机制，完善司法人员分类管理制度，健全法官、检察官、人民警察职业保障制度。健全司法权力运行机制。优化司法职权配置，健全司法权力分工负责、互相配合、互相制约机制，加强和规范对司法活动的法律监督和社会监督。健全国家司法救助制度，完善法律援助制度。完善律师执业权利保障机制和违法违规执业惩戒制度，加强职业道德建设，发挥律师在依法维护公民和法人合法权益方面的重要作用。

（五）完善的党内法规体系

党内法规既是管党治党的重要依据，也是中国特色社会主义法治体系的重要组成部分。由于缺少整体规划，缺乏顶层设计，党内法规存在“碎片化”现象。要在对现有党内法规进行全面清理的基础上，抓紧制定和修订一批重要党内法规，加大党内法规备案审查和解释力度，完善党内法规制定体制机制，形成配套完备的党内法规制度体系，使党内生活更加规范化、程序化，使党内民主制度体系更加完善，使权力运行受到更加有效的制约和监督，使党执政的制度基础更加巩固，为到建党100周年时全面建成内容科学、程序严密、配套完备、运行有效的党内法规制度体系打下坚实基础。

第二节　建设中国特色社会主义法治体系的总体要求

建设法律规范体系要求恪守以民为本、立法为民理念，贯彻社会主义核心价值观，使每一项立法都符合宪法精神、反映人民意志、得到人民拥护，实现立法和改革决策相衔接，做到重大改革于法有据、立法主动适应改革和经济社会发展需要。

建设法治实施体系要求执法、司法和全社会在法治轨道上开展工作，做到严格执法、公正司法、全民守法。建设法治监督体系要求健全宪法实施和监督制度，强化对行政权力的制约和监督，加强对司法活动的监督，完善检察机关行使监督权的法律制度，完善人民监督员制度。建设法治保障体系要求加强党的领导，完善职业保障体系，加强法律服务队伍建设，创新法治人才培养机制。建设党内法规体系要求健全党内法规体制、强化党内法规与法律、政策的关联，为管党治党提供法治保障。

党的十八届四中全会决定全面部署了社会主义法治体系建设，明确了中国特色社会主义制度是中国特色社会主义法治体系的根本制度，是全面推进依法治国的根本制度保障。中国特色社会主义法治体系是基于中国特色社会主义制度根本要求而形成的法治体系，其使命是全面巩固和完善中国特色社会主义制度。所以，中国特色社会主义法治体系建设不是就法治论法治，而是紧紧围绕中国特色社会主义事业总体布局、围绕国家发展所需要的国家治理体系进行建设。正因为如此，中国特色社会主义法治体系建设才具有全面巩固和完善中国特色社会主义制度的能力与功效。它主要从以下几个方面起到全面巩固和完善中国特色社会主义制度的作用。

一、构建建设中国特色社会主义法治体系遵循的原则

（一）坚持党的领导与依法治国的有机统一

党与法治的关系是法治建设核心问题。中国特色社会主义法治体系建设既明确要求把党的领导贯彻到依法治国全过程和各方面，也明确了党在推进依法治国中的领导原则与领导方式；既明确要求巩固党在国家建设与治理中的领导核心地位，也明确了党必须依据宪法法律治国理政，依据党内法规管党治党。

（二）坚持依宪治国与依宪执政有机统一

依法治国首先是依宪治国，依法执政首先是依宪执政。党的十八届四中全会作出的这一重要论断，体现了我们党对宪法尊严和权威的充分肯定。宪法是国家根本大法，是社会主义法律体系的核心，也是确保党的领导与国家制度体系稳固的根本法律基础。所以，确立宪法在治国理政中的根本地位，对于中国特色社会主义制度将产生全局和长远作用。

（三）坚持社会主义法治五大体系有机统一

中国特色社会主义法治体系五大体系既有理论层面，也有实践层面；既有制度层面，也有运行层面；既有国家层面，也有党的层面；既能实现依法治国、依法执政、依法行政的共同推进，也能实现法治国家、法治政府、法治社会的一体建设。这为全面推进法治中国建设规定了更加清晰的目标和任务，规划了切实可行的路线图，必将保障法治建设稳步推进。所以，它能够全方位促进社会主义制度自我完善和发展。

（四）坚持法治体系与国家治理体系和治理能力建设有机统一

社会主义法治体系建设从立法、执法、司法和守法四个层面展开。因而，它是

一个系统工程，其建设和发展必然带来国家治理领域深刻变革。对国家治理体系建设来说，法治体系建设既是其基本任务，也是其得以确立并产生效能的关键。社会主义制度只有借助有效国家治理体系才能得到有效运行，获得巩固和完善。所以，以国家治理体系和治理能力现代化为取向的法治体系建设，必将全面支撑中国特色社会主义制度落实与运行，并孕育出一套与之配套、保障其运行的体制机制。

（五）坚持法治体系建设与法治能力提升有机统一

任何制度只有扎根民心，才能最终巩固。这就要求制度运行与实践能够全面具体地渗透到人民生活各个环节，并在其中起积极作用；要求法治价值、体系、程序与运行能够有效嵌入社会，契合社会内在要求与发展现实。这其中既强调法治体系建设，也强调法治能力提升，两者相辅相成。经验表明，良好法治才能树立良好价值体系，才能创造有效制度认同。这决定了中国特色社会主义制度只能在法治体系与法治能力有机统一所创造的善治中扎根社会、深入民心。社会主义法治体系建设将为我国改革发展创造全新的发展动力和发展平台。

二、以高度自信建设中国特色社会主义法治体系

（一）依法治国、依法执政、依法行政共同推进

依法治国是党领导人民治国理政的基本方式，要依照宪法和法律规定，通过各种途径和形式实现人民群众在党的领导下管理国家事务，管理经济文化事业，管理社会事务，保证国家各项工作都依法进行，逐步实现社会主义民主的制度化、法律化。依法执政是依法治国的关键，要坚持党领导人民制定法律、实施法律并在宪法法律范围内活动的原则，健全党领导依法治国的制度和工作机制，促进党的政策和国家法律互联互动。依法行政是依法治国的重点，要创新执法体制，完善执法程序，推进综合执法，严格执法责任，建立权责统一、权威高效的依法行政体制，加快建设职能科学、权责法定、执法严明、公开公正、廉洁高效、守法诚信的法治政府，切实做到合法行政、合理行政、高效便民、权责统一、政务公开。

（二）法治国家、法治政府、法治社会一体建设

法治国家、法治政府和法治社会是全面推进依法治国的“一体双翼”。法治国家是长远目标和根本目标，建设法治国家，核心要求实现国家生活的全面法治化；法治政府是重点任务和攻坚内容，建设法治政府，核心要求是规范和制约公共权力；法治社会是组成部分和薄弱环节，建设法治社会，核心是推进多层次多领域依法治理，实现全体国民自己守法、护法。法治国家、法治政府、法治社会一体建设，要求三者相互补充、相互促进、相辅相成。

（三）科学立法、严格执法、公正司法、全民守法相辅相成

十八大以来，党中央审时度势，提出了“科学立法、严格执法、公正司法、全民守法”的新十六字方针，确立了新时期法治中国建设的基本内容。科学立法要求

完善立法规划，突出立法重点，坚持立改废释并举，提高立法科学化、民主化水平，提高法律的针对性、及时性、系统性、有效性，完善立法工作机制和程序，扩大公众有序参与，充分听取各方面意见，使法律准确反映经济社会发展要求，更好协调利益关系，发挥立法的引领和推动作用。严格执法，要求加强宪法和法律实施，维护社会主义法制的统一、尊严、权威，形成人们不愿违法、不能违法、不敢违法的法治环境，做到有法必依、执法必严、违法必究。公正司法，要求要努力让人民群众在每一个司法案件中都感受到公平正义，所有司法机关都要紧紧围绕这个目标来改进工作，重点解决影响司法公正和制约司法能力的深层次问题。全民守法，要求任何组织或者个人都必须在宪法和法律范围内活动，任何公民、社会组织和国家机关都要以宪法和法律为行为准则，依照宪法和法律行使权利或权力、履行义务或职责。

（四）与推进国家治理体系与治理能力现代化同脉共振

全面推进依法治国既是实现国家治理现代化目标的基本要求，又是推进国家治理现代化的重要组成部分。法律的强制性、普遍性、稳定性、公开性、协调性等价值属性满足了国家治理对权威性和有效性的要求。法治在治理现代化过程中具有极为重要的意义。民主、科学、文明、法治是国家治理现代化的基本要求，民主、科学、文明都离不开法治的保障。治理现代化需要通过法治手段进一步具体地对应到治理体系的各个领域和每个方面，需要进一步量化为具体的指标体系，包括国权配置定型化、公权行使制度化、权益保护实效化、治理行为规范化、社会关系规则化、治理方式文明化六个方面。在实现治理法治化的过程中，治理主体需要高度重视法治本身的现代化问题，高度重视法律规范的可实施性，高度重视全社会法治信仰的塑造，高度重视治理事务对法治的坚守，高度重视司法公信力的培养。

思考题

1. 中国特色社会主义法治体系的内涵是什么？
2. 中国特色社会主义法治体系的主要内容是什么？
3. 建设中国特色社会主义法治体系的总体要求是什么？

第三章 “七五”普法规划知识

本 章 要 点

★“七五”普法规划是在党中央作出全面推进依法治国战略布局，明确提出了依法治国的具体目标和要求的时代背景下出台的。

★“七五”普法规划是服务“十三五”时期经济社会发展、全面建成小康社会的客观需要。有利于进一步发挥法治的引领和规范作用，为全面实施“十三五”规划、全面建成小康社会营造良好的法治环境。

★“七五”普法规划明确提出，法治宣传教育的对象是一切有接受教育能力的公民，重点是领导干部和青少年。

★“七五”普法规划明确了七项主要任务。

第一节 “七五”普法规划的制定出台

全民普法和守法是依法治国的长期基础性工作。深入开展法治宣传教育，是贯彻落实党的十八大和十八届三中、四中、五中全会精神的重要任务，是实施“十三五”规划、全面建成小康社会的重要保障。

一、七个五年普法规划的制定回顾

1985年11月，中共中央、国务院批转中宣部、司法部《关于向全体公民基本普及法律常识的五年规划》。1985年11月22日，六届全国人大常委会十三次会议作出了《关于在公民中基本普及法律常识的决议》，提出从一九八六年起，争取用五年左右时间，有计划、有步骤地在一切有接受教育能力的公民中，普遍进行一次普及法律常识的教育，并且逐步做到制度化、经常化。自此，全国“一五”普法的帷幕正式拉开。三十年来，全国共开展了六个五年一轮的法制宣传教育活动，分别为“一五”普法（1986—1990年）、“二五”普法（1991—1995年）、“三五”普法(1996—2000年)、“四五”普法（2001—2005年）、“五五”普法（2006—

2010年）、“六五”普法（2011—2015年），2016年进入“七五”普法时期。2016年3月25日，中共中央、国务院转发《中央宣传部、司法部关于在公民中开展法治宣传教育的第七个五年规划（2016—2020年）》的通知，全国法治宣传教育第七个五年规划正式开始实施。

“七五”普法规划是在党中央作出全面推进依法治国战略布局，明确提出了依法治国的具体目标和要求的时代背景下出台的。它的实施周期正处于我国实现全面建成小康社会奋斗目标的关键时期，具有更为突出的政治意义和实践意义。党中央关于“坚持依法治国、依法执政、依法行政共同推进，坚持法治国家、法治政府、法治社会一体建设，实现科学立法、严格执法、公正司法、全民守法，促进国家治理体系和治理能力现代化”的提出，对进一步做好“七五”普法工作，既指明了方向，也明确了新的更高要求。

二、“七五”普法规划制定的重大意义

制定“七五”普法规划是全面贯彻党的十八大和十八届三中、四中、五中全会精神，深入贯彻习近平总书记系列讲话精神的重要举措。党的十八大以来，以习近平同志为总书记的党中央对全面依法治国作出了重要部署，对法治宣传教育提出了新的更高要求，明确了法治宣传教育的基本定位、重大任务和重要措施，为深入开展法治宣传教育指明了方向。

制定“七五”普法规划，是全面依法治国的必然要求。全民普法和守法是依法治国的长期基础性工作。把全民普法工作深入持久地开展下去，进一步增强全民法治观念，推动全社会树立法治意识，对于全面依法治国具有重要意义。

制定“七五”普法规划，是服务“十三五”时期经济社会发展、全面建成小康社会的客观需要。有利于进一步发挥法治的引领和规范作用，为全面实施“十三五”规划、全面建成小康社会营造良好的法治环境。

三、“七五”普法规划制定的总体考虑

全面贯彻落实中央决策部署。规划全面贯彻党的十八大和十八届三中、四中、五中全会精神，深入贯彻落实习近平总书记系列重要讲话精神和对法治宣传教育的重要指示，充分体现党的十八大以来中央关于法治宣传教育的决策部署和一系列政策措施，使其具体化、制度化。

根据“十三五”时期经济社会发展的需要，明确法治宣传教育的主要任务和工作措施，为创新发展、协调发展、绿色发展、开放发展、共享发展服务。

坚持问题导向。规划认真总结了“六五”普法工作经验，研究把握法治宣传教育工作规律，针对法治宣传教育工作中存在的部分地方和部门对法治宣传教育重要性的认识还不到位、普法宣传教育机制还不够健全、实效性有待进一步增强等问题，提出解决的途径和办法。

坚持创新发展、注重实效。规划适应全面依法治国的新要求，以满足人民群众不断增长的法治需要为出发点和落脚点，坚持学法与用法相结合、法治与德治相结合，创新法治宣传工作理念、机制、载体和方式方法，不断提高法治宣传教育的针对性和实效性。

第二节 “七五”普法规划的主要内容

一、“七五”普法规划的指导思想、主要目标和工作原则

“七五”普法工作的指导思想：高举中国特色社会主义伟大旗帜，全面贯彻党的十八大和十八届三中、四中、五中全会精神，以马克思列宁主义、毛泽东思想、邓小平理论、“三个代表”重要思想、科学发展观为指导，深入贯彻习近平总书记系列重要讲话精神，坚持“四个全面”战略布局，坚持创新、协调、绿色、开放、共享的发展理念，按照全面依法治国新要求，深入开展法治宣传教育，扎实推进依法治理和法治创建，弘扬社会主义法治精神，建设社会主义法治文化，推进法治宣传教育与法治实践相结合，健全普法宣传教育机制，推动工作创新，充分发挥法治宣传教育在全面依法治国中的基础作用，推动全社会树立法治意识，为“十三五”时期经济社会发展营造良好法治环境，为实现“两个一百年”奋斗目标和中华民族伟大复兴的中国梦作出新的贡献。

“七五”普法工作的主要目标：普法宣传教育机制进一步健全，法治宣传教育实效性进一步增强，依法治理进一步深化，全民法治观念和全体党员党章党规意识明显增强，全社会厉行法治的积极性和主动性明显提高，形成守法光荣、违法可耻的社会氛围。

“七五”普法工作应遵循的原则：坚持围绕中心服务大局。围绕党和国家中心工作开展法治宣传教育，更好地服务协调推进“四个全面”战略布局，为全面实施国民经济和社会发展“十三五”规划营造良好法治环境；坚持依靠群众，服务群众。以满足群众不断增长的法治需求为出发点和落脚点，以群众喜闻乐见、易于接受的方式开展法治宣传教育，增强全社会尊法学法守法用法意识，使国家法律和党内法规为党员群众所掌握、所遵守、所运用；坚持学用结合，普治并举。坚持法治宣传教育与依法治理有机结合，把法治宣传教育融入立法、执法、司法、法律服务和党内法规建设活动中，引导党员群众在法治实践中自觉学习、运用国家法律和党内法规，提升法治素养；坚持分类指导，突出重点。根据不同地区、部门、行业及不同对象的实际和特点，分类实施法治宣传教育。突出抓好重点对象，带动和促进全民普法；坚持创新发展，注重实效。总结经验，把握规律，推动法治

宣传教育工作理念、机制、载体和方式方法创新，不断提高法治宣传教育的针对性和实效性，力戒形式主义。

二、“七五”普法规划的主要任务

“七五”普法规划明确了七项主要任务：

（一）深入学习宣传习近平总书记关于全面依法治国的重要论述

党的十八大以来，习近平总书记站在坚持和发展中国特色社会主义全局的高度，对全面依法治国作了重要论述，提出了一系列新思想、新观点、新论断、新要求，深刻回答了建设社会主义法治国家的重大理论和实践问题，为全面依法治国提供了科学理论指导和行动指南。要深入学习宣传习近平总书记关于全面依法治国的重要论述，增强走中国特色社会主义道路的自觉性和坚定性，增强全社会厉行法治的积极性和主动性。深入学习宣传以习近平同志为总书记的党中央关于全面依法治国的重要部署，宣传科学立法、严格执法、公正司法、全民守法和党内法规建设的生动实践，使全社会了解和掌握全面依法治国的重大意义和总体要求，更好地发挥法治的引领和规范作用。

（二）突出学习宣传宪法

坚持把学习宣传宪法摆在首要位置，在全社会普遍开展宪法教育，弘扬宪法精神，树立宪法权威。深入宣传依宪治国、依宪执政等理念，宣传党的领导是宪法实施的最根本保证，宣传宪法确立的国家根本制度、根本任务和我国的国体、政体，宣传公民的基本权利和义务等宪法基本内容，宣传宪法的实施，实行宪法宣誓制度，认真组织好“12·4”国家宪法日集中宣传活动，推动宪法家喻户晓、深入人心，提高全体公民特别是各级领导干部和国家机关工作人员的宪法意识，教育引导一切组织和个人都必须以宪法为根本活动准则，增强宪法观念，维护宪法尊严。

（三）深入宣传中国特色社会主义法律体系

坚持把宣传以宪法为核心的中国特色社会主义法律体系作为法治宣传教育的基本任务，大力宣传宪法相关法、民法商法、行政法、经济法、社会法、刑法、诉讼与非诉讼程序法等多个法律部门的法律法规。大力宣传社会主义民主政治建设的法律法规，提高人民有序参与民主政治的意识和水平。大力宣传保障公民基本权利的法律法规，推动全社会树立尊重和保障人权意识，促进公民权利保障法治化。大力宣传依法行政领域的法律法规，推动各级行政机关树立“法定职责必须为、法无授权不可为”的意识，促进法治政府建设。大力宣传市场经济领域的法律法规，推动全社会树立保护产权、平等交换、公平竞争等意识，促进大众创业、万众创新，促进经济在新常态下平稳健康运行。大力宣传有利于激发文化创造活力、保障人民基本文化权益的相关法律法规，促进社会主义精神文明建设。大力宣传教育、就业、收入分配、社会保障、医疗卫生、食品安全、扶贫、慈善、社会救助和妇女儿童、老年人、残疾人合法权益保护等方面法律法规，促进保障和改善民生。大力宣传国家安全和公共安全领域的法律法规，提高全民安全意识、风险意识和预防能力。大力宣传国防法律法规，提高全民国防观念，促进国防建设。大力宣传党的民族、宗教政策和相关法律法规，维护民族地区繁荣稳定，促进民族关系、宗教关系和谐。大力宣传环境保护、资源能源节约利用等方面的法律法规，推动美丽中国建设。大力宣传互联网领域的法律法规，教育引导网民依法规范网络行为，促进形成网络空间良好秩序。大力宣传诉讼、行政复议、仲裁、调解、信访等方面的法律法规，引导群众依法表达诉求、维护权利，促进社会和谐稳定。在传播法律知识的同时，更加注重弘扬法治精神、培育法治理念、树立法治意识。大力宣传宪法法律至上、法律面前人人平等、权由法定、权依法行使等基本法治理念，破除“法不责众”“人情大于国法”等错误认识，引导全民自觉守法、遇事找法、解决问题靠法。

（四）深入学习宣传党内法规

适应全面从严治党、依规治党新形势新要求，切实加大党内法规宣传力度。突出宣传党章，教育引导广大党员尊崇党章，以党章为根本遵循，坚决维护党章权威。大力宣传《中国共产党廉洁自律准则》《中国共产党纪律处分条例》等各项党内法规，注重党内法规宣传与国家法律宣传的衔接和协调，坚持纪在法前、纪严于法，把纪律和规矩挺在前面，教育引导广大党员做党章党规党纪和国家法律的自觉尊崇者、模范遵守者、坚定捍卫者。

（五）推进社会主义法治文化建设

以宣传法律知识、弘扬法治精神、推动法治实践为主旨，积极推进社会主义法治文化建设，充分发挥法治文化的引领、熏陶作用，使人民内心拥护和真诚信仰法律。把法治文化建设纳入现代公共文化服务体系，推动法治文化与地方文化、行业文化、企业文化融合发展。繁荣法治文化作品创作推广，把法治文化作品纳入各级文化作品评奖内容，纳入艺术、出版扶持和奖励基金内容，培育法治文化精品。利用重大纪念日、民族传统节日等契机开展法治文化活动，组织开展法治文艺展演展播、法治文艺演出下基层等活动，满足人民群众日益增长的法治文化需求。把法治元素纳入城乡建设规划设计，加强基层法治文化公共设施建设。

（六）推进多层次多领域依法治理

坚持法治宣传教育与法治实践相结合，把法律条文变成引导、保障经济社会发展的基本规则，深化基层组织和部门、行业依法治理，深化法治城市、法治县（市、区）等法治创建活动，提高社会治理法治化水平。深入开展民主法治示范村（社区）创建，进一步探索乡村（社区）法律顾问制度，教育引导基层群众自我约束、自我管理。发挥市民公约、乡规民约、行业规章、团体章程等社会规范在社会治理中的积极作用，支持行业协会商会类社会组织发挥行业自律和专业服务功能，发挥社会组织对其成员的行为导引、规则约束、权益维护作用。

（七）推进法治教育与道德教育相结合

坚持依法治国和以德治国相结合的基本原则，以法治体现道德理念，以道德滋养法治精神，促进实现法律和道德相辅相成、法治和德治相得益彰。大力弘扬社会主义核心价值观，弘扬中华传统美德，培育社会公德、职业道德、家庭美德、个人品德，提高全民族思想道德水平，为全面依法治国创造良好人文环境。强化规则意识，倡导契约精神，弘扬公序良俗，引导人们自觉履行法定义务、社会责任、家庭责任。发挥法治在解决道德领域突出问题中的作用，健全公民和组织守法信用记录，完善守法诚信褒奖机制和违法失信行为惩戒机制。

以案释法 05

领导干部腐败不能以“不懂法”为借口

【案情介绍】2005年7月13日上午，陕西省西安市中级人民法院对某市委宣传部原副部长张某涉嫌受贿、巨额财产来源不明、滥用职权一案作出一审判决，以受贿罪，判处其有期徒刑十二年，并处没收财产5万元人民币；以巨额财产来源不明罪，判处其有期徒刑一年零六个月；以滥用职权罪，判处其有期徒刑四年零六个月。决定对张某执行有期徒刑十七年，并处没收财产5万元人民币。张某除担任某市委宣传部副部长一职外，还兼某市广播电视局局长、党组书记，某市广电局下属单位有线电视网络有限责任公司及某市广播电视网络传输有限责任公司董事长。

2004年，某市纪委和检察机关在查处张某案件的过程中，从张某家中和银行查获现金、存款，共计1680555.18元人民币、34162.65 美元、15381.87港币。其中有608403.68元人民币、27162.65美元、15381.87港币不能说明合法来源。

张某在担任某市广电局局长、党组书记，兼任有线网络公司及广电传输公司董事长期间，在有线网络公司增资扩股过程中，明知该市三家公司均不具备投资资格和实力，无视有线网络公司评估的净资产值为43288.75万元的事实，超越职权擅自决定成立融资小组，并将上述三家公司作为融资对象，强行通过股东会决议，使三家公司通过银行贷款享有了有线网络公司49%的股权，致使有线网络公司10892.55万元的国有资产受损；另外被告人张某还滥用职权违法同意给该市某公司贷款提供担保，给广电传输公司造成1020.19万元的直接经济损失。

张某在任该市某公司法定代表人和某科技有限责任公司实际出资人期间，为达到偷税目的，指使公司会计采用在账簿上虚列工资、差旅费、误餐费等支出的手段，将现金套出，存入私人存折等手段共计偷税金额324934.75元。

庭审中，昔日的副部长当庭7次痛哭不已，哽咽着说：“我没有学好法律，当时没有认识到自己的行为是受贿，但是现在我已经认识到了自己是在犯罪。作为一名犯罪嫌疑人，我应该认罪服法。”

【以案释法】贪官出事之后，以自己“不懂法”作为借口，张某不是第一人。某省原省委书记刘某“忏悔”时说：“作为省委书记，自以为什么都懂。但是，通过这次法庭审理才发现，自己其实是个法盲。”刘某这么避重就轻地说了，搞政法的某省委政法委原副书记李某也说：“我不是很懂法，并不知道事后收人家钱是犯罪行为。”据报道，中组部干部监督局在分析违法犯罪的许多原领导干部的反省材料时发现，其中81.4%的人认为自己犯罪与不懂法有关。

其实，贪官都说自己不懂法是明摆着的谎言，真正的原因不是他们不懂法律，而是他们不懂得尊重法律。在这些贪官心目中只有一个字：权！有了这样一种“权比法大”的心理，受贿时不知有法，这是典型的没让法治理念、法治思维、法治精神、法治信仰入脑入心。

法律格言说：法律必须被信仰，否则它将形同虚设。法律信仰就是要在全体人民（包括官员）心目中树立起法律权威，这是法治社会的要义。党的十八届四中全会通过的《中共中央关于全面推进依法治国若干重大问题的决定》在谈到增强全民法治观念，推进法治社会建设时，非常鲜明地提出了“让尊法守法成为全体人民共同追求和自觉行动”的目标。

三、“七五”普法规划的实施

“七五”普法规划明确提出，法治宣传教育的对象是一切有接受教育能力的公民，重点是领导干部和青少年。要坚持把领导干部带头学法、模范守法作为树立法治意识的关键。完善国家工作人员学法用法制度，把宪法法律和党内法规列入党委（党组）中心组学习内容，列为党校、行政学院、干部学院、社会主义学院必修课；把法治教育纳入干部教育培训总体规划，纳入国家工作人员初任培训、任职培训的必训内容，在其他各类培训课程中融入法治教育内容，保证法治培训课时数量和培训质量，切实提高领导干部运用法治思维和法治方式深化改革、

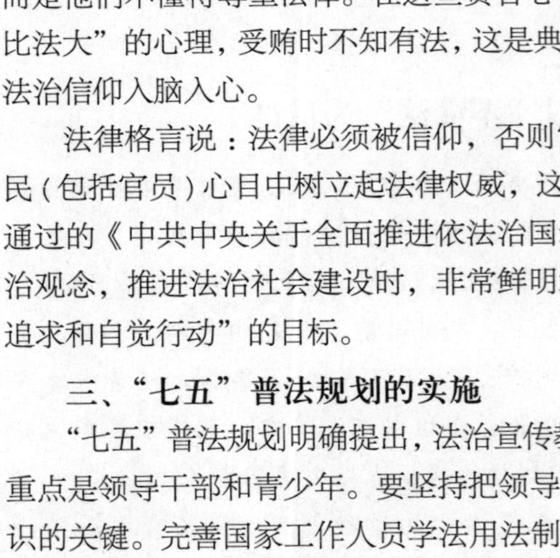

推动发展、化解矛盾、维护稳定的能力，切实增强国家工作人员自觉守法、依法办事的意识和能力。加强党章和党内法规学习教育，引导党员领导干部增强党章党规党纪意识，严守政治纪律和政治规矩，在廉洁自律上追求高标准，自觉远离违纪红线。健全日常学法制度，创新学法形式，拓宽学法渠道。健全完善重大决策合法性审查机制，积极推行法律顾问制度，各级党政机关和人民团体普遍设立公职律师，企业可设立公司律师。把尊法学法守法用法情况列入作为领导班子和领导干部年度考核的重要内容。把法治观念强不强、法治素养好不好作为衡量干部德才的重要标准，把能不能遵守法律、依法办事作为考察干部的重要内容；要坚持从青少年抓起。切实把法治教育纳入国民教育体系，制定和实施全国青少年法治教育大纲，在中小学设立法治知识课程，确保在校学生都能得到基本法治知识教育。完善中小学法治课教材体系，编写法治教育教材、读本，地方可将其纳入地方课程义务教育免费教科书范围，在小学普及宪法基本常识，在中、高考中增加法治知识内容，使青少年从小树立宪法意识和国家意识。将法治教育纳入“中小学幼儿园教师国家级培训计划”，加强法治课教师、分管法治教育副校长、法治辅导员培训。充分利用第二课堂和社会实践活动开展青少年法治教育，在开学第一课、毕业仪式中有机融入法治教育内容。加强对高等院校学生的法治教育，增强其法治观念和参与法治实践的能力。强化学校、家庭、社会“三位一体”的青少年法治教育格局，加强青少年法治教育基地建设和网络建设；各地区各部门要根据实际需要，从不同群体的特点出发，因地制宜开展有特色的法治宣传教育。突出加强对企业经营管理人员的法治宣传教育，引导他们树立诚信守法、爱国敬业意识，提高依法经营、依法管理能力。加强对农民工等群体的法治宣传教育，帮助、引导他们依法维权，自觉运用法律手段解决矛盾纠纷。

普法益民服务，组织新闻网络开展普法宣传，更好地运用微信、微博、微电影、客户端开展普法活动。加强普法网站和普法网络集群建设，建设法治宣传教育云平台，实现法治宣传教育公共数据资源开放和共享。适应我国对外开放新格局，加强对外法治宣传工作。

思考题

1. “七五”普法规划的主要内容是什么？
2. “七五”普法规划的对象和要求是什么？

第四章　宪法和宪法相关法

本章要点

★宪法是国家的根本大法。

★我国的国体是人民民主专政的社会主义国家。

★我国的政体是人民代表大会制度。

★我国的基本经济制度是公有制为主体，多种所有制经济共同发展。

★我国的分配制度是按劳分配为主体，多种分配方式并存。

★我国的国家机构包括权力机关、行政机关、军事机关、审判机关和检察机关。

★我国公民享有广泛的宪法权利。

第一节　宪法概述

一、宪法的概念

（一）宪法是国家的根本大法

宪法是规定国家根本制度和根本任务，规定国家机关的组织与活动的基本原则，确认和保障公民基本权利，集中表现各种政治力量对比关系的国家根本法。

宪法的根本性表现在以下四个方面：

第一，在内容上，宪法规定国家的根本制度、政权组织形式、国家结构形式、公民基本权利和基本义务、宪法实施的保障等内容，反映一个国家政治、经济、文化和社会生活的基本方面。

第二，在效力上，宪法在整个法律体系中处于最高的地位，具有最高效力。它是其他法律的立法依据，其他的一般法律都不得抵触宪法。

第三，在规范性上，宪法是各政党、一切国家机关、武装力量、社会团体和全体公民的最根本的行为准则。

第四，在修改程序上，宪法的制定和修改程序比其他一般法律的程序更为严格。

（二）我国宪法的地位

中华人民共和国成立后，国家先后颁行了四部宪法。我国的现行宪法是在1982年通过的，至今已经进行了四次修改。

宪法以法律的形式确认了我国各族人民奋斗的成果，规定了国家的根本制度、根本任务和国家生活中最重要的原则，具有最大的权威性和最高的法律效力。全国各族人民、一切国家机关和武装力量、各政党和各社会团体、各企业事业组织，都必须以宪法为根本的活动准则，并负有维护宪法尊严、保证宪法实施的职责。

作为根本法的宪法，是中国特色社会主义法律体系的重要组成部分，也是法律体系的最核心和最重要的内容。

二、宪法的指导思想

第一阶段：四项基本原则

1982年现行宪法制定，确立宪法的指导思想是四项基本原则，即坚持社会主义道路，坚持人民民主专政，坚持中国共产党的领导，坚持马克思列宁主义、毛泽东思想。

第二阶段：建设有中国特色社会主义的理论和党的基本路线

1993年第二次修宪，以党的十四大精神为指导，突出了建设有中国特色社会主义的理论和党的基本路线。

第三阶段：增加邓小平理论

1999年第三次修宪，将邓小平理论写入宪法，确立邓小平理论在国家中的指导思想地位。

第四阶段：增加“三个代表”重要思想

2004年第四次修宪，将“三个代表”重要思想载入宪法，确立为其在国家中的指导思想地位。

三、宪法基本原则

（一）人民主权原则

宪法第二条规定：“中华人民共和国的一切权力属于人民。”“一切权力属于人民”是无产阶级在创建无产阶级政权过程中，批判性地继承资产阶级民主思想的基础上，对人民主权原则的创造性运用和发展。

（二）基本人权原则

我国宪法第二章“公民的基本权利和义务”专章规定和列举了公民的基本权利，体现了对公民的宪法保护。2004年的宪法修正案把“国家尊重和保障人权”写入宪法，将中国的宪政发展向前推进了一大步。

（三）法治原则

宪法第五条第一款规定：“中华人民共和国实行依法治国，建设社会主义法治国家”，在宪法上正式确立了法治原则。宪法还规定，一切国家机关和武装力量、各政党和各社会团体、各企业事业组织都必须遵守宪法和法律；一切违反宪法和法律的行为，必须予以追究；任何组织和个人都不得有超越宪法和法律的特权。

以案释法 06

党组织和党员必须在宪法和法律规定的范围内活动

【案情介绍】1998年3月，陕西省某乡党委书记为增加当地财政收入，促成新建项目地板条精加工厂及时开工，在未经林业主管部门批准，又无林木采伐许可证的情况下，主持召开乡党委会议，决定无证采伐该乡林场的林木，致使大量国有林木遭到砍伐，砍伐林木原木材积为240.678立方米，折合立木材积为481.356立方米。2002年3月5日，县人民检察院以盗伐林木罪，对该乡党委及党委书记提起公诉，人民法院依法受理了此案。

【以案释法】本案争议的焦点是乡党委能否成为单位犯罪的主体。刑法第三十条规定：“公司、企业、事业单位、机关、团体实施的危害社会的行为，法律规定为单位犯罪的，应当负刑事责任。”我国的宪法和法律并未将中国共产党的各级组织列为国家机关，然而根据宪法的原则和精神，任何政党和组织，都必须在宪法和法律规定的范围内活动，因此党委违反法律规定也要被推上被告席。

（四）民主集中制原则

宪法第三条第一款规定：“中华人民共和国的国家机构实行民主集中制的原则。”这既是我国国家机构的组织和活动原则，也是我国宪法的基本原则。

四、宪法确定的国家根本任务

宪法确定的国家的根本任务是：沿着中国特色社会主义道路，集中力量进行社会主义现代化建设。中国各族人民将继续在中国共产党领导下，在马克思列宁主义、毛泽东思想、邓小平理论和“三个代表”重要思想指引下，坚持人民民主专政，坚持社会主义道路，坚持改革开放，不断完善社会主义的各项制度，发展社会主义市场经济，发展社会主义民主，健全社会主义法制，自力更生，艰苦奋斗，逐步实现工业、农业、国防和科学技术的现代化，推动物质文明、政治文明和精神文明协调发展，把我国建设成为富强、民主、文明的社会主义国家。

第二节　我国的基本政治经济制度

一、我国的基本政治制度

（一）人民民主专政

宪法所称的国家性质又称国体，是指国家的阶级本质，反映社会各阶级在国家中的地位，体现该国社会制度的根本属性。

我国宪法第一条第一款规定：“中华人民共和国是工人阶级领导的、以工农联盟为基础的人民民主专政的社会主义国家。”即人民民主专政是我国的国体。这一国体需要从以下方面理解：

1. 工人阶级的领导是人民民主专政的根本标志

工人阶级的领导地位是由工人阶级的特点、优点和担负的伟大历史使命所决定的。工人阶级对国家的领导是通过自己的先锋队——中国共产党来实现的。

2. 人民民主专政包括对人民实行民主和对敌人实行专政两个方面

在人民内部实行民主是实现对敌人专政的前提和基础，而对敌人实行专政又是人民民主的有力保障。两者是辩证统一的关系。人民民主专政实质上就是无产阶级专政。

3. 共产党领导下的多党合作与爱国统一战线是中国人民民主专政的主要特色

爱国统一战线是指由中国共产党领导的，由各民主党派参加的，包括社会主义劳动者、社会主义事业的建设者、拥护社会主义的爱国者和拥护祖国统一的爱国者组成的广泛的政治联盟。目前我国爱国统一战线的任务是为社会主义现代化建设服务，为实现祖国统一大业服务，为维护世界和平服务。

（二）人民代表大会制度

人民代表大会制度是中国人民民主专政的政权组织形式（政体），是中国的根本政治制度。

1. 人民代表大会制度的主要内容

（1）国家的一切权力属于人民。人民行使国家权力的机关是全国人大和地方各级人大。各级人大都由民主选举产生，对人民负责，受人民监督。

（2）人大及其常委会集体行使国家权力，集体决定问题，严格按照民主集中制的原则办事。

（3）国家行政机关、审判机关、检察机关都由人大产生，对它负责，向它报告工作，受它监督。

（4）全国人大是最高国家权力机关；地方各级人大是地方国家权力机关。全国人大和地方各级人大各自按照法律规定的职权，分别审议决定全国的和地方的大政方针。全国人大对地方人大不是领导关系，而是法律监督关系、选举指导关系和工作联系关系。

2. 人民代表大会制度的优越性

人民代表大会制度是适合我国国情的根本政治制度，它直接体现我国人民民主专政的国家性质，是建立我国其他国家管理制度的基础。

（1）它有利于保证国家权力体现人民的意志。

（2）它有利于保证中央和地方的国家权力的统一。

（3）它有利于保证我国各民族的平等和团结。

总之，我国人民代表大会制度，能够确保国家权力掌握在人民手中，符合人民当家做主的宗旨，适合我国的国情。

（三）中国共产党领导的多党合作和政治协商制度

中国共产党领导的多党合作和政治协商制度是中华人民共和国的一项基本的政治制度，是具有中国特色的政党制度。这种政党制度是由中国人民民主专政的国家性质所决定的。

1. 多党合作制度的基本内容

（1）中国共产党是执政党，各民主党派是参政党，中国共产党和各民主党派是亲密战友。中国共产党是执政党，其执政的实质是代表工人阶级及广大人民掌握人民民主专政的国家政权。各民主党派是参政党，具有法律规定的参政权。其参政的基本点是：参加国家政权，参与国家大政方针和国家领导人人选的协商，参与国家事务的管理，参与国家方针、政策、法律、法规的制定和执行。

（2）中国共产党和各民主党派合作的首要前提和根本保证是坚持中国共产党的领导和坚持四项基本原则。

（3）中国共产党与各民主党派合作的基本方针是“长期共存，互相监督，肝胆相照，荣辱与共”。

（4）中国共产党和各民主党派以宪法和法律为根本活动准则。

2. 多党合作的重要机构

中国人民政治协商会议，简称“人民政协”或“政协”，是中国共产党领导的多党合作和政治协商的重要机构，也是中国人民爱国统一战线组织。

中国人民政治协商会议是在中国共产党领导下，由中国共产党、各个民主党派、无党派民主人士、人民团体、各少数民族和各界的代表，台湾同胞、港澳同胞和归国侨胞的代表，以及特别邀请的人士组成，具有广泛的社会基础。

人民政协的性质决定了它与国家机关的职能是不同的。人民政协围绕团结和民主两大主题履行政治协商、民主监督和参政议政的职能。

（四）民族区域自治制度

民族区域自治制度，是指在国家统一领导下，各少数民族聚居的地方实行区域自治，设立自治机关，行使自治权的制度。

1. 自治机关

民族自治地方按行政地位，分为自治区、自治州、自治县。自治区相当于省级行政单位，自治州是介于自治区与自治县之间的民族自治地方，自治县相当于县级行政单位。

民族自治地方的自治机关是自治区、自治州、自治县的人大和人民政府。民族自治地方的自治机关都实行人民代表大会制度。

2. 自治权

民族自治地方的自治权有以下几个方面：

（1）民族立法权。民族自治地方的人大有权依照当地的政治、经济和文化的特点，制定自治条例和单行条例。

（2）变通执行权。上级国家机关的决议、决定、命令和指标，如果不适合民族自治地方实际情况，自治机关可以报经上级国家机关批准，变通执行或者停止执行。

（3）财政经济自主权。凡是依照国家规定属于民族自治地方的财政收入，都应当由民族自治地方的自治机关自主安排使用。

（4）文化、语言文字自主权。民族自治地方的自治机关在执行公务的时候，依照本民族自治地方自治条例的规定，使用当地通用的一种或者几种语言文字。

（5）组织公安部队权。民族自治地方的自治机关依照国家的军事制度和当地的实际需要，经国务院批准，可以组织本地方维护社会治安的公安部队。

（6）少数民族干部具有任用优先权。

（五）基层群众自治制度

基层群众自治制度是指人民依法组成基层自治组织，行使民主权利，管理基层公共事务和公益事业，实行自我管理、自我服务、自我教育、自我监督的一项制度。

中国的基层群众自治制度，是在新中国成立后的民主实践中逐步形成的。党的十七大将“基层群众自治制度”首次写入党代会报告，正式与人民代表大会制度、中国共产党领导的多党合作和政治协商制度、民族区域自治制度一起，纳入了中国特色政治制度范畴。

我国的基层群众自治组织主要是居民委员会和村民委员会。

二、我国的基本经济制度

（一）所有制度

1.我国的所有制结构概述

我国的所有制结构是公有制为主体、多种所有制经济共同发展。这是我国社会主义初级阶段的一项基本经济制度，它的确立是由我国的社会主义性质和初级阶段的国情决定的。

（1）我国是社会主义国家，必须坚持把公有制作为社会主义经济制度的基础。

（2）我国处在社会主义初级阶段，需要在公有制为主体的条件下发展多种所有制经济。

（3）一切符合“三个有利于”的所有制形式都可以而且应该用来为社会主义服务。

（4）我国社会主义建设正反两方面的经验都表明必须坚持以公有制为主体、多种所有制经济共同发展。

2.公有制

（1）公有制的内容。公有制是生产资料归劳动者共同所有的所有经济结构形式，包括全民所有制和集体所有制。

全民所有制经济即国有经济，是国民经济的主导力量。国家保障国有经济的巩固和发展。集体所有制经济是国民经济的基础力量。国家保护城乡集体经济组织的合法的权利和利益，鼓励、指导和帮助集体经济的发展。

（2）公有制的地位。公有制是我国所有制结构的主体，它的主体地位体现在：第一，就全国而言，公有资产在社会总资产中占优势；第二，国有经济控制国民经济的命脉，对经济发展起主导作用。国有经济的主导作用主要体现在控制力上，即体现在控制国民经济发展方向，控制经济运行的整体态势，控制重要稀缺资源的能力上。在关系国民经济的重要行业和关键领域，国有经济必须占支配地位。

（3）公有制的作用。生产资料公有制是社会主义的根本经济特征，是社会主义经济制度的基础，是国家引导、推动经济和社会发展的基本力量，是实现最广大人民群众根本利益和共同富裕的重要保证。坚持公有制为主体，国有经济控制国民经济命脉，对发挥社会主义制度的优越性，增强我国的经济实力，国防实力和民族凝聚力，提高我国国际地位，具有关键性作用。

3. 非公有制

非公有制经济是我国现阶段除了公有制经济形式以外的所有经济结构形式，主要包括个体经济、私营经济、外资经济等。

个体经济，是由劳动者个人或家庭占有生产资料，从事个体劳动和经营的所有制形式。它是以劳动者自己劳动为基础，劳动成果直接归劳动者所有和支配。

私营经济，是以生产资料私有和雇佣劳动为基础，以取得利润为目的所有制形式。

外资经济，是我国发展对外经济关系，吸引外资建立起来的所有制形式。它包括中外合资经营企业、中外合作经营企业中的境外资本部分，以及外商独资企业。

非公有制经济是我国社会主义市场经济的重要组成部分，国家保护个体经济、私营经济等非公有制经济的合法的权利和利益，鼓励、支持和引导非公有制经济的发展，并对非公有制经济依法实行监督和管理。

（二）分配制度

我国现行的分配制度是以按劳分配为主体、多种分配方式并存的分配制度。这种分配制度是由我国社会主义初级阶段的生产资料所有制结构、生产力的发展水平，以及人们劳动差别的存在决定的，同时也是发展社会主义市场经济的客观要求。

按劳分配的主体地位表现在：

其一，全社会范围的收入分配中，按劳分配占最大比重，起主要作用。

其二，公有制经济范围内劳动者总收入中，按劳分配收入是最主要的收入来源。

除了按劳分配以外，其他分配方式主要还包括按经营成果分配；按劳动、资本、技术、土地等其他生产要素分配。

第三节 公民的基本权利和义务

一、公民的基本权利

公民的基本权利是由一国的宪法规定的公民享有的，主要的、必不可少的权利，故有些国家又把公民的基本权利称为宪法权。

（一）平等权

宪法第三十三条第二款规定："中华人民共和国公民在法律面前一律平等。"这既是我国社会主义法治的一项重要原则，也是我国公民的一项基本权利。其含义有以下几点：第一，我国公民不分民族、种族、性别、职业、家庭出身、宗教信仰、教育程度、财产状况、居住期限、一律平等地享有宪法和法律规定的权利并平等地承担相应的义务；第二，国家机关对公民平等权利的保护，对公民履行义务平等的约束，平等的要求；第三，所有公民在适用法律上一律平等。不允许任何组织和个人有超越宪法和法律之上的特权；第四，法律面前一律平等还包括民族平等和男女平等。

（二）政治权利和自由

1. 选举权与被选举权

宪法第三十四条规定："中华人民共和国年满十八周岁的公民，不分民族、种族、性别、职业、家庭出身、宗教信仰、教育程度、财产状况、居住期限，都有选举权和被选举权；但是依照法律被剥夺政治权利的人除外。"选举权与被选举权包含以下内容：（1）公民有权按照自己的意愿选举人民代表；（2）公民有被选举为人民代表的权利；（3）公民有依照法定程序罢免那些不称职的人民代表的权利。

选举权和被选举权是公民参加国家管理的一项最基本的政治权利，也是最能体现人民群众当家作主的一项权利。

2. 言论、出版、集会、结社、游行、示威的自由

宪法第三十五条规定："中华人民共和国公民有言论、出版、集会、结社、游行、示威的自由。"

（1）言论自由就是宪法规定公民通过口头或书面形式表达自己的意见的自由。

（2）出版自由是公民以出版物形式表达其思想和见解的自由。

（3）集会自由是指公民享有宪法赋予的聚集在一定场所商讨问题或表达意愿的自由。

（4）结社自由是公民为一定宗旨，依照法定程序组织或参加具有连续性的社会团体的自由。

（5）游行自由是指公民采取列队行进的方式来表达意愿的自由。

（6）示威自由是指通过集会或游行、静坐等方式表达强烈意愿的自由。

我国宪法一方面保障公民享有集会、游行、示威的自由，另一方面公民也应当

遵守有关的法律规定。

（三）宗教信仰自由

宪法第三十六条第一款规定："中华人民共和国公民有宗教信仰自由。"尊重和保护宗教信仰自由，是我们党和国家长期的基本政策。

（四）人身自由

宪法第三十七条规定："中华人民共和国公民的人身自由不受侵犯。任何公民，非经人民检察院批准或者决定或者人民法院决定，并由公安机关执行，不受逮捕。禁止非法拘禁和以其他方法非法剥夺或者限制公民的人身自由，禁止非法搜查公民的身体。

人身自由有广义、狭义之分。狭义的人身自由是指公民的身体自由不受侵犯。广义的人身自由还包括：公民的人格尊严不受侵犯、公民的住宅不受侵犯、公民的通信自由和通信秘密受法律保护。

人身自由不受侵犯，是公民最起码、最基本的权利，是公民参加各种社会活动和享受其他权利的先决条件。

（五）监督权

监督权是指宪法赋予公民监督国家机关及其工作人员的活动的权利，包括：

1. 批评权

公民有对国家机关和国家工作人员工作中的缺点和错误提出批评意见的权利。

2. 建议权

公民有对国家机关和国家工作人员的工作提出合理化建议的权利。

3. 控告权

公民对任何国家机关和国家工作人员的违法失职行为有向有关机关进行揭发和指控的权利。

4. 检举权

公民对于违法失职的国家机关和国家工作人员，有向有关机关揭发事实，请求依法处理的权利。

5. 申诉权

公民的合法权益因行政机关或司法机关作出的错误的、违法的决定或裁判，或者因国家工作人员的违法失职行为而受到侵害时，有向有关机关申诉理由，要求重新处理的权利。

（六）社会经济权利

1. 劳动权

劳动权是指有劳动能力的公民有获得工作并取得相应报酬的权利。

2. 休息权

休息权是为保护劳动者的身体健康和提高劳动效率而休息的权利。

3. 退休人员生活保障权

退休人员生活保障权是指退休人员的生活受到国家和社会的保障。

4. 获得物质帮助权

获得物质帮助权是指公民在年老、疾病或者丧失劳动能力的情况下，有从国家和社会获得物质帮助的权利。

（七）文化教育权利

1. 公民有受教育的权利

公民享有从国家接受文化教育的机会和获得受教育的物质帮助的权利。

2. 公民有进行科研、文艺创作和其他文化活动的自由

我国宪法规定，公民有进行科学研究、文学艺术创作和其他文化活动的自由。国家对于从事教育、科学、技术、文学、艺术和其他文化事业的公民的有益于人民的创造性工作，给以鼓励和帮助。

以案释法 07

公民的教育权受宪法保护

【案情介绍】2010年，齐某某通过考试获得了山东省某大学的入学资格。录取通知书由该校发出后，由她就读的某市八中转交。同学陈某某得知后，从市八中领走录取通知书，并在其父的运作下，以齐某某的名义到大学就读直至毕业。毕业后，陈某某仍然使用齐某某的姓名，到中国银行某支行工作。齐某某发现陈某某冒用其姓名后，以姓名权、受教育权及相关权益被侵害为由，向人民法院提起民事诉讼，以陈某某、陈父、大学、市八中和市教育委员会为被告。请求法院判令被告停止侵害、赔礼道歉，并赔偿原告经济损失16万元，精神损失40万元。此案经过二审，最终由山东省高级人民法院作出判决：(1) 被上诉人陈某某、陈父赔偿齐某某因受教育的权利被侵犯造成的直接经济损失7000元，大学、市八中、市教委承担连带赔偿责任；(2) 被上诉人陈某某、陈父赔偿齐某某因受教育的权利被侵犯造成的间接经济损失（按陈某某以齐某某名义领取的工资扣除最低生活保障费后计算）41045元，大学、市八中、市教委承担连带赔偿责任；(3) 被上诉人陈某某、陈父、大学、市八中、市教委赔偿齐某某精神损害费50000元。

【以案释法】宪法第四十六条第一款规定："中华人民共和国公民有受教育的权

利和义务。”陈某某等以侵犯姓名权的手段，侵犯了齐某某依据宪法规定所享有的受教育的基本权利，并造成了具体的损害后果，应承担相应的民事责任。因此，法院判令陈某某等赔偿齐某某的复读费、为将农业户口转为非农业户口缴纳的城市增容费、为诉讼支出的律师费等直接经济损失，并判令其侵权所得的工资收入归齐某某所有。

（八）对社会特定人的权利的保护

1. 国家保护妇女的权利和利益

宪法第四十八条规定：“中华人民共和国妇女在政治的、经济的、文化的、社会的和家庭的生活等各方面享有同男子平等的权利。国家保护妇女的权利和利益，实行男女同工同酬，培养和选拔妇女干部。”

2. 婚姻、家庭、老人和儿童受国家的保护

宪法第四十九条规定，“婚姻、家庭、母亲和儿童受国家的保护”，“禁止破坏婚姻自由，禁止虐待老人、妇女和儿童”。

3. 国家保护华侨、归侨和侨眷的权利和利益

宪法第五十条规定：“中华人民共和国保护华侨的正当的权利和利益，保护归侨和侨眷的合法的权利和利益。”

二、公民的基本义务

（一）维护国家统一和各民族团结的义务

宪法第五十二条规定：“中华人民共和国公民有维护国家统一和各民族团结的义务。”

（二）遵纪守法和尊重社会公德的义务

宪法第五十三条规定：“中华人民共和国公民必须遵守宪法和法律，保守国家秘密，爱护公共财产，遵守劳动纪律，遵守公共秩序，尊重社会公德。”

（三）维护祖国的安全、荣誉和利益的义务

宪法第五十四条规定：“中华人民共和国公民有维护祖国的安全、荣誉和利益的义务，不得有危害祖国的安全、荣誉和利益的行为。”

（四）保卫祖国，依法服兵役和参加民兵组织

宪法第五十五条规定：“保卫祖国，抵抗侵略是中华人民共和国每一个公民的神圣职责。依照法律服兵役和参加民兵组织是中华人民共和国公民的光荣义务。”

（五）依法纳税的义务

宪法第五十六条规定：“中华人民共和国公民有依照法律纳税的义务。”

（六）其他义务

宪法规定的公民基本义务还包括：劳动的义务；受教育的义务；夫妻双方有实行计划生育的义务；父母有抚养教育未成年子女的义务以及成年子女有赡养扶助父母的义务等。

第四节　国家机构的设置及功能

一、国家机构的概述

国家机构是国家为了实现其职能而建立起来的国家机关的总和。

我国国家机构由权力机关、行政机关、军事机关、审判机关、检察机关组成。

我国国家机构的组织和活动有五大原则：一是民主集中制原则；二是联系群众，为人民服务原则；三是社会主义法治原则；四是责任制原则；五是精简和效率原则。

二、权力机关

（一）全国人大

全国人大是全国最高的权力机关、立法机关，不只是在权力机关中的地位最高，而且在所有的国家机关中地位最高。

全国人大由省、自治区、直辖市、特别行政区和军队选出的代表组成。各少数民族都应当有适当名额的代表。全国人大每届任期五年。

全国人大的主要职权：

1. 立法权

修改宪法，制定和修改刑事、民事、国家机构的和其他的基本法律。

2. 任免权

选举、决定和任免最高国家机关领导人和有关组成人员。

3. 决定权

决定国家重大事务。

4. 监督权

监督宪法和法律的实施，监督最高国家机关的工作。

（二）全国人大常委会

全国人大常委会是全国人大的常设机关，是最高国家权力机关的组成部分，在全国人大闭会期间，行使最高国家权力。

全国人大常委会对全国人大负责并报告工作。全国人大选举并有权罢免全国人大常委会的组成人员。

全国人大常委会每届任期同全国人大每届任期相同，它行使职权到下届全国人大选出新的常委会为止。

（三）国家主席

国家主席是我国国家机构体系中的一个国家机关，和全国人大常委会结合起来行使国家职权，对外代表中华人民共和国。

国家主席、副主席，由全国人大选举产生，任期是五年，连续任期不得超过两届。

国家主席根据全国人民代表大会的决定和全国人民代表大会常务委员会的决定，公布法律，任免国务院总理、副总理、国务委员、各部部长、各委员会主任、审计长、秘书长，授予国家的勋章和荣誉称号，发布特赦令，宣布进入紧急状态，宣布战争状态，发布动员令。

国家主席代表中华人民共和国，进行国事活动，接受外国使节；根据全国人民代表大会常务委员会的决定，派遣和召回驻外全权代表，批准和废除同外国缔结的条约和重要协定。

（四）地方各级人大及其常委会

地方各级人大是地方权力机关。省、直辖市、自治区、县、市、市辖区、乡、民族乡、镇设立人大。县级以上的地方各级人大设立常委会，作为本级人大的常设机关。地方各级人大每届任期五年。

三、行政机关

（一）国务院

国务院即中央人民政府，是国家最高行政机关，是国家最高权力机关的执行机关，统一领导全国各级行政机关的工作。

国务院由总理、副总理、国务委员、秘书长、审计长、各部部长、各委员会主任组成，国务院组成人员的任期为五年，总理、副总理、国务委员的连续任期不得超过两届。

国务院向全国人大及其常委会负责并报告工作，总理领导国务院的工作，副总理、国务委员协助总理工作。

国务院行使以下职权：第一，国务院有权根据宪法和法律，规定行政措施，制定行政法规，发布行政决定和命令；第二，对国防、民政、科教、经济等各项工作的领导和管理权；第三，对所属部、委和地方各级行政机关的领导权及行政监督权；第四，提出议案权；第五，行政人员的奖惩权；第六，全国人大及其常委会授予的其他职权。

（二）地方各级人民政府

地方各级人民政府是地方国家行政机关，也是地方各级人大的执行机关。地方各级人民政府对本级人大和上一级国家行政机关负责并报告工作。县级以上的地方各级人民政府在本级人大闭会期间，对本级人大常委会负责并报告工作。地方各级人民政府都受国务院统一领导，负责组织和管理本行政区域的各项行政事务。

四、军事机关

中央军委是中国共产党领导下的最高军事领导机关，统帅全国武装力量（解放军、武装警察部队、民兵、预备役）。

中央军委由主席、副主席、委员组成，实行主席负责制。主席由全国人大选举产生，副主席和军委委员根据主席的提名由大会决定，大会闭会期间，由人大常委会决定。中央军委的每届任期五年，主席和副主席可以终身任职。

中央军委实行主席负责制，军委主席直接对全国人大和全国人大常委会负责。

五、审判机关

人民法院是国家的审判机关，依法独立行使审判权，不受行政机关、团体和个人的非法干预。人民法院体系由最高人民法院、地方人民法院（高级法院、中级法院、基层法院）、专门人民法院（军事法院、海事法院、铁路运输法院）构成。

最高人民法院是国家最高的审判机关，地方人民法院是地方的审判机关，专门人民法院是专门审判机关。最高人民法院监督地方各级人民法院和专门人民法院的审判工作，上级人民法院监督下级人民法院的审判工作。

最高人民法院对全国人大和全国人大常委会负责。地方各级人民法院对产生它的国家权力机关负责。

最高人民法院由院长、副院长、庭长、副庭长、审判员等若干人组成。最高人民法院的院长由全国人大选举产生，任期五年，连任不得超过两届。

六、检察机关

人民检察院是国家的法律监督机关，依法独立行使检察权，不受行政机关、社会团体和个人的干涉。

人民检察院体系由最高检察院、地方检察院和专门检察院构成。

最高人民检察院是最高检察机关，领导地方各级人民检察院和专门人民检察院的工作，上级人民检察院领导下级人民检察院的工作。

最高人民检察院对全国人大和全国人大常委会负责。地方各级人民检察院对产生它的国家权力机关和上级人民检察院负责。

最高人民检察院由全国人大选举产生的检察长、副检察长、检察员组成，最高检察长任期五年，连任不得超过两届。

第五节　国家宪法日和宪法宣誓制度

一、国家宪法日

（一）国家宪法日的设立

党的十八届四中全会通过的《中共中央关于全面推进依法治国若干重大问题的决定》提出，将每年12月4日定为国家宪法日。

2014年11月1日，十二届全国人大常委会十一次会议通过的《全国人民代表大会常务委员会关于设立国家宪法日的决定》，正式将12月4日设立为国家宪法日。决定在宪法日，国家通过多种形式开展宪法宣传教育活动。

（二）国家宪法日的设立目的及意义

宪法是国家的根本法，是治国安邦的总章程，具有最高的法律地位、法律权威和法律效力。全面贯彻实施宪法，是全面推进依法治国、建设社会主义法治国家的首要任务和基础性工作。全国各族人民、一切国家机关和武装力量、各政党和各社会团体、各企业事业组织，都必须以宪法为根本的活动准则，并且负有维护宪法尊严、保证宪法实施的职责。任何组织或者个人都不得有超越宪法和法律的特权，一切违反宪法和法律的行为都必须予以追究。国家宪法日设立的目的，是为了增强全社会的宪法意识，弘扬宪法精神，加强宪法实施，全面推进依法治国。设立国家宪法日，有助于树立宪法权威，维护宪法尊严；有助于普及宪法知识，增强全社会宪法意识，弘扬宪法精神；有助于扩大宪法实施的群众基础，加强宪法实施的良好氛围，发扬中华民族的宪法文化。

二、宪法宣誓制度

（一）宪法宣誓制度的确立及意义

2015年7月1日，十二届全国人大常委会十五次会议通过了《全国人民代表大会常务委员会关于实行宪法宣誓制度的决定》，以国家立法形式确立了我国的宪法宣誓制度，该决定自2016年1月1日起施行。决定指出：宪法是国家的根本法，是治国安邦的总章程，具有最高的法律地位、法律权威、法律效力。国家工作人员必须树立宪法意识，恪守宪法原则，弘扬宪法精神，履行宪法使命。

宪法宣誓制度的确立及实行，具

有非常重要的意义。实行宪法宣誓制度有利于树立宪法权威；有利于增强国家工作人员的宪法观念，激励和教育国家工作人员忠于宪法、遵守宪法，维护宪法。宪法宣誓仪式是庄严神圣的，宣誓人员通过感受宪法的神圣，铭记自己的权力来源于人民、来源于宪法。在履行职务时就可以严格按照宪法的授权行使职权，发现违反宪法的行为，就能够坚决地捍卫宪法、维护宪法。实行宪法宣誓制度也有利于在全社会增强宪法意识。通过宪法宣誓活动，可以强化全体公民对宪法最高法律效力、最高法律权威、最高法律地位的认识，可以提高全体社会成员自觉遵守宪法，按照宪法规定行使权利履行义务。

（二）宪法宣誓制度的适用主体

根据决定的规定，宪法宣誓制度的适用主体主要有：

各级人大及县级以上各级人大常委会选举或者决定任命的国家工作人员，以及各级人民政府、人民法院、人民检察院任命的国家工作人员，在就职时应当公开进行宪法宣誓。

全国人大选举或者决定任命的国家主席、副主席，全国人大常委会委员长、副委员长、秘书长、委员，国务院总理、副总理、国务委员、各部部长、各委员会主任、中国人民银行行长、审计长、秘书长，中央军委主席、副主席、委员，最高人民法院院长，最高人民检察院检察长，以及全国人大专门委员会主任委员、副主任委员、委员等，在依照法定程序产生后，进行宪法宣誓。

在全国人大闭会期间，全国人大常委会任命或者决定任命的全国人大专门委员会个别副主任委员、委员，国务院部长、委员会主任、中国人民银行行长、审计长、秘书长，中央军委副主席、委员，在依照法定程序产生后，进行宪法宣誓。

全国人大常委会任命的全国人大常委会副秘书长，全国人大常委会工作委员会主任、副主任、委员，全国人大常委会代表资格审查委员会主任委员、副主任委员、委员等，在依照法定程序产生后，进行宪法宣誓。宣誓仪式由全国人大常委会委员长会议组织。

全国人大常委会任命或者决定任命的最高人民法院副院长、审判委员会委员、庭长、副庭长、审判员和军事法院院长，最高人民检察院副检察长、检察委员会委员、检察员和军事检察院检察长，国家驻外全权代表，在依照法定程序产生后，进行宪法宣誓。宣誓仪式由最高人民法院、最高人民检察院、外交部分别组织。

国务院及其各部门、最高人民法院、最高人民检察院任命的国家工作人员，在就职时进行宪法宣誓。宣誓仪式由任命机关组织。

地方各级人大及县级以上地方各级人大常委员会选举或者决定任命的国家工作人员，以及地方各级人民政府、人民法院、人民检察院任命的国家工作人员，在依照法定程序产生后，进行宪法宣誓。

（三）宪法宣誓誓词内容

根据决定的规定，宪法宣誓誓词为："我宣誓：忠于中华人民共和国宪法，维护宪法权威，履行法定职责，忠于祖国、忠于人民，恪尽职守、廉洁奉公，接受人民监督，为建设富强、民主、文明、和谐的社会主义国家努力奋斗！"

（四）宪法宣誓形式

根据决定的规定，宪法宣誓应举行宪法宣誓仪式，根据情况，可以采取单独宣誓或者集体宣誓的形式。单独宣誓时，宣誓人应当左手抚按《中华人民共和国宪法》，右手举拳，诵读誓词。集体宣誓时，由一人领誓，领誓人左手抚按《中华人民共和国宪法》，右手举拳，领诵誓词；其他宣誓人整齐排列，右手举拳，跟诵誓词。

宣誓场所应当庄重、严肃，悬挂中华人民共和国国旗或者国徽。

负责组织宣誓仪式的机关，可以根据决定并结合实际情况，对宣誓的具体事项作出规定。

第六节　国家安全法和全民国家安全教育

国家安全是国家发展的最重要基石、人民福祉的最根本保障。

党的十八大以来，习近平总书记站在国家发展和民族复兴的战略高度，准确把握国家安全的新特点新趋势，提出总体国家安全观重大战略思想，谋划走出一条中国特色的国家安全道路，为新形势下维护国家安全确立了重要遵循。以设立全民国家安全教育日为契机，以总体国家安全观为指导，全面实施国家安全法，深入开展国家安全宣传教育，切实增强全民国家安全意识，是加强国家安全的必然要求，具有重要现实意义。

一、总体国家安全观的提出

1992年十四大、1997年十五大、2002年十六大，都曾不同程度地提到了国家安全，但只有2004年9月十六届四中全会通过的《中共中央关于加强党的执政能力建设的决定》，才第一次比较系统地论述了国家安全问题，并首次提出要"抓紧构建维护国家安全的科学、协调、高效的工作机制"。

2007年10月，十七大报告把相关提法概括成"健全国家安全体制"八个字。2012年十八大时，相关内容与"国家安全战略"合为一体，被表述为"完善国家安全战略和工作机制"。

在十八届三中全会上，针对设立国家安全委员会的必要性和迫切性，习近平总书记对我国国家安全形势的概括是：当前，我国面临对外维护国家主权、安全、发展利益，对内维护政治安全和社会稳定的双重压力。各种可以预见和难以预见的风险因素明显增多。鉴于当下形势，十八届三中全会公报正式提出了“完善国家安全体制”。至此，“完善国家安全体制”成了一个最准确的表述。

2013年11月12日，党的十八届三中全会公报指出，中央将设立国家安全委员会，完善国家安全体制和国家安全战略，确保国家安全。设立国家安全委员会，提出“总体国家安全观”是对2004年9月十六届四中全会首次提出并在后来多次强调的“构建”或“健全”“国家安全工作机制”及“完善国家安全体制”的落实和发展。

2014年1月24日，中共中央政治局召开会议，研究决定国家安全委员会设置。国家安全委员会作为中共中央关于国家安全工作的决策和议事协调机构，统筹协调涉及国家安全的重大事项和重要工作。至此，我国就拥有了应对国内外综合安全和制定国家安全战略的顶层运作机制。

2014年4月，中央国家安全委员会第一次全体会议召开，习近平将保证国家安全明确列为头等大事，“总体国家安全观”首次被系统地提出。

2014年4月15日，中央国家安全委员会首次会议的召开，标志着富有中国特色的国家安全机制开始正式运转。习近平在国家安全委员会第一次会议上指出，当前我国国家安全内涵和外延比历史上任何时候都要丰富，时空领域比历史上任何时候都要宽广，内外因素比历史上任何时候都要复杂，必须坚持总体国家安全观。

2015年5月，全国国家安全机关总结表彰大会召开，习近平对“国安干部”提出“坚定纯洁、让党放心、甘于奉献、能拼善赢”16个字的标准要求。

2015年7月，十二届全国人大常委会十五次会议通过国家安全法，将每年4月15日确定为全民国家安全教育日。2015年7月通过的国家安全法就是把党中央维护国家安全的这一新方针政策法律化、制度化，赋予其法律约束力。

二、新国家安全法应运而生

党的十八大以来，以习近平同志为总书记的党中央团结带领全党全国各族人民，协调推进“四个全面”战略布局，各方面工作都取得新的重大进展，开创了中国特色社会主义建设事业新局面。在新的历史条件下，习近平总书记以强烈的忧患意识和敏锐的洞察力，深刻分析我国国家安全所面临的国际国内形势，提出了总体国家安全观这一重大战略思想。按照党中央的统一部署，全国人大常委会积极稳步推进国家安全立法工作。经过三次审议，十二届全国人大常委会十五次会议通过了新制定的国家安全法。2015年7月1日，国家主席习近平签署第二十九号主席令予以公布，自公布之日起施行。国家安全法的制定和实施，对于完善和发展中国特色社会主义制度，推进国家安全治理体系和治理能力现代化，如期实现全面建成小康社会，实现中华民族伟大复兴的中国梦，具有十分重大而深远的现实意义和历史意义。国家安全法适应了国家安全形势发展变化的迫切需要，具有鲜明的时代特征。国家安全法明确了总体国家安全观的指导地位，为走出一条中国特色国家安全道路奠定了法律基础。国家安全法确立了国家安全工作领导体制机制，为实现维护国家安全各领域任务提供了制度保障。国家安全法为构建中国特色国家安全法律制度体系，推进国家安全各项工作法治化提供了基础支撑。

三、增强法治观念 维护国家安全

国家安全法明确了维护国家安全的基本原则、任务和基本制度，不仅确认建立集中统一、权威高效的国家安全领导体制，而且以法律形式确立了国家安全工作的相关制度，规定了国家机关、公民和组织维护国家安全的职责、权利和义务，是一部综合性、全局性、基础性法律，为构建国家安全法律体系奠定了坚实基础和基本遵循。国家安全法确立了党的领导，社会主义法治原则，协调统筹原则，标本兼治、预防为主、专群结合原则，互信、互利、平等、协作原则等基本原则。

国家安全法专章对维护国家安全的任务作了规定，涉及中国特色社会主义建设“五位一体”总体布局的方方面面，涵盖政治、国土、军事、经济、文化、社会、科技、网络、生态、资源、核及海外利益等多个领域；同时提出，根据经济社会发展和国家发展利益的需要，不断完善维护国家安全的任务。

贯彻实施国家安全法，应当增强法治观念，依法维护国家安全。首先，在立法领域，应当抓紧制定配套法律法规，形成覆盖全面、运行良好的国家安全法律体系。当前，网络安全、能源安全、金融安全等问题是国家安全面临的紧迫问题，也是国家安全立法要优先解决的问题。要加快制定网络安全、生物生态安全、核安全和战略资源储备、紧急状态等方面的法律。加强陆地国土安全、海洋安全、科技安全、公共决策的风险评估等方面的立法工作，修改完善各领域法律法规。

其次，在执法领域，所有机构、组织都必须认真实施法律，切实履行法定的职责和义务，依法维护国家安全。对于违反国家安全法的行为，必须严肃追究、严厉惩治。要加大对国家安全各项建设的投入，在国家安全战略物资储备等方面，采取必要措施，提供强有力的保障。

最后，在守法领域，要通过多种形式开展国家安全宣传教育活动，培育全体公民的国家安全意识。与经济快速发展形成对比，我国公民的国家安全意识相对滞后。长期的和平环境使一些人产生了麻痹思想，忧患意识淡化。为此，必须通过国家安全观教育、爱国主义教育、主权意识教育、公民国家责任教育、法律意识教育等方式，牢固树立起国家利益和国家安全高于一切的中华民族集体认同，将国家安全教育纳入国民教育体系和公务员教育培训体系，扩大国家安全意识教育的社会覆盖面，增强全民国家安全意识，动员全社会的力量，共同维护国家安全。

四、把国家安全教育纳入国民教育体系

国家安全法颁布以来，教育部坚持以总体国家安全观为指导，全面加强和深化教育系统国家安全工作。

认真落实“将国家安全教育纳入国民教育体系”的法定要求。把国家安全法教育纳入《青少年法治教育大纲》，编写国家安全教育学生读本，系统规划和科学安排国家安全教育的目标定位、原则要求、实施路径。发挥课堂教学主渠道作用，分阶段、分层次安排国家安全教育内容，构建大中小学有效衔接的国家安全教育教学体系。会同有关部门研究建设国家安全教育教学资源库，已开设15门直接相关的在线开放课程，为学生提供更多的学习资源。深入实施中国特色新型高校智库建设推进计划，组织开展国家安全专题研究，为维护国家安全提供智力支持。

扎实做好教育系统维护国家安全工作。坚持党对国家安全工作的领导，各省级党委教育工作部门和75所直属高校党委全部建立统筹落实本地本校维护国家安全和学校稳定工作的领导小组及办公室。扎实做好学校安全工作，会同公安部每年至少召开一次全国学校安全工作电视电话会议，完善人防、物防、技防措施，2015年发生在校园的危害公共安全事件同比下降35%。切实加强与各有关部门的协调配合，准确把握教育系统国家安全形势，全面开展风险调查评估、监测预警，有效防范和处置各种渗透破坏活动。积极参与国家安全相关重点领域工作协调机制，抓好有关工作落实。教育系统特别是高校连续27年保持稳定，成为全社会维护稳定的积极力量。

加快培养国家安全工作专门人才和特殊人才。开设与国家安全相关的信息安全、信息对抗、保密管理等3个本科专业，共布点115个。2015年设立“网络空间安全”一级学科，29所高校新增列或调整设立博士学位授权点，系统培养高层次网络安全人才。鼓励有关学位授予单位按照有关规定，加强国家安全各领域的人才培养工作。组织国家安全相关专业教学指导委员会，制定完善教学质量国家标准，作为专业准入、专业建设和专业评价的依据。联合有关部门实施“卓越工程师教育培养计划”，建立高校与行业企业联合培养人才的新机制，有针对性地培养适应国家安全工作需要的高素质工程技术人才。

多种形式开展国家安全宣传教育活动。各地各校大力宣传国家安全法，广泛开展国家安全知识竞赛、专题讲座、主题班会等活动，积极参与国家安全法律知识普及周、全国大学生信息安全竞赛等活动，引导师生牢固树立国家安全意识、坚决维护国家安全、坚定拥护中国共产党领导和中国特色社会主义制度。教育部正会同有关部门研究建立面向学生的国家安全校外教育项目和教育基地，进一步增强国家安全教育的针对性和实效性。

以案释法 08

为境外人员非法提供国家秘密危害国家安全

【案情介绍】某年3月，被告人吴某与前来北京采访此届人大五次会议新闻的境外某报记者梁某相识。梁某为了获取大会领导人演讲的报告稿，唆使吴某进行搜集。同年10月4日上午，吴某利用工作之便，将本单位有关人员内部传阅的某位中央领导在该次全国人大会上的报告送审稿（绝密级），私自复印一份，携带回家。当日下午，吴某按事先约定的地点将该报告稿非法提供给梁某。尔后，梁某使用私自安装的传真机将此报告稿全文传到境外报社。10月5日，该境外报纸全文刊登了这个报告稿。10月21日，梁某与吴某在约定地点见面，梁付给吴某人民币外汇兑换券5000元。

【以案释法】北京市检察院以吴某为境外人员非法提供国家秘密罪，向北京市中级人民法院提起公诉。北京市中级人民法院依法不公开审理此案。该院认为，被告人吴某身为国家工作人员，为谋私利，违反国家保密法规，为境外人员非法提供国家核心机密，危害国家安全，被告人的行为已构成为境外人员非法提供国家秘密罪，其犯罪性质恶劣，情节、后果特别严重。依照刑法的规定，判决被告人吴某为境外人员非法提供国家秘密罪成立，判处吴某无期徒刑，剥夺政治权利终身，同时，查获的赃款予以没收。

第七节 立法法修正解读

2000年3月15日，九届全国人大三次会议通过立法法。2015年3月15日，十二届全国人民代表大会三次会议根据《关于修改〈中华人民共和国立法法〉的决定》进行了修正。

一、确立更加合理完备的立法体制

立法法的修改着力于从健全立法体制出发激活立法动力、树立立法规矩。进一步强化立法权力和立法权利两轮驱动的格局。对公民的立法知情权、参与权、表达权、监督权予以规定，疏浚和拓宽了立法参与权的表达路径，这方面的一个显豁亮点，是规定了审查请求权等立法监督权利。

（一）在制度层面保证立法主导权归人大

这是对人民代表大会制度的健全。

其中还进一步突出人大代表在实现科学立法、民主立法，实现人大主导中的地位和角色，巩固和充实包括税收法定在内的、关系到公民基本权利的最高国家权力机关专门立法权，积极而又审慎地对待地方立法权的普遍扩容，维护宪法权威和法制统一。

（二）严格授权立法体制，实现授权与限权的统一

具体规定了授权决定应当明确包含授权的目的、事项、范围、期限和被授权机关实施授权决定应当遵循的原则。实施授权决定不超过五年，实施期限届满前六个月应当报告实施情况。进一步明确了中央与地方的立法权限，赋予设区的市相应的地方立法权，地方立法体制更加完善。在我们这样一个处于梯度发展和改革深化的大国，地方立法确有必要。一方面，要权力下移、权力释放、立法扩容，使得地方性的事务通过地方立法的途径实现法律的治理、纳入法治的轨道。地方立法绝不是可有可无，许多法律、行政法规需要地方性法规加以细化和补充，使之能够得到更好的贯彻实施。另一方面，"根据本行政区域的具体情况和实际需要"是地方立法最重要的前提，必须坚守"在不同宪法、法律、行政法规相抵触的前提下"这条底线。而"地方性"或曰因地制宜则是地方立法的生命线和活力源。

（三）切实强化了立法监督体制

首先严格界定了部门规章和地方政府规章边界。将部门规章限定在"应当属于执行法律或者国务院的行政法规、决定、命令的事项"，突出了部门规章的执行性，严格明确不得法外设权，既是对公民权利与行政权力关系上的一个刚性标准，又为立法监督中的备案审查、主动审查和申请审查等提供了最基本的衡量标准。立法法还进一步限缩了司法解释的创设空间。

（四）树立民主科学规范的立法程序

首先，在立法法修改过程中，对立法进行全程化的调整，使之切实成为具有社会反映能力、信息收集能力、民意表达能力、利益协调能力、议程设置能力、法案设计能力和意志形成能力的人民意志汇集和凝聚的过程。并由此科学设计了立法提案程序、立法建议程序、法案起草程序、立法规划程序、项目调整程序、立法听证程序、影响评估程序、立法协商程序、立法审议程序和法案表决程序，以及法律公布程序等。

其次，在全国人大及其常委会立法程序上，纳入了立法规划与计划程序，细化了全国人大有关的专门委员会、常委会工作机构的立法程序环节和工作机制方法，规定其可以提前参与有关方面的法律草案起草工作；对涉及综合性、全局性、基础性等事项的法律草案，可以由全国人大有关的专门委员会或者常委会工作机构组织起草，并健全立法机关和社会公众沟通机制，征求人大代表意见建议制度。还针对审议和表决机制进行了富有前瞻性的规定。

再次，在行政法规制定程序上进一步强调其开放性和参与性，进一步防范和破

除部门本位主义的侵扰，突出政府层面的法规创制决定权和政府法制机构的协调、审查权能与职责。

最后，强化了备案审查程序。规定了主动审查报送备案的规范性文件和审查申请人反馈与公开机制这两个更加凸显立法监督权威和效能的重要制度创新。

（五）扎实的新法实施准备工作

在制度建置上，以立法法的“升级版”为依据，进一步修改完善立法机关的议事规则，制定、修订完善各地地方立法条例或地方立法程序规定，注重与民族区域自治法、地方人大和地方政府组织法之间的衔接，深入研究设区的市立法权行使的条件与方案，将立法法的实施与法治政府建设、法治地方建设结合起来。

在实施条件上，切实加强立法工作者队伍建设，加强立法智库建设，加强立法调查研究、代表联系点和基层立法观测点建设，积极探索大数据应用在保障立法的科学化、民主化的方法，夯实包括技术条件在内的立法法实施的社会基础。

更要抓住干部特别是领导干部这个实行法治的“关键少数”，切实强化领导干部对实施立法法的认知和认同，扎实推动立法法的实施，推进法治中国进程。有些修改是总结多年来立法工作中的好经验、好做法，比如一次性表决，多个同类的法律修改可以一并表决或者分别表决等等。有些修改是将原有的规定进一步完善，如授权立法的进一步规范等等。

二、新法修改的六大亮点

十二届全国人大三次会议2015年3月15日举行全体会议，会议经表决通过了关于修改立法法的决定。这是中国15年来首次修改立法法。修改后的立法法关于授予设区的市地方立法权、规范授权立法、明确税收法定原则等六大亮点引发关注。

（一）规范授权立法，使授权不再放任

修改后的立法法规定：授权决定应当明确授权的目的、事项、范围、期限以及被授权机关实施授权决定应当遵循的原则等。授权的期限不得超过五年，被授权机关应在授权期满前六个月，向授权机关报告授权实施情况。

（二）授予设区的市地方立法权

目前，中国设区的市有284个，按照现行立法法规定，享有地方立法权的有49个，尚没有地方立法权的235个。此次立法法修改依法赋予设区的市地方立法权，这意味着具有地方立法权的市实现扩围。

修改后的立法法还相应明确了地方立法权限和范围，明确设区的市可以对“城乡建设与管理、环境保护、历史文化保护等方面的事项”制定地方性法规。

（三）明确细化“税收法定”原则

中共十八届三中全会决定提出落实税收法定原则的明确要求。修改前的立法法第八条规定了只能制定法律的事项，“税收”是在该条第八项“基本经济制度以及财

政、税收、海关、金融和外贸的基本制度”中规定。

修改后的立法法将“税收”专设一项作为第六项，明确“税种的设立、税率的确定和税收征收管理等税收基本制度”只能由法律规定。这意味着，今后政府收什么税，向谁收，收多少，怎么收等问题，都要通过全国人大及其常委会的立法决定。

我国现行的18种税中，只有个人所得税、企业所得税和车船税等3种税是由全国人大及其常委会制定法律开征，其他15种税都是国务院制定暂行条例开征的，其收入占税收总收入的70%。

据全国人大常委会法工委介绍，改革开放初期，当时考虑到我国法制建设尚处于起步阶段，建立现代税制的经验和条件都不够，全国人大及其常委会于1984年和1985年先后两次把税收立法权授予国务院，由此，“条例”或“暂行条例”成了大多数税收的征收依据。十八届三中全会、四中全会明确提出落实税收法定原则。

（四）界定部门规章和地方政府规章边界

修改后的立法法对于部门规章和地方政府规章权限进行规范。通过修法，一些地方限行、限购等行政手段就不能那么“任性”了。为进一步明确规章的制定权限范围，推进依法行政，修改后的立法法规定，部门规章规定的事项应当属于执行法律或者国务院的行政法规、决定、命令的事项。没有法律或者国务院的行政法规、决定、命令的依据，部门规章不得设定减损公民、法人和其他组织权利或者增加其义务的规范，不得增加本部门的权力或者减少本部门的法定职责。国务院部门和地方政府制定任何规章，只要没有上位法律、法规依据的，不能减损公民权利，也不能随意增加公民的义务。

（五）加强备案审查

规范性文件备案审查是保证宪法法律有效实施、维护国家法制统一的重要制度。修改后的立法法明显加强了备案审查力度，明确规定主动审查，如规定：有关的专门委员会和常务委员会工作机构可以对报送备案的规范性文件进行主动审查。

再如，新的立法法还提出审查申请人反馈与公开机制，规定全国人大有关的专门委员会和常委会工作机构可以将审查、研究情况向提出审查建议的国家机关、社会团体、企业组织以及公民反馈，并可以向社会公开。

（六）对司法机关制定的司法解释加以规范

针对目前实践中司法解释存在的诸多问题，此次立法法修改，对司法解释也做了约束性规定。

这方面的规定包括：最高法院、最高检对审判工作、检察工作中具体应用法律的解释，应当主要针对具体的法律条文，并符合立法的目的、原则和原意；最高法院、最高检作出具体应用法律的解释，应当报全国人大常委会备案；除最高法院、最高检外，其他审判机关和检察机关，不得作出具体应用法律的解释等。

以案释法 09

法律规定出现冲突时如何适用

【案情介绍】原告李某通过了某市人事局组织的2007年考试录用公务员的笔试和面试。2007年7月26日，市人事局按湘人发（2007）33号文件和国人部发（2005）1号《公务员录用体检通用标准（试行）》规定，委托该市四三〇医院对已通过面试和笔试的考生进行体检，原告李某体检结论为“不合格”。2007年8月3日，人事局以同样的体检依据，委托该市另一家医院对李某进行复检，结论为：肝功能无损害，大三阳，无症状和体征，根据湘人发（2005）31号文件附1第七项可诊断慢性活动性乙肝，不合格。体检后，市人事局电话通知原告：体检不合格，不予录用。但在2007年3月1日，人事部办公厅、卫生部办公厅下发国人厅发（2007）25号《关于印发〈公务员录用体检操作手册〉（试行）的通知》则明确“单纯大、小三阳而无肝脏生化异常者，不应按现症肝炎患者对待，而应按局乙型肝炎病原携带者对待，作合格结论。”在体检时，原告要求市人事局按国人厅发（2007）25号文件规定的标准执行，而市人事局不同意适用该文件。为此原告向法院起诉。

【以案释法】本案最关键的是法律规定出现冲突时如何适用的问题。法律的效力，一般说来，法律高于行政法规、地方性法规、规章；行政法规的效力高于地方性法规、规章；地方性法规的效力高于本级和下级地方政府规章。省、自治区的人民政府制定的规章的效力高于本行政区域内的较大的市的人民政府制定的规章。关于地方性法规和部门规章的效力问题，我国立法法的规定非常具有操作性：“地方性法规、规章之间不一致时，由有关机关依照下列规定的权限作出裁决：（一）同一机关制定的新的一般规定与旧的特别规定不一致时，由制定机关裁决；（二）地方性法规与部门规章之间对同一事项的规定不一致，不能确定如何适用时，由国务院提出意见，国务院认为应当适用地方性法规的，应当决定在该地方适用地方性法规的规定；认为应当适用部门规章的，应当提请全国人民代表大会常务委员会裁决；（三）部门规章之间、部门规章与地方政府规章之间对同一事项的规定不一致时，由国务院裁决。根据授权制定的法规与法律规定不一致，不能确定如何适用时，由全国人民代表大会常务委员会裁决。”在本案中，国家人事厅和卫生厅联合发布的国人厅发（2007）25号《关于印发〈公务员录用体检操作手册〉（试行）的通知》显然是根据立法法的规定，依法律和国务院的行政法规、决定、命令，在其部门的权限范围内，制定的部门规章，又因为涉及了两个以上国务院部门职权范围的事项，所以两个部门联合制定了规章。部门规章在与上位法没有冲突的情况下，适用于全国范围。而湘人发（2007）33号文件是由湖南省委组织部和湖南省人事厅共同制定的，并非一个地方性法规，只是地方政府一个部门的规范性文件，它的效力自然劣于部门规章。所以，当这两个文件发生冲突的时，适用部门规章，也就是国人厅发（2007）25号文件，是无疑的。何况湘人发（2007）33号文件也明确指出要适用更早的部门规章国人部发（2005）1号文件，而国人厅发（2007）25号文件只是国人部发（2005）1号文件所列各项体检标准的细化，并没有增加新的规定。

思考题

1. 宪法的根本性体现在哪些方面？
2. 我国政党制度的基本内容有哪些？
3. 我国公民的基本权利和基本义务分别有哪些？
4. 设立国家宪法日的重大意义是什么？
5. 为什么说国家安全是头等大事？
6. 新修订的立法法有哪些亮点？

第五章　民商法知识

本　章　要　点

★民法调整的是平等主体之间的人身关系、财产关系。

★我国实行婚姻自由，禁止包办婚姻和其他干涉婚姻自由的行为。

★物权是一种绝对的支配权，其种类和内容、效力以及创设的方式，都由法律规定。

★合同是当事人意思自治的结果，对当事人具有法律约束力。

★知识产权主要有著作权、商标权、专利权等，国家重视知识产权保护。

★公司是以其全部资产独立承担责任的企业法人，公司的设立必须符合法律的规定。

★国家加强对证券市场的管理，坚决打击各种证券欺诈行为。

第一节　民商法基本知识

一、民法概述

（一）概念和基本原则

民法是调整平等主体的公民之间、法人之间、公民与法人之间的财产关系和人身关系的法律规范的总称。

民法的基本原则包括：

一是平等原则，指当事人在民事活动中的地位平等。

二是自愿原则，也就是“意思自治”原则，指民事主体从事民事活动时，可以基于自己的自由意志设立、变更或终止民事法律关系。

三是公平原则，指民事主体应本着公平观念行使权利，履行义务，兼顾他人利益和社会公共利益。

四是诚实信用原则，指民事主体应当诚实信用地行使自己的权利，履行自己的义务。

五是公序良俗原则，指一切民事活动应当遵守公共秩序及善良风俗。

六是禁止权利滥用原则，指民事主体必须正确行使民事权利，如果行使权利损害同样受到保护的他人利益和社会公共利益时，即构成权利滥用。

（二）民事主体的民事权利能力和民事行为能力

民事主体，是指根据法律规定，能够参与民事法律关系，享有民事权利和承担民事义务的当事人。

民事主体必须具有民事权利能力和民事行为能力。民事权利能力是指享受民事权利、承担民事义务的资格。民事行为能力指民事主体通过自己的行为取得民事权利、承担民事义务的资格。

我国的民事主体主要包括：

1. 自然人

凡具有我国国籍的人都是中华人民共和国公民。在我国民法上，公民与自然人是通用的。

公民从出生时起到死亡时止，具有民事权利能力。

十八周岁以上的成年人，具有完全民事行为能力，可以独立进行民事活动。十周岁以上的未成年人是限制民事行为能力人，可以进行与他的年龄、智力相适应的民事活动。不满十周岁的未成年人是无民事行为能力人，由他的法定代理人代理民事活动。

不能完全辨认自己行为的精神病人是限制民事行为能力人，可以进行与他的精神健康状况相适应的民事活动。不能辨认自己行为的精神病人是无民事行为能力人，由他的法定代理人代理民事活动。

2. 法人

法人是具有民事权利能力和民事行为能力，依法独立享有民事权利和承担民事义务的组织。按法人的功能、设立方法以及财产来源的不同，可以把法人分为四类，即企业法人、机关法人、事业单位法人、社会团体法人。

法人的权利能力从法人成立时产生，于法人终止时消灭。法人民事行为能力开始和消灭的时间，与民事权利能力相同。法人的民事权利能力和民事行为能力，受其性质、目的以及法律规定的限制。

3. 其他组织

没有法人资格的组织如果符合一定的条件，如合伙企业、创作作品的非法人单位以及特殊情况下的国家等，也可以成为民事主体。

以案释法⑩

限制民事行为能力人只能进行与其能力相适应的民事活动

【案情介绍】11岁的小明看到某商场正在搞消费满20元即可抽奖的促销活动，于是花20元购买巧克力一盒参加抽奖，得中3000元奖金。小明领奖后，使用奖金在该商场购买新款手机一部。回家后，其母追问手机的来历，小明说出缘故。其母遂带领小明来到商场，要求退货，被商场以手机无质量问题为由拒绝。

【以案释法】民法通则第十二条规定："十周岁以上的未成年人是限制民事行为能力人，可以进行与他的年龄、智力相适应的民事活动；其他民事活动由他的法定代理人代理，或者征得他的法定代理人的同意。"本案中，小明购买巧克力的行为因数额较小，与其年龄智力相符，因此有效。其参加抽奖获得奖金因为是纯获益行为，也属有效行为。而其购买手机，因数额较大，与其年龄、智力不符，须得到其监护人的追认才具有法律效力，而小明母亲不予追认，此购买行为即无效，商场应当予以退货。

（三）民事法律行为

民事法律行为是民事主体设立、变更、终止民事权利和义务的合法行为。民事主体的民事权利和民事义务，必须通过民事法律行为才能实现。

民事法律行为应当具备三个条件：一是民事主体具有相应的民事行为能力；二是意思表示真实；三是不违反法律或社会公共利益。

其中，意思表示是民事法律行为的核心要素，是指民事主体将意欲实现的私法效果发表的行为。民事主体要使自己的内心意思产生法律效果，就必须将意思表现于外部，即将意思发表。发表则须借助语言、文字或者表意的形体语汇。意思表示一旦成立，表意人须受其约束，非依法律规定或者取得对方同意，不得擅自撤回或者变更的法律效力。

（四）民事权利、民事义务和民事责任

民事权利，是指民事主体为实现某种利益而为某种行为或不为某种行为的可能性。根据民事权利内容的不同，可将其划分为财产权和人身权。财产权指以通常可以以金钱衡量其价值的利益为内容的民事权利，主要有物权、债权、继承权以及知识产权中的财产权益。人身权指与权利主体的人身不可分离的以人身利益为内容的民事权利，包括人格权和身份权。

民事义务是民事主体为实现他方的权利而受行为限制的界限。以义务产生的原因，可分为法定义务和约定义务。法定义务是直接由民法规范规定的义务。约定义务是按当事人意思确定的义务。

民事责任指进行了民事违法行为的人在民法上承担的对其不利的法律后果。根据民事违法行为所侵害的权利的不同，民事责任主要有违约责任和侵权责任。违约责任指合同关系中的债务人违反合同的规定，侵犯债权人的债权而应承担的民事责任。侵权责任指侵犯债权之外的其他权利而应承担的民事责任。

二、商法概述

（一）概念和基本原则

商法是调整平等主体之间的商事关系或商事行为的法律。

商法的基本原则包括：商事主体法定原则、保护营利原则、促进交易简便快捷原则、维护交易公平、保护交易安全原则。

（二）商法与民法的关系

民法与商法同属于私法范畴，但民法调整的是平等主体之间的一般的、普遍的社会关系，而商法则是对平等主体之间的特殊社会关系即商事关系的调整。二者是一般法与特别法的关系，在适用中应遵循以下原则：商法的效力优先于民法，商法有特别规定的，适用商法的规定；民法一般适用和补充适用，商法没有规定的，适用民法的规定。

第二节 合同法知识

一、概述

合同，又称契约，是平等主体的自然人、法人和其他组织之间设立、变更、终止民事权利义务关系的协议。

合同具有如下特征：合同是一种民事法律行为；合同是双方或多方当事人之间的民事法律行为；合同是当事人在平等互利基础上的法律行为。

合同的种类主要有买卖合同、借款合同、租赁合同、承揽合同、建设工程合同、运输合同、技术合同、保管合同、仓储合同、委托合同等。

二、合同的订立

合同的订立是指两方以上当事人通过协商而于互相之间建立合同关系的行为。合同的订立采取要约、承诺的方式。

（一）要约

要约指一方当事人向他人作出的以一定条件订立合同的意思表示。

要约有效的要件：必须是特定人的意思表示；必须是向相对人发出的意思表示；必须是能够反映所要订立合同主要内容的意思表示。

要约到达受要约人时生效。在要约有效期限内，要约人不得随意改变要约的内容，不得撤回要约。

要约的失效：受要约人拒绝要约；要约已过有效期限；要约人撤回要约或撤销要约；特定条件下的要约人或受要约人死亡。

特别需要注意的是，要约邀请不是要约，而是行为人邀请他人向其发出要约。要约邀请仅是当事人订立合同的预备行为，对行为人不具有约束力。现实生活中的价目表的寄送、拍卖广告、招标公告、招股说明书、商品广告等属于要约邀请。

（二）承诺

承诺指受要约人同意要约内容作出缔结合同的意思表示。

承诺有效的要件：承诺须由受要约人或其授权的代理人作出；承诺须在有效期内作出；承诺须与要约的内容一致；承诺须向要约人作出。

承诺在承诺期限内到达要约人时生效。承诺生效时合同即告成立。

特别需要注意的是，承诺对要约的内容作实质性变更的，不再是承诺，而是新要约。有关合同标的、数量、质量、价款或报酬、履行期限、履行地点和方式、违约责任和解除争议方法等的变更，是对要约内容有实质性变更。

以案释法⑪

承诺必须与要约一致并在有效期内作出

【案情介绍】2004年5月10日，某机床厂向某贸易公司发出要约：“出售A型机床5台，单价45万，同意请于5月底前回复。”贸易公司5月20日回复：“电悉，型号、数量合适，价格40万即可接受。”半月后，机床价格暴涨，贸易公司又于6月15日去电：“接受你5月10日电，可即时发货。”机床厂对此电文不予理会，将5台机床以单价50万卖给了另一家公司。贸易公司遂将机床厂诉至法院，要求其承担违约责任。法院审理后，认为合同尚不成立，驳回了贸易公司的请求。

【以案释法】本案中，机床厂向贸易公司发出要约后，贸易公司的两次回复都不构成承诺。第一次回复的价格与要约不同，是对要约的实质性变更。第二次回复超出了有效期，要约已经失效。两次回复的实质都是贸易公司向机床厂发出新的要约，只有机床厂承诺，合同才能成立。

三、合同的效力

（一）合同的生效

按照法律的规定，合同生效有以下几种情形：一是，依法成立的合同，自成立时生效；二是，法律、行政法规规定应当办理批准、登记等手续生效的，依照其规定；三是，附生效条件的合同，自条件成就时生效，附解除条件的合同，自条件成就时失效；四是，附生效期限的合同，自期限届至时生效。附终止期限的合同，自期限届满时失效。

（二）效力待定合同

效力待定合同，是指合同虽然已经成立，但因其不完全符合有关生效要件的规定，因此其效力能否发生，尚未确定。效力待定合同有：一是，限制民事行为能力人订立的合同；二是，行为人没有代理权、超越代理权或者代理权终止后以被代理人名义订立的合同；三是，无处分权的人处分他人财产的合同。

效力待定合同经有权人追认，产生法律效力。有权人不予追认的，不发生法律效力。

（三）可变更、可撤销合同

可变更、可撤销合同，是指欠缺一定的生效要件，效力取决于当事人是否行使变更权、撤销权，它是一种相对无效的合同。可变更、可撤销的合同有：一是，因重大误解订立的；二是，在订立合同时显失公平；三是，一方以欺诈、胁迫的手段或者乘人之危，使对方在违背真实意思的情况下订立的合同。

具有撤销权的当事人应该在知道或者应当知道撤销事由之日起一年内行使撤销权。被撤销的合同自始没有法律约束力。

（四）无效合同

无效合同，是指不符合法律规定的要件，不能产生法律效力的合同。

合同无效的情形有：一是，一方以欺诈、胁迫的手段订立合同，损害国家利益；二是，恶意串通，损害国家、集体或者第三人利益；三是，以合法形式掩盖非法目的；四是，损害社会公共利益；五是，违反法律、行政法规的强制性规定。

无效的合同自始没有法律约束力。合同部分无效，不影响其他部分效力的，其他部分仍然有效。

合同无效或者被撤销后，因该合同取得的财产，应当予以返还；不能返还或者没有必要返还的，应当折价补偿。有过错的一方应当赔偿对方因此所受到的损失，双方都有过错的，应当各自承担相应的责任。

四、合同的履行

合同的履行是指当事人应当按照约定全面履行自己的义务，并遵循诚实信用原则，根据合同的性质、目的和交易习惯履行通知、协助、保密等义务。

为保护当事人的利益，法律规定了合同履行中的几项特殊制度。

（一）抗辩权

抗辩权是指在双务合同中，在符合法定条件时，当事人一方对抗对方当事人的履行请求权，暂时拒绝履行其债务的权利。抗辩权包括以下三种：

1. 同时履行抗辩权

履行合同的抗辩权，是指双务合同中无先为给付义务的当事人一方在他方未为对待给付以前，有权拒绝自己的履行。

2. 先履行抗辩权

先履行抗辩权，是指当事人互负债务，有先后履行顺序，先履行一方未履行的，后履行一方有权拒绝其履行要求；先履行一方履行债务不符合约定的，后履行一方有权拒绝其相应的履行要求。

3. 不安抗辩权

不安抗辩权，是指双务合同中在先履行的一方当事人，在对方财产于缔约后发生明显恶化，导致对方有可能难为对待给付之状况时，可以在对方未履行其给付义务或提供担保前，中止履行自己的给付。合同法规定可以履行不安抗辩权的情形有：（1）经营状况严重恶化；（2）转移财产、抽逃资金，以逃避债务；（3）丧失商业信誉；（4）有丧失或者可能丧失履行债务能力的其他情形。如果当事人没有确切证据中止履行的，应当承担违约责任。

以案释法⑫

合同一方财产状况恶化，另一方可行使不安抗辩权

【案情介绍】2002年11月，王某将自己的一套房产以25万元的价格转让给陈某，并约定于2003年1月前交房，陈某先支付5万元，其余价款在收房后分两次付清。该合同经有关部门批准之后，陈某当即交付房款5万元。12月5日，王某得知陈某生意亏损，拖欠大量外债，担心陈某不能交清房款，遂于12月8日以房价过低为由要求解除合同。陈某当即反对，要求王某按照合同约定在12月底之前腾空房屋。双方协商不成，诉至法院。后经法院调解，陈某提供担保，王某继续履行合同。

【以案释法】本案中，陈某大量拖欠外债，符合不安抗辩权制度中所说的财务

状况恶化。此时，王某为保证自己的权益，有权中止履行合同义务，但不能直接解除合同，因为合同已经成立并生效。在陈某提供担保后，王某权益受损的危险消失，因此应当恢复履行合同该义务。

（二）合同履行保全

合同履行保全是为保护合同债权人的债权不受债务人不当行为的损害而对合同债权人采取一定保护措施的法律制度。合同履行保全有以下两种：

1. 代位权

因债务人怠于行使其到期债权，对债权人造成损害的，债权人可以向人民法院请求以自己的名义代位行使债务人的债权，但该债权专属于债务人自身的除外。

2. 撤销权

因债务人放弃其到期债权或者无偿转让财产，对债权人造成损害的，债权人可以请求人民法院撤销债务人的行为；债务人以明显不合理的低价转让财产，对债权人造成损害，并且受让人知道该情形的，债权人也可以请求人民法院撤销债务人的行为。

五、合同的变更、转让、终止

（一）合同的变更

合同变更是指合同内容的变更。合同变更的条件：第一，原已存在合同关系；第二，合同内容已发生变化；第三，合同的变更须依当事人协议或依法律直接规定及仲裁机构的裁决，有时依有变更权的当事人的意思表示；第四，法律要求对合同变更采取办理批准、登记手续等特定方式的，应遵守法律要求的方式。

合同的变更原则上只向将来发生效力，不影响已履行部分的效力。

（二）合同的转让

合同的转让，是指在合同依法成立后，改变合同主体的法律行为。即合同当事人一方依法将其合同债权和债务全部或部分转让给第三方的行为。合同转让的情形有：其一，债权人转让权利的，应当通知债务人，未经通知，该转让对债务人不发生效力；其二，债务人将合同的义务全部或者部分转移给第三人的，应当经债权人同意；其三，当事人一方经对方同意，可以将自己在合同中的权利和义务一并转让给第三人。

法律、行政法规规定转让权利或者转移义务应当办理批准、登记等手续的，依照其规定。

（三）合同的终止

合同终止指合同当事人双方在合同关系建立以后，因一定的法律事实的出现，使合同确立的权利义务关系消灭。合同终止的情形有：债务已经按照约定履行；合同解除；债务相互抵销；债务人依法将标的物提存；债权人免除债务；债权债务同归于一人，但涉及第三人利益的除外；法律规定或当事人约定终止的其他情形。

合同终止后，当事人应当遵循诚实信用的原则，根据交易习惯履行通知、协助、保密等义务。

六、合同的担保

合同的担保，是指为督促债务人履行债务，保障债权人的债权，在债权人和债务人之间，或在债权人、债务人和第三人之间设立权利义务关系，当债务人不履行或无法履行债务时，以一定方式保证债权人债权得以实现。

担保的前提是主合同有效，若主合同无效，则担保亦无效。

担保方式分为保证、抵押、质押、留置和定金五种。

七、违约责任

（一）概念和构成要件

违约责任指当事人不履行合同义务或履行合同义务不符合约定所应承担的民事责任。

违约责任的构成要件主要有：违约行为、损害事实、违约行为与损害事实之间的因果关系、行为人主观上的过错。

（二）违约责任的形式

1. 继续履行

继续履行也称强制实际履行，是指违约方根据对方当事人的请求继续履行合同规定的义务的合同责任形式。

对金钱债务，无条件适用继续履行；对非金钱债务，原则上可以请求继续履行，但下列情形除外：（1）法律上或者事实上不能履行；（2）债务的标的不适用强制履行或者强制履行费用过高；（3）债权人在合理期限内未请求履行。

2. 采取补救措施

采取补救措施，是指矫正合同不适当履行、使履行缺陷得以消除的具体措施。

采取补救措施的具体方式有修理、更换、重作、退货、补足商品数量、减少价款或者报酬等。

3. 赔偿损失

赔偿损失也称违约损害赔偿，是指违约方以支付金钱的方式弥补受害方因违约行为所减少的财产或者所丧失的利益的责任形式，是最重要的合同责任形式。

赔偿损失的原则主要有：

（1）完全赔偿原则，是指违约方应赔偿受害人所遭受的全部损失，包括因违约引起的现实财产减少和合同履行的可得利益；（2）合理预见原则，是指赔偿损失不超过违约方订立合同时预见到或者应当预见到的因违反合同可能造成的损失；（3）减轻损害原则，是指在一方违约并造成损害后，受害人必须采取合理措施以防止损害的扩大，否则，受害人应对扩大部分的损害负责，违约方此时也有权请求从损害赔偿金额中扣除本可避免的损害部分；（4）损益相抵原则，是指受害人基于损害发生的同一原因而获得利益时，应将所受利益从所受损害中扣除，以确定损害赔偿范围。

4. 违约金

违约金是指当事人一方违反合同时应当向对方支付的一定数量的金钱或财物。

违约金的分类：（1）法定违约金和约定违约金；（2）惩罚性违约金和补偿性违约金。

违约金的特征：（1）在合同中预先约定的；（2）是一方违约时向对方支付的一定数额的金钱；（3）是对承担赔偿责任的一种约定，其性质仍属违约的损害赔偿。

（三）免责事由

1. 不可抗力

不可抗力，是指不能预见、不能避免并不能克服的客观情况。

不可抗力主要包括以下几种情形：（1）自然灾害、如台风、洪水、冰雹；（2）政府行为，如征收、征用；（3）社会异常事件，如罢工、骚乱。

2. 免责条款

免责条款是指当事人在合同中约定免除将来可能发生的合同责任的条款，其所规定的免责事由即约定免责事由。

免责条款不能排除当事人的基本义务，也不能排除故意或重大过失的责任。

第三节　物权法知识

一、概念和特征

物权，是指合法权利人依法对特定的物享有直接支配和排他的权利，包括所有权、用益物权和担保物权。

物权具有以下特征：一是物权的权利主体是特定的，而义务主体则是不特定的；二是物权的客体为特定的独立之物，不包括行为和精神财富；三是物权的内容以支配权为核心；四是物权具有法定性，其种类和内容、效力以及创设的方式，都由法律直接规定，不能由当事人任意创设。

二、所有权

（一）概念和特征

所有权是所有人在法律规定的范围内对属于他的财产享有占有、使用、收益、处分的权利。所有权是物权中最重要也最完全的一种权利，具有绝对性、排他性、永续性三个特征，具体内容包括占有、使用、收益、处分等四项权利。

（二）种类

所有权的种类包括国家所有权、集体所有权、法人所有权、社团所有权以及私人财产所有权。

（三）取得方式

1. 原始取得

所有权首次产生或不依赖于原所有人的意志而取得物的所有权，包括生产、先占、添附、善意取得、发现埋藏物和隐藏物、拾得遗失物、国有化和没收等。

2. 继受取得

通过一定的法律行为或基于法定的事实从原所有人处取得所有权。继受取得主要有买卖合同、赠与、互易、继承遗产、接受遗赠等。

以案释法⑬

动产的善意取得

【案情介绍】2010年5月，李某与王某共同出资，开办了“夜莺”练歌城，由双方共同经营，共负盈亏，相应证照由王某负责办理。不久，王某即以个人名义到工商、税务、文化、消防部门办理了经营练歌房需要的相关证照。半年后，因经营不善练歌城出现了严重亏损。2011年3月16日，王某趁李某外出办事之机，以练歌城老板的身份将两套豪华音响设备以3万元的价格卖给张某，并向张某出示了工商、税务等部门颁发的证照作为证明。张某确信王某就是练歌城老板，两人遂成交。两天后李某回来得知此事，遂找到张某，称其所买的两套音响设备系自己与王某共同共有，王某无权单独处分，要求张某返还音响设备。三人几次协商未果，李某诉至法院。法院审理后认为，张某购买该音像设备的行为符合动产善意取得制度的规定，两套音响设备属于张某所有。

【以案释法】物权法第一百零六条规定：“无处分权人将不动产或者动产转让给受让人的，所有权人有权追回；除法律另有规定外，符合下列情形的，受让人取得该不动产或者动产的所有权：（一）受让人受让该不动产或者动产时是善意的；（二）以合理的价格转让；（三）转让的不动产或者动产依照法律规定应当登记的已经登记，不需要登记的已经交付给受让人。受让人依照前款规定取得不动产或者动产的所有权的，原所有权人有权向无处分权人请求赔偿损失。当事人善意取得其他物权的，参照前两款规定。”这即是动产的善意取得制度。本案中，王某向张某出示了相关证件，张某完全有理由相信王某就是音响设备的所有人。且张某是以市场价格购得该设备，因此张某可依善意取得制度，取得该设备的所有权。

（四）变更

动产所有权依交付而移转；不动产所有权的移转则必须经过登记或办理一定的

法律手续。

（五）消灭

一是所有权的绝对消灭，指所有权的标的不复存在。如因生活消费、生产消耗或自然灾害等原因导致财产的毁灭。

二是所有权的相对消灭，指因原所有权人丧失所有权。如财产所有权被抛弃，财产所有权被依法转让，财产所有权的主体资格丧失，财产所有权因国家采取强制性措施而消灭。

三、用益物权

用益物权是对他人所有的物，在一定范围内进行占有、使用、收益、处分的他物权。

用益物权包括土地承包经营权、建设用地使用权、宅基地使用权、地役权、自然资源使用权（海域使用权、探矿权、采矿权、取水权和使用水域、滩涂从事养殖、捕捞的权利）等， 我国物权法对前四者进行了规定。

（一）土地承包经营权

土地承包经营权是指承包人（公民或集体）因从事耕作、种植或其他生产经营项目而承包使用、收益集体所有或集体使用的国家所有的土地或森林、山岭、草原、荒地、滩涂、水面的权利。

（二）建设用地使用权

建设用地使用权是因建筑物或其他工作物而使用国家所有的土地的权利。

国有土地使用权的取得有划拨、出让和流转三种方式；集体所有土地的建设用地使用权，依照土地管理法等法律规定办理。

建设用地使用权的期限：居住用地为七十年；工业用地为五十年；教育、科技、文化、卫生、体育用地五十年；商业、旅游、娱乐用地四十年；综合或者其他用地五十年。

（三）宅基地使用权

宅基地使用权指的是农村集体经济组织的成员依法享有的在农民集体所有的土地上建造个人住宅的权利。

农村村民一户只能拥有一处宅基地，不得买卖、变相变卖（抵押、出租）。村民可以出卖、出租宅基地上的房屋，但不得另行申请宅基地。

（四）地役权

地役权是以他人土地供自己土地便利而

使用他人土地的权利，具有以下特征：

第一，地役权是使用他人土地的权利。

第二，地役权是为了需役地的便利而设立的用益物权。地役权包括以下内容：以供役地供使用，如通行地役权；以供役地供收益，如用水地役权；避免相邻关系的任意性规范的适用；禁止供役地为某种使用，如禁止在邻地建高楼，以免妨碍眺望等。

第三，地役权具有从属性和不可分性。地役权的成立必须是需役地与供役地同时存在。

四、担保物权

（一）概念和特征

担保物权是为了担保债的履行而设定的物权，具有以下特征：第一，担保物权以确保债务的履行为目的；第二，担保物权是在债务人或第三人的特定财产上设定的权利；第三，担保物权支配担保物的价值为内容，属于物权的一种，与一般物权具有同一性质；第四，担保物权具有从属性和不可分性。

（二）种类

担保物权包括抵押权、质权和留置权。

1. 抵押权

抵押权是指债权人对于债务人或第三人不转移占有而提供担保的不动产或其他财产，在债务人到期不能履行债务或者发生当事人约定的实现抵押权情形时，债权人有权就该财产优先受偿的权利。

2. 质权

质权亦称质押，指为了担保债权的履行，债务人或第三人将其动产或权利移交债权人占有，当债务人不履行债务时，债权人就其占有的财产优先受偿的权利。

3. 留置权

留置权是指债权人按照合同约定占有债务人的动产，在债务人逾期不履行债务时，有留置该财产并就该财产优先受偿的权利。

五、物权的保护

物权受到侵害的，权利人可以通过和解、调解等途径解决，也可以依法向人民法院提起诉讼。物权的保护应当采取如下方式：第一，因物权的归属和内容发生争议的，利害关系人可以请求确认权利；第二，被无权占有人占有不动产或者动产的，权利人可以请求返还原物；不能返还原物或者返还原物后仍有损失的，可以请求损害赔偿；第三，造成不动产或者动产损毁的，权利人可以请求恢复原状，不能恢复原状或恢复原状仍有损失的，可以请求损害赔偿；第四，妨碍行使物权的，权利人可以请求排除妨害；第五，有可能危及行使物权的，权利人可以请求消除危险；第六，侵害物权，造成权利人损害的，权利人可以请求损害赔偿。

上述物权保护方式，可以单独适用，也可以根据权利被侵害的情形合并适用。

第四节　婚姻家庭法律知识

一、婚姻法知识

婚姻是由一定社会制度所确认的，男女两性结合为配偶的社会关系。婚姻法律制度是调整一定社会的婚姻关系的法律规范的总和。

（一）基本原则

第一，实行婚姻自由，禁止包办婚姻和其他干涉婚姻自由的行为；第二，实行一夫一妻制，禁止重婚；第三，实行男女平等，反对一切歧视妇女的旧传统；第四，保护妇女、儿童和老人的合法权益，禁止家庭成员间的遗弃和虐待；第五，实行计划生育，反对封建主义生育观。

（二）结婚

结婚是指男女双方按照法律规定的条件和程序，确立夫妻关系的法律行为。

1. 结婚的条件

结婚的法定条件有：（1）男女双方完全自愿；（2）必须达到法定婚龄，男不得早于二十二周岁，女不得早于二十周岁；（3）必须符合一夫一妻制。

结婚的禁止条件有：（1）直系血亲和三代以内的旁系血亲禁止结婚；（2）一方或双方患有医学上认为不应结婚或暂缓结婚的疾病。

2. 结婚登记

结婚的男女双方必须亲自到婚姻登记机关进行结婚登记，取得结婚证，确立夫妻关系。

办理结婚登记的机关：（1）在城市是街道办事处或者市辖区、不设区的市人民政府民政部门；（2）在农村是乡、民族乡、镇的人民政府。

结婚登记所需的证件：（1）户口证明；（2）居民身份证；（3）离过婚的当事人，还须持离婚证件（包括离婚证、生效的准予离婚的调解书或判决书）。

结婚登记的具体程序：（1）申请；（2）审查；（3）登记。

3. 事实婚姻

1994年2月1日《婚姻管理登记条例》施行前，未办理婚姻登记手续即以夫妻名义同居的，一方起诉“离婚”，起诉时双方均符合结婚的实质要件，可以认定为事实婚姻。

（三）离婚

离婚是指夫妻双方通过协议或诉讼的方式解除婚姻关系，终止夫妻间权利和义务的法律行为。

1. 协议离婚

协议离婚又称登记离婚，指夫妻双方自愿达成协议，并经婚姻登记机关确认解除婚姻关系。

协议离婚的条件有：（1）夫妻双方须具有合法配偶身份；（2）双方具有完全民事行为能力；（3）自愿达成离婚协议；（4）对子女和财产问题已有适当处理。

协议离婚的登记管理机关在城市是街道办事处或者市辖区、不设区的市政府的民政部门；在农村是乡、民族乡、镇的人民政府。

2. 诉讼离婚

诉讼离婚是指夫妻双方对离婚、离婚后子女抚养或财产分割等问题不能达成协议，由一方向人民法院起诉，人民法院依诉讼程序审理后，调解或判决解除婚姻关系的法律制度。

夫妻感情是否破裂，是我国法院判决离婚或不离婚的原则。人民法院审理离婚案件时，应当进行调解，如果感情确已破裂，应准予离婚。

诉讼离婚中有两项特殊保护：（1）现役军人的配偶要求离婚，须得军人同意，但军人一方有重大过错的除外；（2）女方在怀孕期间、分娩后一年内或中止妊娠后六个月内，男方不得提出离婚。女方提出离婚的，或人民法院认为确有必要受理男方离婚请求的，不在此限。

（四）夫妻关系

1. 人身关系

夫妻双方地位平等、独立；夫妻双方都享有姓名权；夫妻之间有忠实义务；夫妻双方有人身自由权；夫妻住所选定权；禁止家庭暴力、虐待、遗弃；计划生育义务。

2. 财产关系

夫妻对共同所有的财产，有平等的处理权。夫妻在婚姻关系存续期间所得的下列财产，归夫妻共同所有：（1）工资、奖金；（2）生产、经营的收益；（3）知识产权的收益；（4）继承或赠与所得的财产，但遗嘱或赠与合同中确定只归一方所有的财产除外；（5）其他应当归共同所有的财产。

夫妻一方对另一方的个人财产没有处理权。属于夫妻个人的财产包括：（1）一方的婚前财产；（2）一方因身体受到伤害获得的医疗费、残疾人生活补助费等费用；（3）遗嘱或赠与合同中确定只归夫妻一方的财产；（4）一方专用的生活用品；（5）其他应当归一方的财产。

此外，夫妻双方还可以通过协商对婚前、婚后取得的财产的归属、处分以及在婚姻关系解除后的财产分割达成协议。

以案释法⑭

离婚时夫妻一方的个人财产不受分割

【案情介绍】2001年，男青年张某以自己的收入全额付款购买商品房一套。其后，张某与女青年陈某恋爱结婚。五年后，双方感情破裂，决定离婚，但就房产分割问题达不成协议。双方诉至法院，法院审理后，判定此房产为张某的婚前财产，归张某一人所有；夫妻双方共同生活期间的财产为共同财产，依法进行分割。

【以案释法】婚姻法第十八条规定，一方的婚前财产为个人财产。根据最高院的司法解释规定，夫妻一方所有的财产，不因婚姻关系的延续而转化为夫妻共同财产，除非当事人另有约定。因此，法院依法判定房产归张某一人所有。

（五）父母子女关系

1. 自然血亲的父母子女关系

父母对子女有抚养教育的义务；子女对父母有赡养扶助的义务。父母不履行抚养义务时，未成年的或不能独立生活的子女，有要求父母付给抚养费的权利。子女不履行赡养义务时，无劳动能力的或生活困难的父母，有要求子女付给赡养费的权利。

非婚生子女享有与婚生子女同等的权利，任何人不得加以危害和歧视。不直接抚养非婚生子女的生父或生母，应当负担子女的生活费和教育费，直至子女能独立生活为止。

2. 继父母与继子女关系

继父母和继子女关系，是由于生父母一方死亡，另一方带子女再婚；或者父母离婚后，另行再婚而形成的。继父母与继子女间，不得虐待或歧视。继父或继母和受其抚养教育的继子女间的权利和义务，按照自然血亲父母子女关系处理。

3. 养父母与养子女关系

养父母与养子女关系，是通过收养这一法律行为而形成的。养父母与养子女间的权利和义务，按照自然血亲父母子女关系处理。

二、继承法知识

继承是指自然人死亡后，由法律规定的一定范围内的人或遗嘱指定的人依法取得死者遗留的个人合法财产的法律制度。

（一）法定继承

法定继承是指继承人范围、继承顺序、遗产分配原则等，均按法律规定进行的继承方式。

法定继承人与被继承人之间存在婚姻、血缘关系。配偶、子女、父母为第一顺序继承人；兄弟姐妹、祖父母、外祖父母为第二顺序继承人。

法定继承的遗产分配原则有：同一顺序继承人一般应均等分配遗产；对生活有特殊困难的缺乏劳动能力的继承人，应当予以照顾；对被继承人尽了主要扶养义务或者与被继承人共同生活的继承人，可以多分；对于有能力尽抚养义务，而不尽抚养义务的继承人，应当少分或不分。

（二）遗嘱继承

遗嘱继承是指继承人按照被继承人生前所立的合法有效的遗嘱取得被继承人遗产的继承方式。

有效的遗嘱必须符合以下条件：遗嘱人有遗嘱能力；遗嘱是遗嘱人的真实意思表示遗嘱的内容合法；遗嘱的形式符合法律规定的要求。

遗嘱形式主要有公证遗嘱、自书遗嘱、代书遗嘱、录音遗嘱、口头遗嘱等五种。其中后三种遗嘱须有两个以上见证人在场见证。

遗嘱继承充分体现了我国法律对公民个人财产的保护和对公民自由权的尊重。

第五节　知识产权法知识

一、知识产权的概述

（一）概念

知识产权也称为智慧财产权，是指人们对文学、艺术、科学、工业等领域基于智力活动创造的成果和经营管理中的标记、信誉等享有的权利。

（二）种类

广义的知识产权主要包括著作权、商标权、专利权、商号权、产地标志权、商业秘密权、植物新品种权、集成电路布图权等各种权利。

狭义的知识产权仅包括著作权、商标权和专利权三部分。

（三）特点

知识产权与物权相比较而言，相同之处在于都具有支配性；不同之处在于：

其一，物权的客体是有形的财产，知识产权的客体是无形的智力成果。

其二，物权是一种绝对权利，可以对抗权利人以外的任何人；而知识产权具有严格的地域性，效力仅限于本国境内，如想得到跨国保护，须参加国际公约或者签订双边、多边协定。

其三，物权的保护是没有时间限制的，可以永远存在；而知识产权在保护时间上有限制。

二、著作权

著作权，又称为版权，是指文学、艺术和自然科学、社会科学作品的作者及其相关主体依法对作品所享有的人身权利和财产权利。

（一）著作人身权

1. 概念

著作人身权是指作者通过创作表现个人风格的作品而依法享有获得名誉、声望和维护作品完整性的权利。

2. 内容

著作人身权的内容包括：（1）发表权，即决定作品是否公之于众的权利，这种权利有一个特点就是一次用尽；（2）署名权，即表明作者身份，在作品上署名的权利，其行使方式不限于在作品上署真实姓名，还可以署笔名、别名或者不署名；（3）修改权，即修改或者授权；（4）保护作品完整权，即保护作品不受歪曲、篡改的权利。

3. 保护方式和期限

著作人身权由作者终身享有，不可转让、剥夺和限制。作者死后，一般由其继承人或者法定机构予以保护。

（二）著作财产权

1. 概念

著作权的财产权就是作者对作品进行使用并获得经济利益的权利。

2. 内容

著作财产权的内容包括：（1）复制权；（2）发行权，发行的方式多种多样，如出售、出租、赠与等；（3）出租权，出租权针对的作品形式仅包括电影作品、以类似摄制电影的方法创作的作品及计算机软件的权利；（4）展览权，即公开陈列美术作品、摄影作品的原件或者复制件的权利；（5）表演权，即公开表演作品及公开播送作品的表演的权利；（6）放映权；（7）广播权；（8）信息网络传播权，即以有线或者无线方式向公众提供作品，使公众可以在其个人选定的时间和地点获得作品的权利；（9）摄制权；（10）改编权，即改变作品，创作出具有独创性的新作品的权利；（11）翻译权；（12）汇编权，即将作品或者作品的片段通过选择或者编排，汇集成新作品的权利；（13）应当由著作权人享有的其他权利。

3.保护方式和期限

著作财产权是可以依权利人的意志进行转让和许可使用的权利，并且可以成为继承和赠与的客体。

著作财产权的保护是有期限的，公民作品的发表权、著作财产权的保护期为作者有生之年及其死亡后五十年。法人或者其他组织的作品、著作权由法人或其他组织享有的职务作品、电影或类似摄制电影方式创作的作品，其发表权和著作财产权保护期为自首次发表后五十年。

以案释法⑮

作品的网络传播权受法律保护

【案情介绍】北京某通讯技术有限公司在其网站上建立了“小说一族”栏目。该栏目未经作家本人允许，自行转载了王某等六位作家的作品。网络用户进入该公司的主页，点击页面中“小说一族”后，进入相关链接，再点击具体作者的作品名称，即可浏览或下载相应的作品内容。一年后，王某等六位作家以侵犯著作权为由，将该公司告上法院。案件经两审终审，判决被告败诉，向原告道歉、赔偿损失，并停止使用原告的作品。

【以案释法】本案涉及作品的网络传播问题，随着科技的发展，网络成为作品的重要载体之一。此案发生时，我国的著作权法尚未规定网络传播权，因此本案在当时具有重大的开拓意义。著作权法明确规定了作品的网络传播权，未经著作权人的许可，将其作品在网上传播，就将构成侵权，要承担法律责任。

三、专利权

（一）概念

专利权是指一项发明创造，经过申请人向国家的专利主管机关申请，经审查合格后，由该主管机关向专利申请人授予在规定期间对该项发明创造享有专有权。

专利权须经过主管机关审查后方可授予，而著作权自作品完成之日即产生。

（二）管理机关

国务院专利行政部门负责管理全国的专利工作；统一受理和审查专利申请，依法授予专利权。省、自治区、直辖市人民政府管理专利工作的部门负责本行政区域内的专利管理工作。

（三）种类

发明，是指对产品、方法或者其改进提出的新的技术方案。

实用新型，是指对产品的形状、构造或者其结合所提出的适于实用的新的技术方案。

外观设计，是指对产品的形状、图案、色彩或者其结合以及色彩与形状图案的结合作出的富有美感并适于工业上应用的新设计。

（四）专利权的保护期限

发明专利权的保护期为二十年，实用新型和外观设计的专利权保护期为十年。

四、商标权

（一）概念

商标是商品的生产者经营者在其生产、制造、加工、拣选或者经销的商品上或者服务的提供者在其提供的服务上采用的，用于区别商品或者服务来源的标志。文字、图形、字母、数字、声音、三维标志和颜色组合，以及上述要素的组合，均可以作为商标申请注册。

商标权是商标专用权的简称，是指商标主管机关依法授予商标所有人对其注册商标受国家法律保护的专有权。

（二）保护

商标在商标主管机关注册后，方可取得商标专用权，并受法律的保护。未经注册的商标则不受保护。对于商标注册，采取自愿的原则。

商标专有权人对于侵犯商标专有权的行为，可以选择由工商行政管理机关处理，也可以选择直接向人民法院起诉。

（三）管理

我国采取集中注册，分级管理的原则。集中注册即由商标局统一集中负责我国的商标审查、核准注册工作；分级管理是指各级工商行政管理机关负责本地区的商标管理工作。

（四）使用范围

商标权人使用注册商标必须以核准注册的商标和核准使用的商品为限。

（五）保护期限

商标权的保护期限为十年。有效期届满后，如注册人继续使用该商标，必须依法办理商标续展手续，续展次数不限。

第六节 证券、期货、保险与票据法律知识

一、证券法律知识

（一）概念和特征

证券是一种权利的书面凭证，也就是记载并且代表一定权利的文书。

证券具有以下特征：第一，证券是一种财产性的权利凭证；第二，证券是一种流通性的权利凭证；第三，证券是一种要式性的权利凭证，即法律对证券有严格的格式要求；第四，证券是一种收益性的权利凭证。

（二）证券的种类

证券有广义和狭义之分。广义的证券一般指财物证券（如货运单、提单等）、货币证券（如支票、汇票、本票等）和资本证券（如股票、公司债券、投资基金份额等）。狭义的证券仅指资本证券。我国证券法规定的证券为股票、公司债券和国务院依法认定的其他证券。

（三）证券发行

证券发行，是指政府、金融机构、工商企业等以募集资金为目的向投资者出售代表一定权利的有价证券的活动。

1. 公开发行

公开发行证券，必须符合法律、行政法规规定的条件，并依法报经国务院证券监督管理机构或者国务院授权的部门核准；未经依法核准，任何单位和个人不得公开发行证券。

属于公开发行的情形有：（1）向不特定对象发行证券；（2）向累计超过二百人的特定对象发行证券；（3）法律、行政法规规定的其他发行行为。

2. 非公开发行

非公开发行证券，不得向不特定对象宣传推介，不得公开劝诱，不得采用变相公开方式。

（四）证券交易

证券交易是指证券持有人依照交易规则，将证券转让给其他投资者的行为。

证券交易一般分为两种形式：一种形式是上市交易，是指证券在证券交易所集中交易挂牌买卖；另一种形式是上柜交易，是指公开发行但未达上市标准的证券在证券柜台交易市场买卖。

为了保护弱势的中小投资者以及国家社会的公共利益，确保证券市场的健康发展，我国的证券法对某些证券交易行为给予限制或禁止，特别是禁止了内幕交易、操纵市场、地下信用交易、虚假陈述以及欺诈客户等证券欺诈行为。

二、期货法律知识

（一）概念

期货是现在进行买卖，但是在将来进行交收或交割的标的物，这个标的物可以是某种商品，例如黄金、原油、农产品，也可以是金融工具，还可以是金融指标。

（二）期货合约

期货合约是指由期货交易所统一制定的、规定在将来某一特定的时间和地点交割一定数量和质量标的物的标准化合约。期货合约的种类包括商品期货合约和金融期货合约。

期货合约的标准通常由期货交易所设计，经国家监管机构审批上市。期货合约的商品品种、数量、质量、等级、交货时间、交货地点等条款都是既定的，唯一的变量是价格。

期货合约的买方，如果将合约持有到期，那么他有义务买入期货合约对应的标的物；而期货合约的卖方，如果将合约持有到期，那么他有义务卖出期货合约对应的标的物。

（三）期货交易

期货交易，是指采用公开的集中交易方式或者国务院期货监督管理机构批准的其他方式进行的以期货合约或者期权合约为交易标的的交易活动。

从事期货交易活动，应当遵循公开、公平、公正和诚实信用的原则。禁止欺诈、内幕交易和操纵期货交易价格等违法行为。

（四）期货交易所

期货交易所是买卖期货合约的场所，它的设立由国务院期货监督管理机构审批。期货交易所不以营利为目的，按照其章程的规定实行自律管理。

期货交易应当在规定设立的期货交易所、国务院批准的或者国务院期货监督管理机构批准的其他期货交易场所进行。禁止在前款规定的期货交易场所之外进行期货交易。

（五）期货公司

期货公司是依法设立的经营期货业务的金融机构。期货公司的设立，应当经国务院期货监督管理机构批准，并在公司登记机关登记注册。

三、保险法律知识

（一）保险的概念

保险是以契约形式确立双方经济关系，以缴纳保险费建立起来的保险基金，对保险合同规定范围内的灾害事故所造成的损失，进行经济补偿或给付的一种经济形式。

（二）保险的种类

保险可以分为人身保险和财产保险两大类，而在财产保险中则包含了责任保险在内。

人身保险，系以被保险人的生命或身体为保险标的，并以生存、死亡或人身伤害为保险事故；当被保险人发生保险事故时，保险人依约定给付一定金额的保险金的保险。

财产保险又称产物保险，简称产险，系以各种财产，例如房屋、汽车、机车、船舶等为保险标的；当这些标的发生所约定的保险事故，例如火灾、碰撞等而导致财产遭受毁损或灭失时，依约定给予补偿的保险。

责任保险，是以被保险人对第三者依法应负的赔偿责任为保险标的的保险；当依法应负的赔偿责任发生时，保险人应依据保险合同的规定对第三人给付保险金。

（三）保险合同

1. 概念

保险合同是投保人与保险人约定保险权利义务关系的协议。

2. 当事人

（1）投保人，是指与保险人订立保险合同，并按照合同约定负有支付保险费义务的人；（2）保险人，是指与投保人订立保险合同，并按照合同约定承担赔偿或者给付保险金责任的保险公司。（3）被保险人，是指其财产或者人身受保险合同保障，享有保险金请求权的人。投保人可以为被保险人；（4）受益人，是指人身保险合同中由被保险人或者投保人指定的享有保险金请求权的人。投保人、被保险人可以为受益人。

3. 保险金额

保险金额是指保险人承担赔偿或者给付保险金责任的最高限额。

4. 保险合同订立的要求

（1）人身保险的投保人在保险合同订立时，对被保险人应当具有保险利益。财产保险的被保险人在保险事故发生时，对保险标的应当具有保险利益。保险利益是指投保人或者被保险人对保险标的具有的法律上承认的利益；（2）订立保险合同，保险人就保险标的或者被保险人的有关情况提出询问的，投保人应当如实告知。

5. 保险合同的赔付

保险事故发生后，按照保险合同请求保险人赔偿或者给付保险金时，投保人、被保险人或者受益人应当向保险人提供其所能提供的与确认保险事故的性质、原因、损失程度等有关的证明和资料。

投保人、被保险人故意制造保险事故的，保险人有权解除合同，不承担赔偿或者给付保险金的责任。

四、票据法律知识

（一）概述

票据是依据法律按照规定形式制成的并显示有支付金钱义务的凭证。我国票据法规定的票据是指汇票、本票和支票。

票据是一种要式行为证券。当事人发行、转让、背书、贴现、担保等票据行为都要遵循法律规定的形式。

票据是一种无因证券。只要票据符合票据法规定的形式，付款人一般不问票据的基础原因关系和资金原因关系，持票人和付款人的身份和财政状况，都不影响票据行为的效力。

（二）汇票

汇票是出票人签发的，委托付款人在见票时或者在指定日期无条件支付确定的金额给收款人或者持票人的票据。汇票分为银行汇票和商业汇票。

出票人签发汇票后，即承担保证该汇票承兑和付款的责任。承兑是指汇票付款人承诺在汇票到期日支付汇票金额的票据行为。

持票人将汇票权利转让给他人或者将一定的汇票权利授予他人行使时，应当背书并交付汇票。背书是指在票据背面或者粘单上记载有关事项并签章的票据行为。

（三）本票

本票是出票人签发的，承诺自己在见票时无条件支付确定的金额给收款人或者持票人的票据。我国法律只规定了银行本票。

本票的出票人在持票人提示见票时，必须承担付款的责任。

本票自出票日起，付款期限最长不得超过2个月。

（四）支票

支票是出票人签发的，委托办理支票存款业务的银行或者其他金融机构在见票时无条件支付确定的金额给收款人或者持票人的票据。支票包括现金支票和转账支票。

开立支票存款账户，申请人必须使用其本名，并提交证明其身份的合法证件。支票的出票人所签发的支票金额不得超过其付款时在付款人处实有的存款金额。出票人签发的支票金额超过其付款时在付款人处实有的存款金额的，为空头支票。禁止签发空头支票。

思考题

1. 自然人和法人的民事权利能力、民事行为能力的法律规定有何异同?
2. 物权有哪些种类？分别有什么不同特点?
3. 合同订立的方式是什么？需要注意哪些问题?

第六章 行政法知识

本 章 要 点

★行政法是调整行政关系的法律规范的总称，它主要规定国家行政主体的组织、职权、行使职权的方式、程序及对行使行政职权的法制监督。

★行政立法是国家行政机关依法制定行政法规和行政规章的活动，是一种典型的抽象行政行为。

★行政许可的设定和实施，应当依照法定的权限、范围、条件和程序。

★行政处罚应当依法进行，没有法定依据或者不遵守法定程序的处罚无效。

★行政监察是行政系统内部的专门机关进行的监督检查，对廉政建设有十分的重要作用。

★行政复议是行政系统内部的一种自我纠错机制，目的是保护公民、法人或其他组织的合法权益免受行政权力的侵犯。

★行政赔偿是行政权力对公民、法人或其他组织的合法权益造成损害时的救济。

第一节 行政法基本知识

一、行政与行政法的概念

行政有一般行政与国家行政之分。一般行政是指各种组织（包括机关、团体、单位等）的执行、管理职能。国家行政是指国家这一特殊组织的执行、管理职能。

行政法是规定国家行政主体的组织、职权、行使职权的方式、程序以及对行使行政职权的法制监督，调整行政关系的法律规范系统。

行政法有六项基本原则：合法行政、合理行政、程序正当、诚实守信、高效便民、权责统一。

二、基本要求

国务院《全面推进依法行政实施纲要》对依法行政提出了六项基本要求：合法

行政、合理行政、程序正当、高效便民、诚实守信、权责统一。

（一）合法行政

合法行政强调的是行政主体在行使行政权力时必须依据法律、符合法律，不得与法律相抵触。凡没有法律、法规、规章的规定，行政机关不得作出影响公民、法人和其他组织合法权益或者增加公民、法人和其他组织义务的决定。

（二）合理行政

合理行政要求行政机关实施行政管理，应当遵循公平、公正的原则，要平等对待行政管理相对人，不偏私，不歧视。合理行政主要适用于自由裁量权领域。合理行政的基本要求包括：行政的目的、动机合理，行政的内容和范围合理，行政的手段和措施合理。

（三）程序正当

行政机关实施行政管理，除法定保密的外，应当公开，注意听取公民、法人和其他组织的意见；要严格遵守法定程序，依法保护行政相对人、利害关系人的知情权、参与权和救济权；行政人员履行职责，与行政相对人存在利害关系时，应当回避。

（四）高效便民

行政机关实施行政管理，应当遵守法定时限，积极履行法定职责，提高办事效率，提供优质服务，方便公民、法人和其他组织。高效便民的具体要求有：首先，行政机关从事行政管理应从方便老百姓办事出发，把为公众提供优质服务作为行政管理的根本宗旨，而不应把行政管理看作是限制老百姓的工具和手段；其次，行政机关实施行政管理应采取积极主动的态度，尤其是对法定职责范围内的行政事务应及时履行；再次，行政机关应遵守法定时限，提高办事效率，对办理的事项不能久拖不决。

以案释法⑯

坚持高效便民，落实依法行政

【案情介绍】近年来，永丰县人口计生委坚持高效便民的原则，坚持以计生优质服务“十到户”活动为载体，深入村组，免费为群众办理各种证件，免费为育龄妇女进行怀孕检查、妇科病普查等，大力实施民生工程，切实为群众解决实际问题。正如村民们说的那样：“原来办生育证、流动人口婚育证时常要跑40里路到乡里办，而且跑三四次都难找到办事人员，有时找到了办事人员，态度又不好，还要交几十元钱办证费。现在可好，办证都上户了，且不用交钱，当场可拿，现在计生干部的工作真是做到家了。”

【以案释法】只有把高效便民服务落实到位，心系百姓，便利为民，才能真正做到依法行政，受到百姓的认可与拥护。

（五）诚实守信

诚实守信是依法行政对行政机关及其行政活动的必然要求，也是行政机关及其工作人员的法律义务与责任。按照这一原则，行政机关必须做到：首先，发布的信息必须真实可靠；其次，制定的法规、规章和政策、决定应当保持相对稳定，不能朝令夕改；再次，因国家利益、公共利益或者其他法定事由撤回或者变更已经生效的行政决定，给公民、法人和其他组织造成财产损失，行政机关应当依法予以补偿。

（六）权责统一

行政机关必须依照法律规定的职权、职责行政，行使多大的权力就要承担多大的责任。行政机关违法或者不当行使职权，应当依法承担法律责任。依法做到执法有保障，有权必有责，用权受监督，违法受追究，侵权须赔偿。

三、行政主体

（一）概念和特征

行政主体是指享有行政职权，以自己的名义行使行政职权并独立承担责任的组织。行政主体具有下列三个特征：

第一，行政主体是享有国家行政权力，实施行政活动的组织。这是行政主体与其他国家机关、组织的区别所在。

第二，行政主体是能以自己的名义行使行政权的组织。这是行政主体与行政机关内部的组成机构和受行政机关委托执行某些行政管理任务的组织的区别。

第三，行政主体是能够独立对外承担其行为所产生的法律责任的组织。这是行政主体具有独立法律人格的具体表现，也是一个组织成为行政主体的必备条件。

（二）行政主体的类型

在我国，行政主体包括国家行政机关和法律、法规授权的组织。

1. 行政机关

国家行政机关包括中央国家行政机关和地方行政机关。中央行政机关，是指国务院和国务院所属各工作部门。地方行政机关，是指在一定行政区域内由该行政区人民代表大会产生的人民政府及其工作部门。

地方人民政府可以在一定行政区域内设立派出机关，代表其管理该行政区域内各项行政事务。地方人民政府的职能部门可以在一定行政区域内设立派出机构，代表该机构管理该行政区域内某一方面的行政事务。

2. 法律、法规授权的组织

法律、法规授权的组织是指依据法律、法规授权而行使特定行政职能的非国家机关组织。包括：（1）事业组织；（2）社会团体；（3）基层群众性自治组织，如居民委员会和村民委员会；（4）企业组织。

四、行政行为

（一）概念和特征

行政行为是指行政主体行使行政职权作出的、能够产生行政法律效果的行为。

行政行为具有从属法律性、裁量性、单方意志性、效力先定性以及强制性等特征。其中，效力先定性是指行政行为一经作出后，就事先假定其符合法律规定，在没有被国家有权机关宣布为违法无效之前，对行政机关本身和相对方以及其他国家机关都具有拘束力，任何个人或团体都必须遵守和服从。

（二）行政行为有效的要件

1. 主体合法

主体合法是指作出行政行为的组织必须具有行政主体资格，并且具有法定的职权。

2. 内容合法

内容合法要求：（1）行为有确凿的证据证明，有充分的事实根据；（2）行为有明确的依据，正确适用了法律、法规、规章和其他规范性文件；（3）行为必须公正、合理，符合立法目的和立法精神。

3. 程序合法

行为的程序是否合法影响着行政行为实体的合法性，程序合法要求：（1）行政行为符合行政程序法确定的基本原则和制度；（2）行政行为应当符合法定的步骤和顺序；（3）行政行为必须在行政机关的权限内，越权无效；（4）行政行为应当符合法定形式。

（三）行政行为的种类

行政行为包括抽象行政行为和具体行政行为两种。

1. 抽象行政行为

抽象行政行为，是指国家行政机关针对不特定管理对象实施的制定法规、规章和有普遍约束力的决定、命令等行政规则的行为，其行为形式体现为行政法律文件，其中包括规范文件和非规范文件。

2. 具体行政行为

具体行政行为是国家行政机关依法就特定事项对特定的公民、法人和其他组织权利义务作出的单方行政职权行为。具体行政行为种类繁多，如行政许可、行政处罚、行政强制等等，对公民、法人、其他组织的权益产生影响较大。

五、行政立法

（一）行政立法的含义

行政立法是指国家行政机关依照法律规定的权限和程序，制定行政法规和行政规章的活动。它包含以下几层含义：

第一，行政立法是行政机关的行为。表现为：国家行政机关接受国家立法机关的委托，依照法定程序制定具有法律效力的规范性文件的活动；国家行政机关依照法定程序制定有关行政管理规范性文件的活动。

第二，行政立法是行政机关依照法定权限和程序所为的行为。这是行政立法同其他行政行为的显著区别。行政立法必须经过起草、征求意见、讨论、通过和公布等立法程序。

第三，行政立法是行政机关制定行政法规、行政规章的抽象行政行为。从行为的结果看，行政立法的结果是产生具有普遍约束力的规范性文件。这些规范性文件并不是针对某个具体的人或具体的事，而是普遍适用。

（二）行政立法程序

行政立法程序是指行政机关制定、修改和废止行政法规或者规章的程序。包括：

1. 立项

我国行政立法的立项是指享有行政立法权的行政机关编制立法年度计划。每年年初有关部门向立法机关报送立项申请，立法机关内设的法制机构对立项申请进行汇总研究，拟定立法机关的年度立法工作计划，报立法机关审批。

2. 起草

（1）确定起草单位

行政立法的起草单位一般包括立法机关起草；立法机关组织起草；立法机关确定某一个或几个部分，或者某一个或某几个内设机构负责起草；委托起草。

（2）立法调研

起草行政法规与规章应当进行调查研究，总结实践经验，听取意见，在此基础上拟定立法草案。

（3）内部征求意见与协商

行政立法起草过程中，如果法规或者规章涉及其他主管部门的职责或与其他部门关系密切的，起草单位应当征求有关部门的意见或者与有关部门进行协商；经过协商不能达成一致意见的，应当在上报草案送审稿时说明情况或理由。

（4）送审

起草完毕后，起草单位负责人应当在送审稿上签名，并将签名的送审稿及其说明、对送审稿主要问题的不同意见和其他有关材料按规定报送审查。

3. 审查

行政立法的审查由立法机关的法制机构进行。包括如下步骤：

（1）审查送审稿

审查内容包括送审稿要符合宪法、法律和上位法的规定；要体现切实保障公民、法人和其他组织合法权益的精神；要体现科学规范行政行为、促进政府职能转变的改革精神；体现与有关的行政法规或规章协调；要符合立法技术要求。

（2）征求意见

在完成上述工作后，法制机构应当形成草案和对草案的说明，由法制机构负责人签署，提出提请行政立法机关审议的建议。

4. 决定

行政法规草案由国务院常务会议审议，或者由国务院审批。国务院部门规章由部务会议或者委员会会议审议。地方政府规章由政府常务会议或者全体会议审议。

5. 公布

公布是行政立法的一个程序，也是最后一个法定程序。

6. 备案

《中华人民共和国立法法》《行政法规制定程序条例》《行政规章制定程序条例》以及《法规规章备案条例》都对行政立法的备案作出了规定。主要包括：报送备案、备案登记等。

第二节　行政许可

一、概述

行政许可，是指在法律一般禁止的情况下，行政主体根据行政相对方的申请，经依法审查，通过颁发许可证、执照等形式，赋予或确认行政相对方从事某种活动的法律资格或法律权利的一种行政行为。

行政许可的原则有合法性原则、公开公平公正原则、便民原则、救济原则、信赖保护原则、行政许可一般不得转让原则、监督原则等。

二、许可范围

行政许可的范围，根据行政许可法第十二条规定：“下列事项可以设定行政许可：（一）直接涉及国家安全、公共安全、经济宏观调控、生态环境保护以及直接关系人身健康、生命财产安全等特定活动，需要按照法定条件予以批准的事项；（二）有限自然资源开发利用、公共资源配置以及直接关系公共利益的特定行业的市场准入等，需要赋予特定权利的事项；（三）提供公众服务并且直接关系公共利益的职业、行业，需要确定具备特殊信誉、特殊条件或者特殊技能等资格、资质的事项；（四）直接关系公共安全、人身健康、生命财产安全的重要设备、设施产品、物品，需要按照技术标准、技术规范，通过检验、检测、检疫等方式进行审定的事项；（五）企业或者其他组织的设立等，需要确定主体资格的事项；（六）法律、行政法规规定可以设定行政许可的其他事项。"

可以设定行政许可的事项的例外，根据行政许可法第十三条规定："本法第十二条所列事项，通过下列方式能够予以规范的，可以不设行政许可：（一）公民、法人或者其他组织能够自主决定的；（二）市场竞争机制能够有效调节的；（三）行业组织或者中介机构能够自律管理的；（四）行政机关采用事后监督等其他行政管理方式能够解决的。"

以案释法 17

行政许可不得随意设定

【案情介绍】2008年9月，河南省漯河市某镇下发《关于加强秋季秸秆禁烧工作的紧急通知》的文件，明确规定收割玉米的农户要先办理"砍伐证"、"准运证"，每亩玉米缴费500元后，才能收割，否则将"给予严重处罚直至追究刑事责任"。绝大多数农户未办"两证"，致使数万亩成熟玉米无法收割，村民们心急如焚。此事经媒体曝光后，9月18日上午，该镇所在区委常委会作出决定，因违规发放"玉米秸秆砍伐证"，镇党委书记和镇长按相关程序免职。

【以案释法】行政许可法第十七条规定，省级人民政府以下的行政机关或者其内部机构不能通过发文件的方式设定行政许可。显然，该镇根本没有设定行政许可的权限，无权发文规定砍伐秸秆要办手续并缴费。

三、行政许可的种类

从行政许可的性质、功能和适用条件的角度来说，大体可以划分为五类：普通许可、特许、认可、核准、登记。

（一）普通许可

普通许可是准许符合法定条件的相对人行使某种权利的行为。凡是直接关系国家安全、公共安全的活动，基于高度社会信用的行业的市场准入和法定经营活动，直接关系到人身健康、生命财产安全的产品、物品的生产及销售活动，都适用于普通许可，如游行示威的许可，烟花爆竹的生产与销售的许可等。

（二）特许

特许是行政机关代表国家向被许可人授予某种权利或者对有限资源进行有效配置的管理方式。主要适用于有限自然资源的开发利用、有限公共资源的配置、直接关系公共利益的垄断性企业的市场准入，如出租车经营许可、排污许可等。

（三）认可

认可是对相对人是否具有某种资格、资质的认定，通常采取向取得资格的人员颁发资格、资质证书的方式，如会计师、医师的资质等。

（四）核准

核准是行政机关按照技术标准、经济技术规范，对申请人是否具备特定标准、规范的判断和确定。主要适用于直接关系公共安全、人身健康、生命财产安全的重要设备、设施的设计、建造、安装和使用，以及直接关系人身健康、生命财产安全的特定产品、物品的检验、检疫，如电梯安装的核准、食用油的检验等。

（五）登记

登记是行政机关对个人、企业是否具有特定民事权利能力和行为能力的主体资格和特定身份的确定，如工商企业注册登记、房产所有权登记等。

四、行政许可的实施

（一）实施主体

行政许可实施主体是指行使行政许可权并承担相应责任的行政机关和法律、法规授权的具有管理公共事务职能的组织。行政许可的实施主体主要有三种：法定的行政机关、被授权的具有管理公共事务职能的组织、被委托的行政机关。

（二）实施程序

1. 申请与受理

公民、法人或者其他组织向行政机关提出申请，应如实提交有关材料和反映真实情况，并对其申请材料实质内容的真实性负责。行政机关对申请人提出的行政许可申请应当根据不同情况分别作出受理或不受理的处理决定。

2. 审查与决定

行政机关对申请人提交申请材料进行审查。材料齐全、符合法定形式，行政机关能够当场作出决定的，应当场作出书面的行政许可决定；不能当场作出行政许可决定的，应当在法定期限内按照规定程序作出行政许可决定。

3. 听证

法律、法规、规章规定实施行政许可应当听证的事项，或者行政机关认为需要听证的其他涉及公共利益的重大行政许可事项，行政机关应当向社会公告，并举行听证。

4. 变更与延续

行政机关不得擅自改变已经生效的行政许可。行政许可决定所依据的法律、法规、规章修改或者废止，或者准予行政许可所依据的客观情况发生重大变化，行政机关为了公共利益的需要，可以依法变更或者撤回已经生效的行政许可，但应当对由此给公民、法人或者其他组织造成的财产损失依法给予补偿。

被许可人要求变更行政许可事项的，应当向作出行政许可决定的行政机关提出申请；符合法定条件、标准的，行政机关应当依法办理变更手续。需要延续依法取得的行政许可的有效期的，应当在该行政许可有效期届满30日前向作出行政许可决定的行政机关提出申请。法律、法规、规章另有规定的，依照其规定。行政机关应当根据被许可人的申请，在该行政许可有效期届满前作出是否准予延续的决定；逾期未作决定的，视为准予延续。

第三节　行政处罚

一、概述

行政处罚是指具有行政处罚权的行政主体为维护公共利益和社会秩序，保护公民、法人或其他组织的合法权益，依法对行政相对人违反行政法律法规而尚未构成犯罪的行为所实施的法律制裁。

行政处罚的原则包括法定原则，公正公开原则，处罚与违法行为相适应原则，处罚与教育相结合的原则等。

二、行政处罚的种类

行政处罚的种类，主要是指行政处罚机关对违法行为的具体惩戒制裁手段。我国的行政处罚可以分为以下几种：

（一）人身罚

人身罚也称自由罚，是指特定行政主体限制和剥夺违法行为人的人身自由的行政处罚。这是最严厉的行政处罚。人身罚主要是指行政拘留。

行政拘留，也称治安拘留，是特定的行政主体依法对违反行政法律规范的公民，在短期内剥夺或限制其人身自由的行政处罚。

（二）行为罚

行为罚又称能力罚，是指行政主体限制或剥夺违法行为人特定的行为能力的制裁形式。它是仅次于人身罚的一种较为严厉的行政处罚措施。

1. 责令停产、停业

这是行政主体对从事生产经营者所实施的违法行为而给予的行政处罚措施。它直接剥夺生产经营者进行生产经营活动的权利，只适用于违法行为严重的行政相对方。

2. 暂扣或者吊销许可证和营业执照

这是指行政主体依法收回或暂时扣留违法者已经获得的从事某种活动的权利或资格的证书，目的在于取消或暂时中止被处罚人的一定资格、剥夺或限制某种特许的权利。

（三）财产罚

财产罚是指行政主体依法对违法行为人给予的剥夺财产权的处罚形式。它是运用最广泛的一种行政处罚。

1. 罚款

这是指行政主体强制违法者承担一定金钱给付义务，要求违法者在一定期限内交纳一定数量货币的处罚。

2. 没收财物

没收财物具体包括没收违法所得和没收非法财物。没收违法所得，指行政主体依法没收违法行为人的部分或全部违法所得。没收非法财物，属于将违禁品或实施违法行为的工具收归国有的处罚方式。

（四）申诫罚

申诫罚又称精神罚、声誉罚，是指行政主体对违反行政法律规范的公民、法人或其他组织的谴责和警戒。它是对违法者的名誉、荣誉、信誉或精神上的利益造成一定损害的处罚方式。

三、行政处罚的实施

（一）实施机关

国务院或者经国务院授权的省、自治区、直辖市人民政府可以决定一个行政机关行使有关行政机关的行政处罚权，但限制人身自由的行政处罚权只能由公安机关行使。

法律、法规授权的具有管理公共事务职能的组织可以在法定授权范围内实施行政处罚。

行政机关依照法律、法规或者规章的规定，可以在其法定权限内委托符合法定条件的组织实施行政处罚。行政机关不得委托其他组织或者个人实施行政处罚。

（二）管辖和适用

行政处罚由违法行为发生地的县级以上地方人民政府具有行政处罚权的行政机关管辖。法律、行政法规另有规定的除外。

行政机关实施行政处罚时，应当责令当事人改正或者限期改正违法行为。对当事人的同一个违法行为，不得给予两次以上罚款的行政处罚。

（三）处罚程序

1. 简易程序

行政处罚的简易程序又称当场处罚程序，指行政处罚主体对于事实清楚、情节简单、后果轻微的行政违法行为，当场作出行政处罚决定的程序。

适用简易程序的行政处罚必须符合以下条件：（1）违法事实确凿；（2）对该违法行为处以行政处罚有明确、具体的法定依据；（3）处罚较为轻微，即对个人处以50元以下的罚款或者警告，对法人或者组织处以1000元以下的罚款或者警告。

2. 一般程序

一般程序是行政机关进行行政处罚的基本程序。一般程序适用于处罚较重或情节复杂的案件以及当事人对执法人员给予当场处罚的事实认定有分歧而无法作出行政处罚决定的案件。

根据行政处罚法的规定，行政机关作出责令停产停业、吊销许可证或者执照、较大数额罚款等行政处罚决定之前，应当告知当事人有要求举行听证的权利。当事人要求听证的，行政机关应当组织听证。

（四）执行

行政处罚决定一旦作出，就具有法律效力，处罚决定中所确定的义务必须得到履行。处罚执行程序有三项重要内容：

1. 实行处罚机关与收缴罚款机构相分离

行政处罚决定作出后，除数额在20元以下、事后难以执行或者交通偏远的以外，作出罚款决定的行政机关及其工作人员不能自行收缴罚款，由当事人15日内到指定的银行缴纳罚款，银行将收缴的罚款直接上缴国库。

2. 严格实行收支两条线，罚款必须全部上交财政

行政机关实施罚款、没收非法所得等处罚所收缴的款项，必须全部上交国库，

财政部门不得以任何形式向作出行政处罚的机关返还这些款项的全部或部分。

3. 行政处罚的强制执行

行政处罚决定作出之后，当事人应当在法定期限内自觉履行义务，如果当事人没有正当理由逾期不履行，则可能导致被强制执行。

以案释法⑱

行政处罚应合法

【案情介绍】1999年，李某下岗后开了一家百货商店谋生，并依法进行了工商与税务登记。李某每月按时交纳工商管理费并依法纳税，生意一直不错。2001年2月13日，区工商行政管理局三名工作人员来到了李某的商店，以检查工作为名要求李某请他们吃饭，遭到了李某的拒绝，由此对李某怀恨在心。2001年3月15日，全国展开了声势浩大的“打假”活动。区工商行政管理局三名工作人员再次来到李某的商店，声称李某涉嫌经营假冒伪劣产品，吊销了李某的营业执照，并作出当场罚款3000元的行政处罚。由于李某的营业执照被吊销，致使其遭受了近10000元的损失。李某遂向人民法院提起行政诉讼，要求法院撤销区工商行政管理局的行政处罚决定。法院经过审查，认为李某一直守法经营，从未经销过假冒伪劣产品，区工商行政管理局吊销李某的营业执照、处以3000元的罚款属于违法行为，依法予以撤销。

【以案释法】本案中，区工商行政管理局的这一处罚行为属于严重的行政违法行为。首先，区工商行政管理局作出行政处罚决定缺乏事实根据，属无中生有。其次，区工商局作出行政处罚的程序严重违法。三名工作人员没有告知李某有要求听证的权利，当场作出处罚决定，同时擅自收缴罚款，这些行为都严重违反了行政处罚法的相关规定，故而该处罚应当予以撤销。

第四节　行政强制

一、行政强制的概述

2011年6月30日，十一届全国人大常委会二十一次会议表决通过了行政强制法，自2012年1月1日起施行。该法规范的行政强制包括两个类型：一类是行政强制措施，一类是行政强制执行。

行政强制的原则包括：法定原则、适当原则、教育与强制相结合原则、不得滥用原则、相对人有权要求赔偿原则等。

二、行政强制措施

（一）概念

行政强制措施，是指行政机关在行政管理过程中，为制止违法行为、防止证据损毁、避免危害发生、控制危险扩大等情形，依法对公民的人身自由实施暂时性限制，或者对公民、法人或者其他组织的财物实施暂时性控制的行为。

（二）种类和设定

1. 行政强制措施的种类

行政强制措施的种类包括：（1）限制公民人身自由；（2）查封场所、设施或者财物；（3）扣押财物；（4）冻结存款、汇款；（5）其他行政强制措施。

2. 设定

（1）行政强制措施由法律设定。

（2）尚未制定法律，且属于国务院行政管理职权事项的，行政法规可以设定除限制公民人身自由、冻结存款汇款和应当由法律规定的行政强制措施以外的其他行政强制措施。

（3）尚未制定法律、行政法规，且属于地方性事务的，地方性法规可以设定查封场所、设施或者财物，扣押财物的行政强制措施。

法律、法规以外的其他规范性文件不得设定行政强制措施。

（三）基本规则

一是实施行政强制措施的主体为法律、法规规定的行政机关；二是行政强制措施由行政机关在法定职权范围内实施，行政强制措施权不得委托；三是行政强制措施由行政机关具备资格的行政执法人员实施，其他人员不得实施；四是违法行为情节显著轻微或者没有明显社会危害的，可以不采取行政强制措施。

三、行政强制执行

（一）概念

行政强制执行，是指行政机关或者行政机关申请人民法院，对不履行行政决定的公民、法人或者其他组织，依法强制履行义务的行为。

（二）方式和设定

1. 方式

行政强制执行的方式包括：（1）加处罚款或者滞纳金；（2）划拨存款、汇款；（3）拍卖或者依法处理查封、扣押的场所、设施或者财物；（4）排除妨碍、恢复原状；（5）代履行；（6）其他强制执行方式。

2. 设定

（1）行政强制执行由法律设定。

（2）起草法律草案、法规草案，拟设定行政强制的，起草单位应当采取听证会、论证会等形式听取意见，并向制定机关说明设定该行政强制的必要性、可能产生的影响以及听取和采纳意见的情况。

（3）行政强制的设定机关应当定期对其设定的行政强制进行评价，并对不适当的行政强制及时予以修改或者废止。

（三）行政强制执行的基本程序

行政强制执行程序分为行政机关强制执行和申请人民法院强制执行两种。法律没有规定行政机关强制执行的，由作出行政决定的行政机关申请人民法院强制执行。

1. 行政机关强制执行

行政机关依法作出行政决定后，当事人在行政机关决定的期限内不履行义务的，具有行政强制执行权的行政机关可以依法强制执行。

（1）行政机关作出强制执行决定前，应当事先催告当事人履行义务。催告应该以书面方式作出。

（2）当事人收到催告书后有权进行陈述和申辩。行政机关应当充分听取当事人的意见，对当事人提出的事实、理由和证据，应当进行记录、复核。当事人提出的事实、理由或者证据成立的，行政机关应当采纳。

（3）经催告，当事人逾期仍不履行行政决定，且无正当理由的，行政机关可以作出强制执行决定。在催告期间，对有证据证明有转移或者隐匿财物迹象的，行政机关可以作出立即强制执行决定。

（4）在执行中或者执行完毕后，据以执行的行政决定被撤销、变更，或者执行错误的，应当恢复原状或者退还财物；不能恢复原状或者退还财物的，依法给予赔偿。

（5）实施行政强制执行，行政机关可以在不损害公共利益和他人合法权益的情况下，与当事人达成执行协议。执行协议应当履行。当事人不履行执行协议的，行政机关应当恢复强制执行。

2. 申请人民法院强制执行

当事人在法定期限内不申请行政复议或者提起行政诉讼，又不履行行政决定的，没有行政强制执行权的行政机关可以自期限届满之日起3个月内，依照行政强制的规定申请人民法院强制执行。执行的程序如下：（1）行政机关申请人民法院强制执行前，应当催告当事人履行义务；（2）催告书送达10日后当事人仍未履行义务的，行政机关可以向有管辖权的人民法院申请强制执行；（3）人民法院接到行政机关强制执行的申请，应当在5日内受理；（4）人民法院对行政机关强制执行的申请进行书面审查，对材料齐全，且行政决定具备法定执行效力的，应当自受理之日起7日内作出执行裁定。

以案释法 ⑲

行政强制执行过程必须合法

【案情介绍】1999年3月9日，某区人民政府根据该区国土局的申请，作出裁定，要求赵某收到裁定书之日起15日内自行拆除原农村房屋。如不按期履行，政府将实施强制执行。赵某没有自行拆除。区政府于1999年3月24日发出强制拆除公告，决定于1999年3月29日实施强制拆除。在强制拆除过程中，区公证处到场对执法过程中从被拆除的房屋中搬移的物品进行清点、公证。由于赵某拒不接收被搬移出的物品，区政府在公证处清点登记后，将搬移物品另行存放，并通知赵某接收，赵某虽然签收了该通知，但一直未实际接收，至2001年2月，所有另行存放的物品全部损失。事后，赵某因不服区政府强制拆除决定并认为强制拆除行为过程违法，损害了自己的财产而诉至法院，要求法院撤销区政府的行政决定书，并判令被告赔偿损失。本案经两审终审，法院认定区政府的行政决定书合法有效，予以维持，但区人民政府应承担对财产损失的赔偿。

【以案释法】本案中，虽然区政府作出行政强制执行的决定合法有效，但是其强制执行过程中却存在违法行为。在对房屋进行强制拆除时，区政府未对房屋内的财物进行有效保护，致使房屋内的财物在强制拆除时损坏和丢失，且在运转和存放时，其提供保管财物的地点未设置安全措施，致使财物丢失和损坏，因此，法院确认区政府强制拆除和运转、保管财物的事实行为违法，并判令其承担赔偿责任。

第五节　行政复议

一、概述

行政复议是行政系统内部的一种自我纠错机制，是指公民、法人或其他组织认为行政机关的行政行为侵犯其合法权益，按照法定的程序和条件向法定的行政机关提出复议申请，受理申请的行政机关对该行政行为进行复查，并作出复议决定的活动。

行政复议的一般原则主要有合法原则、公正原则、公开原则、及时原则、便民原则等，但最能体现行政复议特殊性的是有错必纠原则。有错必纠原则是指行政复议机关对被申请复议的行政行为进行全面的审查，不论是违法，还是不当，也不论申请人有否请求，只要有错误一概予以纠正，这是行政复议不同于行政诉讼的重要之处。

二、行政复议的范围

根据行政复议法第六条规定："有下列情形之一的，公民、法人或者其他组织可以依照本法申请行政复议：（一）对行政机关作出的警告、罚款、没收违法所得、没收非法财物、责令停产停业、暂扣或者吊销许可证、暂扣或者吊销执照、行政拘留等行政处罚决定不服的；（二）对行政机关作出的限制人身自由或者查封、扣押、冻结财产等行政强制措施决定不服的；（三）对行政机关作出的有关许可证、执照、资质证、资格证等证书变更、中止、撤销的决定不服的；（四）对行政机关作出的关于确认土地、矿藏、水流、森林、山岭、草原、荒地、滩涂、海域等自然资源的所有权或者使用权的决定不服的；（五）认为行政机关侵犯合法的经营自主权的（六）认为行政机关变更或者废止农业承包合同，侵犯其合法权益的；（七）认为行政机关违法集资、征收财物、摊派费用或者违法要求履行其他义务的；（八）认为符合法定条件，申请行政机关颁发许可证、执照、资质证、资格证等证书，或者申请行政机关审批、登记有关事项，行政机关没有依法办理的；（九）申请行政机关履行保护人身权利、财产权利、受教育权利的法定职责，行政机关没有依法履行的；（十）申请行政机关依法发放抚恤金、社会保险金或者最低生活保障费，行政机关没有依法发放的；（十一）认为行政机关的其他行政行为侵犯其合法权益的。"

根据行政复议法第七条规定："公民、法人或者其他组织认为行政机关的行政行为所依据的下列规定不合法，在对行政行为申请行政复议时，可以一并向行政复议机关提出对该规定的审查申请：（一）国务院部门的规定；（二）县级以上地方各级人民政府及其工作部门的规定；（三）乡、镇人民政府的规定。前款所列规定不含国务院部、委员会规章和地方人民政府规章。规章的审查依照法律、行政法规办理。"

三、复议机关

对县级以上地方各级人民政府工作部门的行政行为不服的，由申请人选择，可以向该部门的本级人民政府申请行政复议，也可以向上一级主管部门申请行政复议。对海关、金融、国税、外汇管理等实行垂直领导的行政机关和国家安全机关的行政行为不服的，向上一级主管部门申请行政复议。

对地方各级人民政府的行政行为不服的，向上一级地方人民政府申请行政复议。对省、自治区人民政府依法设立的派出机关所属的县级地方人民政府的行政行为不服的，向该派出机关申请行政复议。

对国务院部门或者省、自治区、直辖市人民政府的行政行为不服的，向作出该行政行为的国务院部门或者省、自治区、直辖市人民政府申请行政复议。对行政复议决定不服的，可以向人民法院提起行政诉讼；也可以向国务院申请裁决，国务院依照本法的规定作出最终裁决。

四、复议程序

（一）申请

1. 申请时效

申请人申请行政复议，应当在知道被申请人行政行为作出之日起六十日内提出，法律另有规定的除外。

2. 申请条件

（1）申请人是认为行政行为侵犯其合法权益的相对人；（2）有明确的被申请人；（3）有具体的复议请求和事实根据；（4）属于依法可申请行政复议的范围；（5）相应行政复议申请属于受理行政复议机关管辖；（6）符合法律法规规定的其他条件。

（二）受理

行政复议机关收到行政复议申请后，应当在五日内进行审查，对不符合行政复议法规定的行政复议申请，决定不予受理，并书面告知申请人；对符合行政复议法规定，但是不属于本机关受理的行政复议申请，应当告知申请人向有关行政复议机关提出。除上述规定外，行政复议申请自行政复议负责法制工作的机构收到之日起即为受理。

（三）审理

1. 审理方式

行政复议实行书面复议制度，但申请人提出要求或复议机关认为有必要时，可以向有关组织和人员调查情况，听取申请人、被申请人和第三人的意见。实行书面审查为原则，口头审查为例外，主要是为了保障行政效率，是行政复议区别于行政诉讼的一个重要方面。

2. 举证责任

行政复议案件的审理中，实行被申请人对行政行为负担举证责任的举证规则。

3. 查阅材料

行政复议法规定了查阅被申请人提供资料的制度，享有资料查阅权的主体，是申请人和第三人；资料查阅的内容，是被申请人提出的书面答复和其他有关材料；查阅资料的例外，是涉及国家秘密、商业秘密或者个人隐私的材料。

4. 证据的收集

在复议过程中，被申请人不得自行向申请人和其他有关组织或个人收集证据，即行政复议中的证据限于行政行为作出以前收集到的证据。

5. 复议申请的撤回

在复议申请受理之后、行政复议决定作出之前，申请人基于某种考虑主动要求撤回复议申请的，经向行政复议机关说明理由，可以撤回。撤回行政复议申请的，行政复议终止。

（四）决定

1. 复议决定作出时限

行政复议机关应当自受理行政复议申请之日起六十日内作出行政复议决定；但是法律另有规定的除外。

2. 复议决定的种类

（1）决定维持行政行为；（2）决定撤销、变更或者确认原行政行为违法；（3）决定被申请人在一定期限内履行法定职责；（4）决定被申请人在一定期限内重新作出行政行为；（5）决定赔偿；（6）决定返还财产或者解除对财产的强制措施。

第六节　行政赔偿

一、概念

行政赔偿是指行政机关及其工作人员在行使行政职权时，违法侵犯公民、法人和其他组织的合法权益造成损害的，国家依法向受害人赔偿的制度。

国家赔偿法规定，国家机关和国家机关工作人员行使职权侵犯公民、法人和其他组织的合法权益造成损害的，受害人有权依法取得国家赔偿的权利。

二、行政赔偿的范围

受害人对国家行政机关及其工作人员侵犯人身权及财产权的行为，有权要求赔偿。

（一）侵犯人身权的行为

第一，违法拘留或者违法采取限制公民人身自由的行政强制措施的；第二，非法拘禁或者以其他方法非法剥夺公民人身自由的；第三，以殴打等暴力行为或者唆使他人以殴打等暴力行为造成公民身体伤害或者死亡的；第四，违法使用武器、警械造成公民身体伤害或者死亡的；第五，造成公民身体伤害或者死亡的其他违法行为。

（二）侵犯财产权的行为

第一，违法实施罚款、吊销许可证和执照、责令停产停业、没收财物等行政处罚的；第二，违法对财产采取查封、扣押、冻结等行政强制措施的；第三，违反国家规定征收财物、摊派费用的；第四，造成财产损害的其他违法行为。

（三）不承担赔偿责任的情形

第一，行政机关工作人员与行使职权无关的个人行为；第二，因公民、法人和其他组织自己的行为致使损害发生的；第三，法律规定的其他情形。

以案释法⑳

公务行为造成伤害，行政机关承担赔偿责任

【案情介绍】张某用自行车驮着两筐白菜到农贸市场出售。张某没有前往指定摊位，而是在存放自行车处叫卖。工商管理员王某以张某未在指定摊位出售为由，将张某的秤杆和秤砣拿走。张某赶往工商管理局市场办公室去索要秤杆和秤砣，与王某发生争执，并与王某及其同事厮打。张某全身多处受伤，事后不得不住院治疗，共花去医药费千余元。张某出院后，要求工商管理局赔偿损失。县工商管理局审查后认为，王某和其他几位肇事者的伤害行为与工商管理局无关，属个人行为，对张某的赔偿请求不予受理。张某不服，遂向县人民法院提起诉讼，请求行政赔偿。县人民法院最后认定该案属于行政赔偿案件，判决工商管理局向张某赔偿医疗费、误工补贴费共计3500元。

【以案释法】本案中，王某属于市场管理人员，其对张某的处罚行为显然是行使职权的公务行为，而王某等人与张某的厮打，也是因为处罚行为而起。因而王某等人对张某造成伤害也应认定为公务行为，工商管理局应对此承担赔偿责任。

三、行政赔偿请求人和义务机关

（一）赔偿请求人

行政赔偿请求人包括受害的公民、法人或者其他组织。受害的公民死亡，其继承人和其他有扶养关系的亲属有权要求赔偿。受害的法人或者其他组织终止，承受其权利的法人或者其他组织有权要求赔偿。

（二）行政赔偿义务机关

其一，行政机关及其工作人员行使行政职权侵犯公民、法人和其他组织的合法权益造成损害的，该行政机关为赔偿义务机关。

其二，两个以上行政机关共同行使行政职权时侵犯公民、法人和其他组织的合法权益造成损害的，共同行使行政职权的行政机关为共同赔偿义务机关。

其三，法律、法规授权的组织在行使授予的行政权力时侵犯公民、法人和其他组织的合法权益造成损害的，被授权的组织为赔偿义务机关。

其四，受行政机关委托的组织或者个人在行使受委托的行政权力时侵犯公民、

法人和其他组织的合法权益造成损害的，委托的行政机关为赔偿义务机关。

其五，赔偿义务机关被撤销的，继续行使其职权的行政机关为赔偿义务机关；没有继续行使其职权的行政机关的，撤销该赔偿义务机关的行政机关为赔偿义务机关。

四、行政赔偿的程序

赔偿请求人要求赔偿，应当先向赔偿义务机关提出，也可以在申请行政复议或者提起行政诉讼时一并提出。

（一）单独提出赔偿请求的程序

受害人单独提出赔偿请求的，应当首先向赔偿义务机关提出，赔偿义务机关应当自收到申请之日起两个月内，作出是否赔偿的决定。赔偿义务机关拒绝受理赔偿请求，或者在法定期限内不作出决定的，受害人可以提起行政诉讼。

（二）一并提出赔偿请求的程序

申请人在行政复议中一并提出赔偿请求的受理和审理适用行政复议程序。行政复议机关对符合国家赔偿法的有关规定应当给予赔偿的，在决定撤销、变更行政行为或者确认行政行为违法时，应当同时决定被申请人依法给予赔偿。

以案释法 21

行政机关对不属于本机关办理职责的事项应依法移送有关机关

【案情介绍】2013年12月27日，北京市某工商分局接到钟某的申诉（举报）信，称其在通州某超市购买的“北大荒富硒米”不符合《预包装食品营养标签通则》的规定，属不符合食品安全标准的违法产品，要求工商分局责令超市退还其货款，进行赔偿，并依法作出行政处罚。同年12月30日，工商分局作出答复，称依据该局调查，钟某反映的食品安全问题目前不属于其职能范围。钟某于2014年1月8日向上级工商管理局提出复议申请，该机关于同年4月2日作出复议决定书，维持答复。钟某不服，以工商分局为被告提起行政诉讼，请求确认工商局处理举报案件程序违法并责令其履行移送职责。

人民法院一审认为，依据国务院食品安全办、国家工商总局、国家质检总局、国家食品药品监管总局的食安办（2013）13号《关于进一步做好机构改革期间食品和化妆品监管工作的通知》《北京市人民政府办公厅关于印发北京市食品药品监督管理局主要职责内设机构和人员编制规定的通知》等文件规定，目前北京市流通环节的食品安全监管职责由北京市食品药品监督管理局承担，故被告工商分局已无职责对流通环节的食品安全进行监管，且其在接到原告钟某举报时应能够确定该案件的主管机关。依照《工商行政管理机关行政处罚程序规定》第十五条规定，工商行政管理机关发现所查处的案件属于其他行政机关管辖的，应当依法移送其他有关机关。本案中当被告认为原告所举报事项不属其管辖时，应当移送至有关主管机关，故判决被告在十五个工作日内就原告举报事项履行移送职责，驳回原告其他诉讼请求。工商分局不服，提出上诉。北京市中级人民法院二审以相同理由判决驳回上诉、维持原判。

【以案释法】在我国，各行政机关的职责既有分工也有交叉，法定职责主要来源于法律、法规、规章和规范性文件，也有的来源于行政管理需要和行政惯例。有关食品生产、流通环节的监督管理职责由工商机关改由食品药品监督管理部门承担。但职责调整的初始阶段，人民群众未必都很清楚，工商机关发现群众对于食品安全问题的举报事项属于其他行政机关管辖的，应当移送相关主管机关，不能一推了之。积极移送也是一种法定职责。本案通过裁判方式进一步明确，行政机关对不属于本机关办理职责事项，如果按照有关规范性文件规定应移送有权机关办理的，应当及时移送。

第七节　行政给付

一、概念

行政给付是指行政主体在特定情况下，依法向符合条件的申请人提供物质利益或赋予其与物质利益有关的权益的行为。其中，“物质权益”主要表现为给付相对人一定数量的金钱或实物，如让相对人免费入学接受教育、给予相对人享受公费医疗待遇等。

二、特征

行政给付具有以下特征：

第一，行政给付以行政相对人的申请为条件。也就是说，行政相对人要获得相关的物质帮助，必须事先向有权实施一定给付行为的行政机关提出申请。

第二，行政给付是一种行政行为。行政给付的主体一般是行政机关，但是也包括法律、法规授权的社会组织。

第三，行政给付的内容是赋予行政相对人以一定的物质帮助权益。 行政给付作为一种行政行为，它的内容主要是赋予行政相对人一定的物质帮助权益。

第四，行政给付的对象是处于某种特殊状态之下的行政相对人。行政给付的对象是因为某种原因而生活陷入困境的公民与对国家、社会曾经作出过特殊贡献的公民，如灾民、残疾人、鳏寡孤独的老人与儿童，革命军人及其家属、革命烈士家属等。

三、类型

根据我国有关行政给付的法律、法规，我国行政给付主要包括以下几类：

（一）抚恤金

发放对象主要是烈士和因公殉职、负伤、病故、残废的军人、警察或者其家属，其主要形式包括革命军人牺牲病故抚恤金、革命残疾军人抚恤金、护理费、治疗费等。

（二）生活补助费

发放对象主要是烈军属、复员退伍军人，以及因工伤事故致残的公民，其主要形式包括复员退伍军人与烈军属定期定量生活补助费、临时补助费，因公伤残补助费等。

（三）安置费

安置的形式主要有发放安置费与提供一定的住所等。安置费的发放对象主要是复员、转业、退伍军人，如复员军人建房补助费。

（四）救济

救济的形式包括发放救济金与发放救济物资等，其对象主要是因为某种情况而生活陷入困境的公民，如农村的五保户、贫困户，城镇的贫困户，自然灾害地区的灾民等。

（五）优待

优待的对象是生活上处于某种困境的公民或者法律、法规规定应该予以优待的特定社会成员，如贫困学生、独生子女等。

（六）社会福利

社会福利的对象既包括一般的公民，又包括某些特殊身份的社会成员，其基本方式是举办社会福利事业或者发放社会福利金。社会福利事业一般由政府采取资金扶助及政策优惠的方式扶植某些社会福利机构的发展，如社会福利院、敬老院，以及安置机构、社会残疾人团体、福利生产单位与科研机构（如假肢科研机构与生产企业）等。

思考题

1. 依法行政的基本要求是什么？
2. 行政处罚的种类有哪些？
3. 行政许可的实施程序是怎样的？

第七章　经济法知识

本 章 要 点

★经济法是国家对具有社会公共性的经济活动进行干预、管理和调控的法律规范。

★国家打击不正当竞争行为和垄断行为，维护正常的市场秩序。

★国家规定生产者和销售者的义务，保护消费者的合法权益。

★税收是以国家强制力为保证的一种分配方式，具有强制性、无偿性和固定性的特征。

★审计是一项具有独立性的经济监督制度，监督财政收支和财务收支活动的进行。

★国家加强土地管理，维护土地的社会主义公有制，保护、开发土地资源，合理利用土地，切实保护耕地，促进社会经济的可持续发展。

★国家加强对城市房地产的管理，维护房地产市场秩序，保障房地产权利人的合法权益，促进房地产业的健康发展。

★国家保护环境和自然资源，确立了环境和自然资源保护的多项基本制度。

★国家促进产业和对外贸易的发展，准许货物自由进出口。

第一节　反不正当竞争和反垄断法律知识

一、反不正当竞争法律制度

（一）概述

反不正当竞争法是调整在制止不正当竞争过程中发生的社会关系的法律规范的总称。

我国反不正当竞争法的立法目的是为了保障社会主义市场经济健康发展，鼓励和保护正当竞争，制止不正当竞争，保护经营者和消费者的合法权益。

反不正当竞争法的基本原则包括自愿、公平、平等、诚实信用、遵守公认商业道德以及不得滥用竞争权利等原则。

（二）不正当竞争行为

不正当竞争行为，是指经营者在市场竞争中，采取非法的或者有悖于公认的商业道德的手段和方式，与其他经营者相竞争的行为。我国反不正当竞争法列举了11种应予坚决打击的不正当竞争行为：

1. 市场混淆行为

主要有假冒他人注册商标；擅自使用知名商品特有的或者近似的名称、包装、装潢，造成和他人知名商品相混淆；擅自使用他人企业名称或姓名，使人误认是他人商品；伪造认证标志、名优标志；伪造产地等。

2. 虚假宣传行为

经营者以广告或者其他方式，对商品和服务的质量、成分、性能等进行夸大虚假的宣传，误导消费者，谋取竞争上的优势。

3. 商业诋毁行为

经营者捏造、散布虚假事实，损害竞争对手的商业信誉、商品声誉。

4. 商业贿赂行为

经营者为销售或购买商品而采用财物或其他手段进行贿赂。

5. 侵犯商业秘密行为

经营者采取非法手段获取他人的商业秘密并使用，或者违反约定披露、使用或允许他人使用其所掌握的商业秘密。

6. 掠夺性定价行为

经营者以排挤竞争对手为目的，以低于成本的价格销售商品。

7. 搭售或附加不合理条件的行为

经营者销售商品时，违背购买者意愿，搭售商品或附加其他不合理条件。

8. 不正当有奖销售的行为

经营者利用有奖销售推销质次价高的商品；抽奖销售的最高奖金金额不得超过5000元。

9. 公用企业或其他依法具有独占地位的经营者的限制竞争行为

公用企业或其他依法具有独占地位的经营者，限定他人购买其指定经营者的商品，排挤其他经营者公平竞争的地位。

10. 政府及其所属部门限制竞争的行为

政府及其所属部门滥用行政权力，限定他人购买指定商品，或者限制外地商品流入本地市场或本地商品流向外地市场。

11. 串通招标投标行为

投标者不得串通投标，抬高标价或者压低标价。投标者和招标者不得相互勾结，以排挤竞争对手的公平竞争。

以案释法㉒

坚决打击不正当竞争行为

【案情介绍】2000年11月至2001年11月，县电力公司在农村电网改造户表工程中，采取先行中断供电的办法，以保证质量为由，要求用户购买县电力局电气产品经营公司经销的电能表、漏电保护器及绝缘线等电器装置和材料，对用户从其他地方购买的电能表、漏电保护器均拒绝安装，并拒绝供电。截至2001年11月底，当事人采取上述方法共完成户表工程12528户。其后，县工商行政管理局依法对其进行了处罚。

【以案释法】县电力公司作为公用企业，利用其改造电网的独占地位，以拒绝提供电能服务等措施限定用户购买其指定的经营者经销的用电装置，违反了反不正当竞争法第六条的规定，构成了不正当竞争行为，依法应当受到处罚。

（三）法律责任

1. 民事责任

（1）停止侵害；（2）赔偿损失。

2. 行政责任

（1）强制行为人停止不正当竞争行为；（2）没收非法所得；（3）处以罚款；（4）吊销营业执照。

3. 刑事责任

（1）销售伪劣商品，采用贿赂手段以销售或购买商品，情节严重，构成犯罪的，依法追究刑事责任；（2）监督检查部门工作人员，滥用职权，玩忽职守和徇私舞弊，故意包庇犯罪行为人不受追诉，构成犯罪的依法追究其刑事责任；（3）侵害他人商业信誉、商品声誉、虚假广告、串通招投标、侵犯商业秘密等，构成犯罪的，依法追究刑事责任。

二、反垄断法律制度

（一）概述

垄断指少数大企业，为了获得高额利润，通过相互协议或联合，对一个或几个部门商品的生产、销售和价格进行操纵和控制。根据我国反垄断法的规定，垄断行为是指排除、限制竞争以及可能排除、限制竞争的行为。

我国反垄断法的立法目的在于预防和制止垄断行为，保护市场公平竞争，维护消费者利益和社会公共利益。

反垄断法所限制的垄断行为主要包括三种：第一，经营者达成垄断协议；第二，经营者滥用市场支配地位；第三，具有或者可能具有排除、限制竞争效果的经营者集中。

（二）垄断协议

经营者达成垄断协议是指经营者达成排除、限制竞争的协议、决定或者其他协同行为。包括：固定或者变更商品价格；限制商品的生产数量或者销售数量；分割销售市场或者原材料采购市场；限制购买新技术、新设备或者限制开发新技术、新产品；联合抵制交易；国务院反垄断执法机构认定的其他垄断协议。

经营者达成并实施垄断协议的，由反垄断执法机构责令停止违法行为，没收违法所得，并处罚款；尚未实施所达成的垄断协议的，可以罚款。

（三）滥用市场支配地位

1. 经营者滥用市场支配地位的认定

（1）经营者必须在相关市场内具有能够控制商品价格、数量或者其他交易条件，或者能够阻碍、影响其他经营者进入相关市场能力的市场地位；（2）经营者不合理利用了支配地位，从而限制了竞争，违背了公共利益，损害消费者的权益。

2. 滥用市场支配地位的行为

（1）以不公平的高价销售商品或者以不公平的低价购买商品；（2）没有正当理由，以低于成本的价格销售商品；（3）没有正当理由，拒绝与交易相对人进行交易；（4）没有正当理由，限定交易相对人只能与其进行交易或者只能与其指定的经营者进行交易；（5）没有正当理由搭售商品，或者在交易时附加其他不合理的交易条件；（6）没有正当理由，对条件相同的交易相对人在交易价格等交易条件上实行差别待遇；国务院反垄断执法机构认定的其他滥用市场支配地位的行为。

3. 处罚

经营者滥用市场支配地位，由反垄断执法机构责令停止违法行为，没收违法所得，并处罚款。

（四）经营者集中

经营者的集中，主要是指企业的合并。企业合并是较为常见的市场行为，反垄断法所控制的是对市场竞争形成威胁和破坏的企业集中。

经营者违反实施集中的，由国务院反垄断执法机构责令停止实施集中、限期处分股份或者资产、限期转让营业以及采取其他必要措施恢复到集中前的状态，还可对其处以罚款。

（五）行政垄断

行政机关和法律、法规授权的具有管理公共事务职能的组织滥用行政权力，限定或者变相限定单位或者个人经营、购买、使用其指定的经营者提供的商品即构成行政垄断。

行政垄断由上级机关责令改正；对直接负责的主管人员和其他直接责任人员依法给予处分。

以案释法㉓

严格禁止行政垄断

【案情介绍】2014年2月底，重庆某矿泉水有限公司正式在万州投资生产。当地有关部门表示，将以“最优惠”的政策扶持发展，并助其尽快成长为重庆市乃至全国同行业的“老大”。5月初，区工商局接到消费者的反映：某开发区党工委、管委会办公室先后发文，要求辖区乡、镇、街道必须统一饮用该矿泉水，同时还成立了督查机构进行检查落实。工商部门调查后认为，某开发区党工委、管委会办公室的行为，属于行政性垄断，既破坏了公平竞争的市场机制，又损害了政府的形象。区委区政府根据工商部门的调查结果和建议，立即要求有关部门进行纠正，并指示区政府督察室督察，区工商局核查。很快，有关部门就先后发文撤销限制竞争的全部文件。

【以案释法】本案中，开发区党工委、管委会办公室的行为属于典型的行政垄断。根据反垄断法第三十二条，行政机关和法律、法规授权的具有管理公共事务职能的组织不得滥用行政权力，限定或者变相限定单位或者个人经营、购买、使用其指定的经营者提供的商品。

第二节　产品质量和消费者权益保护法知识

一、产品质量法概述

（一）概念

产品质量法是调整在生产、流通和消费过程中因产品质量所发生的经济关系的法律规范的总称。我国产品质量法所规范的产品，是指经过加工、制作，用于销售的产品，不包括初级农产品、军工产品和建筑工程。

（二）生产者、销售者的产品质量义务

1. 生产者的产品质量义务

生产者的产品质量义务包括作为的义务和不作为的义务两个方面。

作为的义务包括：（1）生产者应当使其生产的产品达到质量要求，即不存在危及人身、财产安全的不合理危险，有保障人身健康及人身、财产安全的国家标准、行业标准的，应符合该标准；（2）除了对产品存在使用性能的瑕疵作出说明以外，产品质量应当具备基本的使用性能；（3）产品的实际质量应符合在产品或包装上注明采用的产品标准，并符合以产品说明、实物样品等方式表明的质量状况；（4）除裸装的产品和其他根据产品的特点难以附加标识的产品可以不附加产品标识外，其他任何产品或产品包装上均应当有标识；（5）产品包装应符合规定的要求。

不作为的义务包括：（1）生产者不得生产国家明令淘汰的产品；（2）生产者不得伪造产地，不得伪造或冒用他人的厂名、厂址；（3）生产者不得伪造或冒用认证标志、名优标志等质量标志；（4）生产者生产产品，不得掺杂、掺假，不得以次充好，不得以不合格产品冒充合格产品。

2. 销售者的产品质量义务

（1）认真执行进货检查验收的制度；（2）采取措施，保证销售产品的质量；（3）不得销售失效、变质的产品；（4）销售者销售的产品标识，应当符合产品质量法关于产品或其包装上标识的各项规定；（5）销售者不得伪造产地，不得伪造或冒用他人的厂名、厂址；（6）销售者不得伪造或冒用认证标志、名优标志等质量标志；（7）销售者销售商品，不得掺杂、掺假，不得以假充真，以次充好，不得以不合格产品冒充合格产品。

（三）生产者、销售者违反产品质量法的责任

1. 损害赔偿

销售者和生产者承担连带责任，消费者既可以向生产者求偿，也可以向销售者求偿。如果是生产者的责任，销售者赔偿后可以向生产者追偿。赔偿的范围包括人身伤害，也包括财产损害。

（1）人身伤害的赔偿范围

分为三种情况：第一，产品缺陷造成受害人人身伤害的，侵害人应当赔偿医疗费，治疗期间的护理费，因误工减少的收入等费用；第二，造成残疾的，还应支付残疾者的生活自助具费、生活补助费、残疾赔偿金，由其抚养的人必需的生活费等；

第三，造成受害人死亡的，应当支付丧葬费、死亡赔偿金，由死者生前抚养的人所必需的生活费等。

（2）财产损害的赔偿范围

对于因产品缺陷造成受害人财产损失的，侵害人应当恢复原状或者折价赔偿；受害人因此遭受重大损失的，侵害人应当赔偿损失。

2. 处罚

生产者、销售者违反产品质量法的规定，有关部门依法对其进行行政处罚，主要方式有责令停止生产销售、没收产品、没收违法所得、罚款、吊销营业执照等；构成犯罪的，依法追究刑事责任。

以案释法 24

生产、销售不合格食品将受法律严惩

【案情介绍】2008年3月到9月，全国各地多处发现婴儿因食用三鹿奶粉而出现肾结石的事件。9月11日，三鹿集团承认婴幼儿奶粉受到三聚氰胺污染，并宣布召回市面上被污染的产品。国家质检总局，卫生部等有关部门随即展开调查。联合调查组确认“受三聚氰胺污染的婴幼儿配方奶粉能够导致婴幼儿泌尿系统结石”。同时，石家庄市政府宣布，三鹿集团生产的婴幼儿“问题奶粉”，是不法分子在原奶收购过程中添加了三聚氰胺所致。9月17日，三鹿董事长田某被刑事拘留。12月31日，田某以生产、销售伪劣产品罪被一审判处无期徒刑，其余相关责任人也被依法追究了刑事责任。在中国乳协协调下，有关责任企业赔偿公众及受害人共11亿元。

【以案释法】本案中，三鹿集团生产、销售三聚氰胺奶粉的行为，不仅违反了产品质量法、食品安全法，侵害了消费者的权益，应依法进行赔偿，而且触犯了刑律，应依法追究刑事责任。

二、消费者权益保护法概述

（一）概念

消费者权益保护法是调整因消费者在购买、使用商品或者接受服务过程中而产生的社会关系的法律规范总称。

消费者保护法具有以下特征：第一，以保护消费者利益为己任；第二，既强调经营者与消费者处于平等地位，又在实际规定中侧重于对消费者的保护；第三，鼓励全

社会对损害消费者利益的不法行为进行监督。

（二）消费者的权利

1. 安全权

消费者在购买、使用商品和接受服务时享有人身、财产安全不受损害的权利。生活中大多数假冒伪劣产品侵害的主要是消费者的这一权利。

2. 知情权

消费者享有知悉其购买、使用的商品或者接受的服务的真实情况的权利。包括对商品的价格、产地、生产者、用途、性能、规格、等级、主要成分、生产日期、有效期限、检验合格证明、使用方法说明书、售后服务，或者服务的内容、规格、费用等有关情况的了解。

3. 自主选择权

消费者享有自主选择商品或者接受服务的权利。实践中，有的不法商家强买强卖、强行搭售等行为就侵害了消费者的自主选择权。

4. 公平交易权

消费者享有公平交易的权利。缺斤短两、坐地起价等行为，都是对这一权利的侵害。

5. 求偿权

消费者享有依法获得赔偿的权利。

6. 结社权

消费者享有依法成立维护自身合法权益的社会团体的权利。

7. 获得有关知识权

消费者享有获得有关消费和消费者权益保护方面的知识的权利。

8. 人格尊严和民族风俗习惯受尊重权

消费者在购买、使用商品和接受服务时，享有其人格尊严、民族风俗习惯得到尊重的权利。

9. 监督权

消费者享有对商品和服务以及保护消费者权益工作进行监督的权利。

以案释法㉕

欺诈消费者三倍赔偿

【案情介绍】2015年3月，王某从某汽车经销商购买提取豪华型新车一辆，支付价款58900元。当年5月，王某发现该车前方右侧大面积有重新做漆的痕迹，后查询到该经销商曾对该车进行过维修，更换了前灯总成和前翼子板，维修过前杠右端、右前叶子板、右前门喷漆等。王某起诉经销商要求双倍返还购车款并赔偿其他经济损失。法院判决撤销双方购车协议，王某退还车辆，由经销商三倍赔偿购车款及其他损失13万余元。

【以案释法】消费者权益保护法第五十五条规定，经营者提供商品或者服务有欺诈行为的，应当按照消费者的要求增加赔偿其受到的损失，增加赔偿的金额为消费者购买商品的价款或者接受服务的费用的三倍；增加赔偿的金额不足五百元的，为五百元。法律另有规定的，依照其规定。本案中，经销商隐瞒车辆存在的瑕疵，构成对王某的欺诈，因此法院判令其三倍赔偿。

（三）消费者权益保护的方式途径

1. 与经营者协商和解

消费者和经营者之间的一般争议均可由双方在平等自愿的基础上进行协商和解，而重大纠纷或双方无法协商解决的，可寻求其他解决方式。

2. 请求消费者协会调解

消协调解结果由双方自愿接受和执行。

3. 向有关行政部门申诉

申诉主要是根据具体情况，向工商部门、物价部门、质量监督等部门提出申诉，寻求救济。

4. 提请仲裁

仲裁的前提是双方事先订立的书面仲裁协议或条款。

5. 提起诉讼

诉讼是消费者权益保护最后的也是最重要的途径。

第三节　财税、金融法律知识

一、税收法律知识

（一）税收的概念和特征

税收是国家为满足社会公共需要，凭借公共权力，按照法律所规定的标准和程序，参与国民收入分配，强制地、无偿地取得财政收入的一种特定分配方式。

税收与其他分配方式相比，具有强制性、无偿性和固定性的特征。强制性是实现税收无偿征收的强有力保证，无偿性是税收本质的体现，固定性是强制性和无偿性的必然要求。

以案释法 ㉖

税收具有强制性

【案情介绍】2002年7月，著名影星刘某因涉嫌偷税漏税，经北京市人民检察院第二分院批准，被依法逮捕。经税务机关调查认定，刘某及其公司偷逃税款1458.3万元，加上滞纳金573.4万元，共计欠税2000万。经审查，刘某本人偷逃税款仅13万元，其余均为公司偷税款。2003年8月16日，刘某被取保候审。2004年4月6日，朝阳区人民法院对该公司偷税案作出一审判决，偷税总额最终认定为660多万元。法院以偷税罪判处公司罚金人民币710万元，以偷税罪判处该公司总经理王某有期徒刑三年。

【以案释法】税收是以国家强制力为保证的，任何负有纳税义务的个人、企业都不能拒绝，否则就要受到法律的制裁。

（二）我国的主要税种

按照征税对象的不同，我国的税收主要包括以下几类：

1. 流转税

流转税是以商品生产流转额和非生产流转额为课税对象征收的一类税。流转税是我国税制结构中的主体税类，目前包括增值税、消费税、营业税和关税等税种。

（1）增值税。增值税是以商品流通和劳务服务在各个环节的增值额为征税对象的一种税。增值税主要针对货物征税，还包括两项劳务即加工劳务和修理修配劳务。

增值税的纳税人是在我国境内销售货物、提供加工和修理修配劳务、进口货物的单位和个人。增值税的征收不考虑纳税人的盈亏状况，只要搞经营活动有增值额出现，就要征税。

（2）消费税。消费税是以特定消费品的流转额为征税对象的一种税。

消费税是对货物的销售普遍征收增值税的基础上，对特定的五类消费品加征的一道税：①过度消费对人类健康、社会秩序、生态环境等方面造成危害的消费品，如烟、酒及酒精、鞭炮和烟火；②奢侈品和非生活必需品，如贵重首饰及珠宝玉石、化妆品等；③高能耗及高档消费品，如小汽车、摩托车等；④不可再生和不可替代的石油类消费品，如汽油、柴油；⑤具有财政意义的消费品，如护肤护发用品、汽车轮胎。

在我国境内生产、委托加工和进口这些消费品的单位和个人为纳税人。

（3）营业税。营业税是针对在我国境内提供应税劳务、转让无形资产或销售不动产的营业收入额征收的一种税。

营业税主要针对劳务征税，外加两项货物的销售，即转让无形资产与销售不动产。营业税的纳税人为提供的劳务、转让无形资产或者销售不动产的单位和个人。营业税的纳税人兼营多项劳务，应分别予以核算。未分别核算的，按税率最高的劳务计算征税。

2. 所得税

所得税亦称收益税，是指以各种所得额为课税对象的一类税。所得税也是我国税制结构中的主体税类，目前包括企业所得税、个人所得税等税种。

（1）企业所得税。企业所得税流转税种不考虑盈亏状况不同，以企业经营有成果为征税的前提条件。企业所得税以纳税人每一纳税年度的收入总额减去准予扣除项目后的余额为计税依据。准予扣除项目是指成本、费用、损失。企业所得税采用比例税率，税率为25%。

在我国境内，企业和其他取得收入的组织为企业所得税的纳税人，依法缴纳企业所得税，个人独资企业、合伙企业除外。

（2）个人所得税。个人所得税是国家对本国公民、居住在本国境内的个人的所得和境外个人来源于本国的所得征收的一种所得税。

个人所得税的纳税人分为居民和非居民。居民是指在中国境内有住所，或者无住所而在境内居住满1年的个人，居民纳税人应就其来源于境内、境外的全部所得纳税；非居民是指居民以外的人，非居民仅就来源于中国境内的所得纳税。

个人的下述所得应当纳税：工资、薪金所得；个体工商户的生产、经营所得；企事业单位的承包经营、承租经营所得；劳务报酬所得；稿酬所得；特许权使用费所得；利息、股息、红利所得；财产租赁所得；财产转让所得；偶然所得；经国务院财政部门确定征税的其他所得。

个人所得税采用超额累进税率和比例税率，其中工资、薪金所得，个体户的生产经营所得和企事业单位的承包经营、承租经营所得采用超额累进税率，其余所得采用20%的比例税率。

3. 财产税

财产税是指以纳税人所拥有或支配的财产为课税对象的一类税。包括遗产税、房产税、契税、车辆购置税和车船使用税等。

4. 行为税

行为税是指以纳税人的某些特定行为为课税对象的一类税。我国现行税制中的城市维护建设税、固定资产投资方向调节税、印花税等，属于行为税。

5. 资源税

资源税是指对在我国境内从事资源开发的单位和个人征收的一类税。我国现行税制中资源税、土地增值税、耕地占用税和城镇土地使用税都属于资源税。

二、会计法律知识

（一）会计概述

会计是以货币为主要计量单位，运用一系列的科学方法，通过对日常发生的大量经济业务加以记录、分类、汇总、整理，加工成既系统又相互联系的综合数据资料，据此报告和解释一个会计主体的财务经营情况，并借以对经营活动进行分析、预测、决策、控制和考核的一种管理活动。

会计有两大基本职能，一是核算职能，一是监督职能。

（二）会计核算

1. 会计核算的基本原则

各单位不管其性质如何，都必须根据实际发生的经济业务事项进行会计核算，不得以虚假的经济业务事项或者资料进行会计核算。

2. 会计核算的事项

（1）款项和有价证券的收付；（2）财物的收发、增减和使用；（3）债权债务的发生和结算；（4）资本、基金的增减；（5）收入、支出、费用、成本的计算；（6）财务成果的计算和处理；（7）需要办理会计手续、进行会计核算的其他事项。

3. 会计核算的程序

（1）根据原始凭证及有关资料编制记账凭证；（2）根据记账凭证或原始凭证登记会计账簿；（3）定期的账账核对、账实核对、账款核对；（4）根据核对无误的账簿，编制财务会计报告；（5）会计报表由相关负责人签名或者签章。

4. 会计核算的要求

（1）对会计凭证的要求：会计凭证包括原始凭证和记账凭证；（2）对会计登记账簿的要求：会计账簿登记，必须以经过审核的会计凭证为依据，并符合有关法律、行政法规和国家统一的会计制度的规定；（3）对财务会计报告的要求：财务会计报告应当根据经过审核的会计账簿记录和有关资料编制，并符合会计法和国家统一的会计制度关于财务会计报告的编制要求、提供对象和提供期限的规定；（4）对会计记录的文字和会计档案的要求：会计记录的文字应当使用中文。

（三）会计监督

1. 单位内部的会计监督

各单位应当建立、健全本单位内部会计监督制度。单位负责人领导本单位的会计工作，应当保证会计机构、会计人员依法履行职责，不得授意、指使、强令会计机构、会计人员违法办理会计事项。

2. 上级主管部门进行的监督

上级主管部门主要是对是否依法设置账簿，会计凭证、会计账簿、财务会计报告和其他会计资料是否真实、完整，会计核算是否符合法律和国家统一的会计制度的规定，从事会计工作的人员是否具备从业资格进行监督。

3. 其他有关部门进行的监督

审计、税务、人民银行、证券监管、保险监管等部门依照有关法律、行政法规规定的职责，对有关单位的会计资料实施监督检查。

三、银行法律知识

（一）中国人民银行

1. 中国人民银行的概念

中国人民银行是在国务院领导下，制定和执行货币政策，防范和化解金融风险，维护金融稳定的中央银行，是国务院的组成部门之一。

2. 中国人民银行的职能

中国人民银行履行下列职责：（1）发布与履行其职责有关的命令和规章；（2）依法制定和执行货币政策；（3）发行人民币，管理人民币流通；（4）监督管理银行间同业拆借市场和银行间债券市场；（5）实施外汇管理，监督管理银行间外汇市场；（6）监督管理黄金市场；（7）持有、管理、经营国家外汇储备、黄金储备；（8）经理国库；（9）维护支付、清算系统的正常运行；（10）指导、部署金融业反洗钱工作，负责反洗钱的资金监测；（11）负责金融业的统计、调查、分析和预测；（12）作为国家的中央银行，从事有关的国际金融活动；（13）国务院规定的其他职责。

（二）商业银行

1. 商业银行的概念

商业银行，是指依照商业银行法和公司法设立的吸收公众存款、发放贷款、办理结算等业务的企业法人。

2. 商业银行的业务范围

商业银行的业务范围：（1）吸收公众存款；（2）发放短期、中期和长期贷款；（3）办理国内外结算；（4）办理票据承兑与贴现；（5）发行金融债券；（6）代理发行、代理兑付、承销政府债券；（7）买卖政府债券、金融债券；（8）从事同业拆借；（9）买卖、代理买卖外汇；（10）从事银行卡业务；（11）提供信用证服务及担保；（12）代理收付款项及代理保险业务；（13）提供保管箱服务；（14）经国务院银行业监督管理机构批准的其他业务。

第四节　土地与房地产管理法律知识

一、土地管理法律知识

（一）土地所有权和使用权

1. 土地所有权

土地所有权包括国有土地所有权和集体土地所有权。城市市区的土地属于国家所有。农村和城市郊区的土地，除由法律规定属于国家所有的以外，属于农民集体所有；宅基地和自留地、自留山，属于农民集体所有。

土地所有权的取得与丧失必须依据法律规定，不得约定。土地所有权禁止交易。

2. 土地使用权

国有土地使用权的取得方式包括：划拨、出让（拍卖、招标、协议）、流转。

集体土地使用权的取得方式包括：承包、分配、拨付。集体土地使用权不得出让、转让、出租用于非农业建设。

（二）土地总体利用规划制度

1. 土地利用总体规划的概念

土地利用总体规划是在一定区域内，根据国家社会经济可持续发展的要求和当地自然、经济、社会条件，对土地的开发、利用、治理、保护在空间上、时间上所作的总体安排和布局。土地利用总体规划由各级人民政府组织编制，规划期限由国务院规定。

2. 土地总体利用规划编制的原则

（1）严格保护基本农田，控制非农业建设占用农用地；（2）提高土地利用率；（3）统筹安排各类、各区域用地；（4）保护和改善生态环境，保障土地的可持续利用；（5）占用耕地与开发复垦耕地相平衡。

3. 土地总体利用规划的审批

土地利用总体规划实行分级审批：（1）省、自治区、直辖市的土地利用总体规划，报国务院批准；（2）省、自治区人民政府所在地的市、人口在一百万以上的城市以及国务院指定的城市的土地利用总体规划，经省、自治区人民政府审查同意后，报国务院批准；（3）以上两种除外土地利用总体规划，逐级上报省、自治区、直辖市人民政府批准；其中，乡（镇）土地利用总体规划可以由省级人民政府授权的设区的市、自治州人民政府批准。土地利用总体规划一经批准，必须严格执行。

（三）耕地保护

1. 耕地保护的意义

耕地保护是指运用法律、行政、经济、技术等手段和措施，对耕地的数量和质量进行的保护。耕地保护是关系我国经济和社会可持续发展的全局性战略问题。“十分珍惜和合理利用土地，切实保护耕地”是必须长期坚持的一项基本国策。

2. 占用耕地补偿制度

非农业建设经批准占用耕地的，按照“占多少，垦多少”的原则，由占用耕地的单位负责开垦与所占用耕地的数量和质量相当的耕地；没有条件开垦或者开垦的耕地不符合要求的，应当按照省、自治区、直辖市的规定缴纳耕地开垦费，专款用于开垦新的耕地。

3. 基本农田保护制度

各省、自治区、直辖市划定的基本农田应当占本行政区域内耕地的80% 以上。五类耕地必须划入基本农田保护区，严格管理：（1）经国务院有关主管部门或者县级以上地方人民政府批准确定的粮、棉、油生产基地内的耕地；（2）有良好的水利与水土保持设施的耕地，正在实施改造计划以及可以改造的中、低产田；（3）蔬菜生产基地；（4）农业科研、教学试验田；（5）国务院规定应当划入基本农田保护区的其他耕地。

（四）建设用地管理

建设用地管理是对所管辖行政区域范围内城乡建设用地的征用、划拨和出让实施统一管理，承办由同级政府审批的建设用地的审查、报批工作，指导、监督、协调各部门的建设用地，会同有关部门制订有关建设用地管理的行政法规、技术政策和经济管理办法，负责国有土地使用权转让、出租、抵押的监督。

建设用地按其利用方式不同分为农业建设用地和非农业建设用地。

建设用地管理的主要工作是：研究编制各类建设用地的中长期用地规划和年度用地计划指标，并监督实施；依法办理土地的征用、划拨，城镇国有土地的出让工作和土地使用权转让的监督管理；清查处理违法用地和违章用地；制定、完善建设用地管理的法律、法规和各类规章制度；组织制定国家建设项目和乡镇用地定额指标的编制和实施。建设用地的审批权限一般由县级以上人民政府的土地管理部门来执行。

二、房地产管理法律知识

（一）房地产开发管理

1. 房地产开发的概念

房地产开发，是指在依法取得国有土地使用权的土地上进行基础设施、房屋建设的行为。

2. 房地产开发的条件要求

（1）开发主体合法。进行房地产开发的单位和个人，应取得房地产开发的资格。如果是房地产开发企业，应依照城市房地产管理法规定的条件设立，向工商行政管理部门申请登记，并取得营业执照。

（2）依法取得房地产开发用地的使用权。房地产开发主体必须通过城市房地产管理法规定的合法途径（出让和划拨），取得房地产开发用地使用权。用于房地产开发的土地，必须权属清晰，房地产开发主体拥有国有土地使用证。

（3）在规定的期限内动工开发房地产。以出让方式取得土地使用权进行房地产开发的，必须按照土地使用权出让合同约定的土地用途、动工开发期限开发土地。

（二）房地产交易管理

房地产交易是房地产交易主体之间以房地产这种特殊商品作为交易对象所从事的市场交易活动。房地产交易，包括房地产转让、房地产抵押和房屋租赁。

1. 房地产转让

房地产转让，是指房地产权利人通过买卖、赠与或者其他合法方式将其房地产转移给他人的行为。

房地产转让，不得违反法律法规的强制性规定，并依法办理权属登记。房地产转让，应当签订书面转让合同，合同中应当载明土地使用权取得的方式。房地产转让时，土地使用权出让合同载明的权利、义务随之转移。

2. 房地产抵押

房地产抵押，是指抵押人以其合法的房地产以不转移占有的方式向抵押权人提供债务履行担保的行为。债务人不履行债务时，抵押权人有权依法以抵押的房地产拍卖所得的价款优先受偿。

依法取得的房屋所有权连同该房屋占用范围内的土地使用权，可以设定抵押权。以出让方式取得的土地使用权，可以设定抵押权。

房地产抵押，应当凭土地使用权证书、房屋所有权证书办理，抵押人和抵押权人应当签订书面抵押合同，并依法办理权属登记。

3. 房屋租赁

房屋租赁，是指房屋所有权人作为出租人将其房屋出租给承租人使用，由承租人向出租人支付租金的行为。

房屋租赁，出租人和承租人应当签订书面租赁合同，约定租赁期限、租赁用途、租赁价格、修缮责任等条款，以及双方的其他权利和义务，并向房产管理部门登记备案。

以案释法 27

房产交易不得违反强制性规定

【案情介绍】2004年8月31日，某粮食局将其下属企业竹器厂转让给汤某，用于开办化工企业。双方约定由某基层人民政府在2004年12月31日前办好房产证、土地过户手续。由于竹器厂的土地系划拨，房屋买卖合同事先没有经过县、市以上人民政府批准，房屋、土地的过户最终没有办成。汤某诉至法院，法院审理认为，划拨土地的房产须经过县、市人民政府批准方可转让，该合同违反了法律的强制性规定，属于无效合同。

【以案释法】城市房地产管理法第四十条规定："以划拨方式取得土地使用权的，转让房地产时，应当按照国务院规定，报有批准权的人民政府审批。有批准权的人民政府准予转让的，应当由受让方办理土地使用权出让手续，并依照国家有关规定缴纳土地使用权出让金。"本案中，当事人转让国有划拨土地上的房产，采取这种"先上车后买票"的做法，违反了法律的强制性规定，是无效的，造成的损失只能由当事人自己承担。

思考题

1. 经济法的法律体系是怎样的？
2. 法律规定的消费者的权利有哪些？
3. 我国的主要税种有哪些？

第八章　劳动和社会保障法律知识

本 章 要 点

★劳动者享有平等就业的权利，不因民族、种族、性别、宗教信仰等不同而受歧视。

★用人者与劳动者建立劳动关系，应当订立书面劳动合同。

★国家建立基本养老保险、基本医疗保险、工伤保险、失业保险、生育保险等社会保险制度，保障公民在年老、疾病、工伤、失业、生育等情况下依法从国家和社会获得物质帮助的权利。

★生产经营单位、从业人员及安全生产监管部门有义务预防和减少事故，保障安全生产。

第一节　就业促进法律知识

一、就业政策

国家把扩大就业放在经济社会发展的突出位置，实施积极的就业政策，坚持劳动者自主择业、市场调节就业、政府促进就业的方针，多渠道扩大就业。

国家实行有利于促进就业的财政政策，加大资金投入，改善就业环境，扩大就业。国家建立健全失业保险制度，依法确保失业人员的基本生活，并促进其实现就业。

劳动者依法享有平等就业和自主择业的权利。劳动者就业，不因民族、种族、性别、宗教信仰等不同而受歧视。

以案释法㉘

乙肝病毒携带者的平等就业权受法律保护

【案情介绍】余某是湖北大学2007届本科毕业生。2007年4月，余某经学校推荐，与广州某电子公司签订就业协议，并由该公司在毕业生就业推荐表的“用人单位情况及意见”栏盖章确认。双方约定：余某到公司报到后，须自费到指定医院体检，内容为乙肝两对半、ALT和胸透，若体检不合格，将不予录用。2007年7月12日，余某依约到单位报到，并按要求进行了体检，其中胸透心肺未见异常，谷丙转氨酶ALT为35U/L（合格标准为0—42U/L），乙肝两对半为大三阳，即余某为乙肝病毒携带者。7月13日，电子公司通知余某不予录取，要求余某离开公司。此后，余某与公司多次交涉未果，提请劳动仲裁未予受理，遂依法提起诉讼。本案广州市南沙区人民法院2008年10月30日一审判决，电子公司赔偿余某各项损失2335元。双方均未提起上诉。

【以案释法】乙肝病毒携带者不是乙肝患者，其平等就业权受法律保护，除法律、行政法规和国务院卫生行政部门规定的乙肝病毒携带者禁止从事的工作岗位外，用人单位不得拒绝录用。用人单位以应聘者是乙肝病毒携带者为由拒绝录用，给应聘者造成损失的，应聘者有权要求赔偿。

二、就业服务和管理

县级以上人民政府建立健全公共就业服务体系，设立公共就业服务机构，为劳动者免费提供下列服务：就业政策法规咨询；职业供求信息、市场工资指导价位信息和职业培训信息发布；职业指导和职业介绍；对就业困难人员实施就业援助；办理就业登记、失业登记等事务以及其他公共就业服务。公共就业服务机构应当不断提高服务的质量和效率，不得从事经营性活动。

地方各级人民政府和有关部门、公共就业服务机构举办的招聘会，不得向劳动者收取费用。

三、职业教育和培训

企业应当按照国家有关规定提取职工教育经费，对劳动者进行职业技能培训和继续教育培训。

地方各级人民政府鼓励和支持开展就业培训，帮助失业人员提高职业技能，增强其就业能力和创业能力。失业人员参加就业培训的，按照有关规定享受政府培训补贴。

四、就业援助

各级人民政府建立健全就业援助制度，采取税费减免、贷款贴息、社会保险补贴、岗位补贴等办法，通过公益性岗位安置等途径，对就业困难人员实行优先扶持和重点帮助。

政府投资开发的公益性岗位，应当优先安排符合岗位要求的就业困难人员。被安排在公益性岗位工作的，按照国家规定给予岗位补贴。

五、监督检查

审计机关、财政部门应当依法对就业专项资金的管理和使用情况进行监督检查。

第二节　劳动法律知识

一、劳动合同

（一）概念

劳动合同是劳动者与用工单位之间确立劳动关系，明确双方权利和义务的协议。建立劳动关系，应当订立书面劳动合同。

以案释法㉙

用人单位不签劳动合同需支付双倍工资

【案情介绍】刘某自2007年7月7日到保定市某网络公司工作，但是公司一直未与其签订书面的劳动合同，也未给其缴纳各项社会保险，刘某按月从公司领取工资及业务提成（工资发放凭证有本人签字）。2008年1月，刘某在没有通知公司的情况下，不再上班。1月5日，网络公司依据公司规章制度作出除名决定并电话通知刘某。后双方对工资赔偿等达不成协议，经过仲裁及两审终审，保定市中级人民法院最终判决网络公司赔偿刘某2007年8月至12月双倍工资，并补缴自2007年7月7日至2008年1月5日的社会保险费。

【以案释法】劳动合同法第八十二条第一款规定："用人单位自用工之日起超过一个月不满一年未与劳动者订立书面劳动合同的，应当向劳动者每月支付二倍的工资。"签订劳动合同既是对劳动者的保护，也是对用人单位的约束，因此签订劳动合同是用人单位的一项法定义务，如果违反该项义务，就要承担法律责任。

（二）种类

劳动合同分为固定期限劳动合同、无固定期限劳动合同和以完成一定工作任务为期限的劳动合同。

（三）内容

1. 必备条款

劳动合同应当具备以下条款：（1）用人单位的名称、住所和法定代表人或者主要负责人；（2）劳动者的姓名、住址和居民身份证或者其他有效身份证件号码；（3）劳动合同期限；（4）工作内容和工作地点；（5）工作时间和休息休假；（6）劳动报酬；（7）社会保险；（8）劳动保护、劳动条件和职业危害防护；（9）法律、法规规定应当纳入劳动合同的其他事项。

2. 可备条款

（1）试用期条款。劳动合同期限三个月以上不满一年的，试用期不得超过一个月；劳动合同期限一年以上不满三年的，试用期不得超过二个月；三年以上固定期限和无固定期限的劳动合同，试用期不得超过六个月。

（2）违约金条款。一般情况下，用人单位不得与劳动者约定由劳动者承担违约金。

（四）解除

用人单位不得随意解除劳动合同。用人单位与劳动者协商一致，可以解除劳动合同。劳动者提前三十日以书面形式通知用人单位，可以解除劳动合同。劳动者在试用期内提前三日通知用人单位，可以解除劳动合同。

二、劳动者的工作时间和休息休假制度

（一）工作时间及休假

国家实行劳动者每日工作时间不超过八小时、平均每周工作时间不超过四十四小时的工时制度。

公休假日，又称周休息日，是劳动者在一周内享有的休息日，公休假日一般为每周二日，一般安排在周六和周日休息。不能实行国家标准工时制度的企业和事业组织，可根据实际情况灵活安排周休息日，应当保证劳动者每周至少休息一日。

其他休假的种类：（1）法定节假日；（2）探亲假，探亲假适用于在国家机关、人民团体、全民所有制企业、事业单位工作满一年的固定职工；（3）年休假，劳动者连续工作一年以上的，享受带薪年休假。

（二）加班加点的主要法律规定

1. 加班加点的一般规定。用人单位由于生产经营需要，经与工会和劳动者协商后可以延长工作时间，一般每日不得超过一小时；因特殊原因需要延长工作时间的，在保障劳动者身体健康的条件下延长工作时间每日不得超过三小时，但是每月不得超过三十六小时。

2. 加班加点的工资标准。（1）安排劳动者延长工作时间的，支付不低于工资的150%的工资报酬；（2）休息日安排劳动者工作又不能安排补休的，支付不低于工资的200%的工资报酬；（3）法定休假日安排劳动者工作的，支付不低于工资的

300%的工资报酬。

三、劳动者的工资与福利制度

（一）工资

1. 概念

工资是指劳动者通过提供劳动从其所在用人单位获得的全部劳动报酬，包括用人单位以各种形式支付的基本工资、奖金、津贴、补贴、加班加点工资以及特殊情况下支付的工资等，但不包括支付给劳动者的保险福利费用及其他非劳动收入。

2. 形式

我国劳动者的工资，从其构成形式而言，主要有计时工资、计件工资、奖金、津贴和补贴，加班加点工资以及特殊情况下支付的工资。

3. 支付

工资应当以货币形式在用人单位与劳动者约定的日期按月支付。用人单位不得克扣劳动者的工资。

（二）福利

1. 概念

福利是指由用人单位通过建立各种补贴制度和举办集体福利事业，解决职工个人难以解决的生活困难，方便、改善职工生活，保证职工身体健康和正常工作的一种制度。

2. 内容

福利可划分为集体生活福利和职工个人福利。职工个人福利又称为劳动者的福利待遇，主要包括：带薪假期、冬季取暖补贴、探亲假路费补贴、上下班交通费补贴、职工生活困难补贴、职工正常死亡丧葬补助费等。

四、劳动争议的解决方式

劳动争议又称劳动纠纷，是指劳动者与用人单位因执行劳动法律、法规或履行劳动合同、集体合同发生的纠纷。解决劳动争议，应当根据合法、公正、及时处理的原则，依法维护劳动者的合法权益。我国处理劳动争议有四种方式：协商、调解、仲裁和诉讼。

（一）协商

经劳动合同当事人协商一致，劳动合同可以解除。协商解决劳动争议是最平和地解决争议的方式。

（二）调解

劳动争议发生后，当事人可以向本单位劳动争议调解委员会申请调解。劳动争议经调解达成协议的，当事人应当履行。

（三）仲裁

在劳动争议仲裁制度上，其特点是强制仲裁、仲裁一次不终局、劳动仲裁为司法程序的前置程序。

1. 受理范围

因确认劳动关系发生的争议；因订立、履行、变更、解除和终止劳动合同发生的争议；因除名、辞退和辞职、离职发生的争议；因工作时间、休息休假、社会保险、福利、培训以及劳动保护发生的争议；因劳动报酬、工伤医疗费、经济补偿或者赔偿金等发生的争议；法律、法规规定的其他劳动争议。

2. 时效

提出仲裁要求的一方应在自劳动争议发生之日（当事人知道或应知权利被侵害之日）起一年内向劳动争议仲裁委员会提出书面申请。

劳动关系存续期间因拖欠劳动报酬发生争议的，劳动者申请仲裁不受一年仲裁时效期间的限制；但是，劳动关系终止的，应当自劳动关系终止之日起一年内提出。

（四）诉讼

当事人对仲裁裁决不服的，可自收到仲裁裁决之日起十五日内向人民法院起诉。对一审判决、裁定不服的可以上诉。

第三节　社会保险法律知识

一、社会保险

（一）概念

社会保险是指国家通过立法设立社会保险基金，使劳动者在暂时或永久丧失劳动能力以及失业时获得物质帮助和补偿的一种社会保障制度。

（二）分类

1. 国家基本保险

国家基本保险是由国家统一建立并强制实行的为全体劳动者平等地提供基本生活保障的社会保险。

2. 用人单位补充保险

用人单位补充保险是由用人单位自主建立，旨在使本单位劳动者在基本生活保障的基础上进一步获得物质帮助的社会保险，是对基本保险的补充。

3. 储蓄性保险

储蓄性保险是由劳动者根据自己的经济情况，自愿以储蓄的形式为自己建立的社会保险，是对前两种保险的补充。

（三）社会保险基金

1. 概念

社会保险基金是指为了保障保险对象的社会保险待遇，按照国家法律、法规，由缴费单位和缴费个人分别按缴费基数的一定比例缴纳以及通过其他合法方式筹集的专项资金。

2. 内容

社会保险基金包括基本养老保险基金、基本医疗保险基金、工伤保险基金、失业保险基金和生育保险基金。

3. 来源

我国养老保险、医疗保险、失业保险由国家、用人单位、劳动者三方负担，工伤保险、生育保险由用人单位负担。

4. 管理

各项社会保险基金按照社会保险险种分别建账，分账核算，执行国家统一的会计制度。社会保险基金专款专用，任何组织和个人不得侵占或者挪用。

以案释法 30

社保基金不得擅自挪用

【案情介绍】2006年10月上旬，湖北省枝江市一参保人员持已缴纳的社保费单据到社保局办理养老保险关系转移手续，发现电脑系统内竟然没有他的缴费记录。枝江市人民检察院迅速介入，查明枝江市地税局社保费征收员闫某某、熊某某从2004年下半年至2006年10月间，合谋在征收社会养老保险费业务中，利用职务之便，采用套开税收通用缴款单的手段，挪用收取的社会养老保险费，作案63起，涉案金额达178万余元。挪用的保费绝大多数都被二人当作“赌码”，最终血本无归。2007年4月2日，枝江市人民检察院提起公诉。4月26日，枝江市人民法院经开庭审理，以挪用公款罪判处闫某某有期徒刑12年，判处熊某某有期徒刑11年6个月。判决书下达后，二人均未提出上诉。

【以案释法】法律不允许任何组织或个人私自挪用社保基金，一经发现立即追回，并没收违法所得并入社保基金。同时对挪用直接责任人或者直接负责主管人员给予行政处分。如果私自挪用数额巨大构成犯罪，还将依法追究刑事责任。

二、基本养老保险

（一）概念

基本养老保险是按国家统一的法规政策强制建立和实施的社会保险制度。企业和职工依法缴纳养老保险费，在职工达到国家规定的退休年龄或因其他原因而退出劳动岗位并办理退休手续后，社会保险经办机构向退休职工支付基本养老保险金（也称"退休金"）。

（二）缴纳

基本养老保险实行社会统筹与个人账户相结合。用人单位应当按照国家规定的本单位职工工资总额的比例缴纳基本养老保险费，记入基本养老保险统筹基金。职工应当按照国家规定的本人工资的比例缴纳基本养老保险费，记入个人账户。

（三）领取

参加基本养老保险的个人，达到法定退休年龄时累计缴费满十五年的，按月领取基本养老金。参加基本养老保险的个人，达到法定退休年龄时累计缴费不足十五年的，可以缴费至满十五年，按月领取基本养老金；也可以转入新型农村社会养老保险或者城镇居民社会养老保险，按照国务院规定享受相应的养老保险待遇。

（四）调整机制

国家建立基本养老金正常调整机制。根据职工平均工资增长、物价上涨的情况，适时提高基本养老保险待遇水平。

（五）转移

个人跨统筹地区就业的，其基本养老保险关系随本人转移，缴费年限累计计算。个人达到法定退休年龄时，基本养老金分段计算、统一支付。具体办法由国务院规定。

三、基本医疗保险

（一）概念

基本医疗保险是为补偿劳动者因疾病风险造成的经济损失而建立的一项社会保险制度。通过用人单位和个人缴费，建立医疗保险基金，参保人员患病就诊发生医疗费用后，由医疗保险经办机构给予一定的经济补偿，以避免或减轻劳动者因患病、治疗等所带来的经济风险。

（二）缴纳

职工应当参加职工基本医疗保险，由用人单位和职工按照国家规定共同缴纳基本医疗保险费。基本医疗保险基金实行社会统筹和个人账户相结合。

（三）待遇

第一，参保人员要在基本医疗保险定点医疗机构就医、购药，也可按处方到定点零售药店外购药品。在非定点医疗机构就医和非定点药店购药发生医疗费用，除符合急诊、转诊等规定条件外，基本医疗保险基金不予支付。

第二，所发生医疗费用必须符合基本医疗保险药品目录、诊疗项目、医疗服务设施标准的范围和给付标准，才能由基本医疗保险基金按规定予以支付。

第三，对符合基本医疗保险基金支付范围的医疗费用，要区分是属于统筹基金支付范围还是属于个人账户支付范围。属于统筹基金支付范围的医疗费用，超过起付标准以上的由统筹基金按比例支付，最高支付到"封顶额"为止。起付标准以下医疗费用由个人账户解决或由个人自付，"封顶额"以上费用则全部由个人承担。

四、工伤保险

（一）概念

工伤保险，是指劳动者在工作中或在规定的特殊情况下，遭受意外伤害或患职业病导致暂时或永久丧失劳动能力以及死亡时，劳动者或其遗属从国家和社会获得物质帮助的一种社会保险制度。

（二）缴纳

职工应当参加工伤保险，由用人单位缴纳工伤保险费，职工不缴纳工伤保险费。

国家根据不同行业的工伤风险程度确定行业的差别费率，并根据使用工伤保险基金、工伤发生率等情况在每个行业内确定费率档次。

（三）待遇

职工因工作原因受到事故伤害或者患职业病，且经工伤认定的，享受工伤保险待遇；其中，经劳动能力鉴定丧失劳动能力的，享受伤残待遇。

五、失业保险

（一）概念

失业保险是指劳动者由于非本人意愿暂时失去工作，致使工资收入中断而失去维持生计来源，并在重新寻找新的就业机会时，从国家或社会获得物质帮助以保障其基本生活的一种社会保险制度。

（二）缴纳

职工应当参加失业保险，由用人单位和职工按照国家规定共同缴纳失业保险费。

（三）失业保险金的领取

失业人员符合下列条件的，从失业保险基金中领取失业保险金：第一，失业前用人单位和本人已经缴纳失业保险费满一年的；第二，非因本人意愿中断就业的；第三，已经进行失业登记，并有求职要求的。

六、生育保险

（一）概念

生育保险是国家或社会在怀孕和分娩的妇女劳动者暂时中断劳动时，对其给予必要的经济补偿和医疗保健的社会保险制度。

（二）参保范围

生育保险的参保范围为所在城市常住户口的职工和持有所在城市工作居住证的外埠人员。

（三）缴纳

生育保险由用人单位按照国家规定缴纳生育保险费，职工不缴纳生育保险费。

（四）待遇

用人单位已经缴纳生育保险费的，其职工享受生育保险待遇；职工未就业配偶按照国家规定享受生育医疗费用待遇。所需资金从生育保险基金中支付。

生育保险待遇包括生育医疗费用和生育津贴。

思考题

1. 劳动争议解决的途径有哪些？
2. 社保基金制度有哪些内容？
3. 劳动合同的必备条款有哪些？

第九章 刑事法律知识

本章要点

★刑法是规定犯罪、刑事责任和刑罚的法律，我国刑法的任务是惩罚犯罪、保护人民。

★犯罪是危害社会、触犯刑律、应受刑罚处罚的行为，是主观要件与客观要件的统一。

★刑罚是对犯罪分子最严厉的法律制裁，刑罚的种类包括主刑和附加刑。

第一节 刑法概述

一、概念

刑法是以国家名义规定什么行为是犯罪和应负刑事责任，并给犯罪人以何种刑罚处罚的法律。我国刑法的任务是惩罚犯罪、保护人民。新中国成立后共颁行过两部刑法典，一部是1979年刑法，一部是1997年刑法，也就是现行刑法。

二、基本原则

（一）罪刑法定原则

刑法第三条确立了罪刑法定原则：“法律明文规定为犯罪行为的，依照法律定罪处刑；法律没有明文规定为犯罪行为的，不得定罪处刑。”这一原则的基本含义有两个：一是法无明文规定不为罪；二是法无明文规定不处罚。

（二）适用刑法人人平等原则

刑法第四条确立了适用刑法人人平等原则：“对任何人犯罪，在适用法律上一律平等。不允许任何人有超越法律的特权。”这是我国宪法第三十三条第二款关于“公民在法律面前一律平等”原则在刑法中的体现，包括定罪平等、量刑平等、执行刑罚平等。

（三）罪刑责相适应原则

刑法第五条确立了罪责相适应原则："刑罚的轻重，应当与犯罪分子所犯罪行和承担的刑事责任相适应。"这一原则的基本含义是：犯多大的罪，就应当承担多大的刑事责任，法院亦应判处其相应轻重的刑罚，做到重罪重罚，轻罪轻罚，罚当其罪，罪刑相称。

三、适用范围

（一）空间效力

刑法的空间效力所解决的是一国刑法在什么地域、对什么人适用的问题。

1. 地域管辖原则

（1）凡在我国领域内犯罪的，除法律有特别规定的以外，都适用我国刑法，刑法上规定的"我国领域内"，是指我国国境以内的全部区域，包括领陆、领水和领空；（2）凡在我国船舶或者航空器内犯罪的，也适用我国刑法；（3）犯罪的行为或者结果有一项发生在我国领域内的，就认为在我国领域内犯罪，适用我国刑法。

2. 属人管辖原则

（1）我国公民在我国领域外犯我国刑法规定的犯罪，对最高法定刑为三年以下有期徒刑的，可以不予追究；（2）国家工作人员和军人在我国领域外犯我国刑法规定的犯罪，适用我国刑法。

3. 保护管辖原则

具有外国国籍和无国籍的人，在我国领域外对我国家或公民实施了我国刑法规定的犯罪，该犯罪在我国刑法上的最低法定刑为三年以上有期徒刑的，可以适用我国刑法；但是，按照犯罪地的法律不受处罚的除外。

4. 普遍管辖原则

凡是国际公约所规定的侵犯各国共同利益的犯罪，不管犯罪人的国籍与犯罪地的属性，缔约国或参加国发现犯罪在其领域之内，便行使刑事管辖权。

5. 享有外交特权和豁免权的外国人的刑事责任

享有外交特权和豁免权的外国人实施触犯我国刑法的行为，并非不构成犯罪，而是通过外交途径解决。

（二）时间效力

刑法的时间效力，是指刑法的生效时间、失效时间以及对刑法生效前所发生的行为是否具有溯及力的问题。

1. 生效时间

我国现行刑法是1997年3月14日公布，于同年10月1日开始施行。

2. 失效时间

我国刑法的失效基本上包括两种方式：（1）由立法机关明确宣布法律失效；

（2）自然失效，即新法施行后代替了同类内容的旧法，或者由于原来特殊的立法条件已经消失，旧法自行废止。

3. 溯及力

刑法的溯及力，是指刑法生效以后，对于其生效以前未经审判或者判决尚未确定的行为是否适用的问题。我国现行刑法是否具有溯及力，按不同情况分别处理：（1）当时的法律不认为是犯罪，现行刑法认为是犯罪的，适用当时的法律，即刑法没有溯及力；（2）当时的法律认为是犯罪，但现行刑法不认为是犯罪的，只要这种行为未经审判或者判决尚未确定，就应当适用现行刑法，即刑法具有溯及力；（3）当时的法律和现行刑法都认为是犯罪，并且应当追诉的，原则上按当时的法律追究刑事责任，即现行刑法不具有溯及力，但是，如果当时的法律处刑比现行刑法重，则应适用现行刑法，现行刑法具有溯及力，即从旧兼从轻原则；（4）如果当时的法律已经作出了生效判决，继续有效，即使按修订后的刑法的规定，其行为不构成犯罪或处刑较当时的法律要轻，也不例外。

第二节　犯　　罪

一、概念和特征

犯罪是指触犯刑律、具有刑事违法性应和受刑罚处罚的行为。犯罪具有以下三个特征：

（一）社会危害性

行为具有社会危害性，是犯罪的基本特征。如果某种行为根本不可能对社会造成危害，刑法就没有必要把它规定为犯罪；某种行为虽然具有一定的社会危害性，但是情节显著轻微危害不大的，也不认为是犯罪。

（二）刑事违法性

刑事违法性是犯罪的法律特征，是刑法对具有社会危害性的犯罪行为的否定的法律评价。在刑法实行了罪刑法定原则后，刑事违法性就成为一切犯罪必不可少的基本特征。只有当行为不仅具有社会危害性，而且违反了刑法，具有刑事违法性的时候，才能被认定为犯罪。

（三）应受刑罚处罚性

犯罪不仅是具有社会危害性、触犯刑律的行为，而且是应受刑罚处罚的行为。应受刑罚处罚性，也就是危害行为应承担相应的法律后果。这个特征表明，如果一个行为不应当受刑罚处罚，也就意味着它不是犯罪。

以案释法 31

一般违法不等于犯罪

【案情介绍】王某与李某是朋友，一日两人一起外出，李某以给家人打电话为名，借王某新买的手机用。王某将手机借给李某，李某一面打电话，一面拦下一辆出租车径行回家。王某见状，只得追到李某家中索要。李某不愿归还手机，说："大家都是朋友，何必这么小气，借我玩几天吧。"王某碍于面子，只得答应。其后，王某多次索要手机，李某均以各种理由推托，王某无奈。一年后，王某向公安机关报案，公安机关经过审查后决定不予立案。

【以案释法】本案中，李某的行为看起来与某些犯罪分子骗取手机的手段有类似之处，但李某的行为却与那些犯罪分子的行为有本质区别。李某的行为只是一般性违法，而不构成犯罪。原因是一部手机数额较小，且李某与王某是朋友关系，他继续占有手机的行为，起初是得到王某同意的，后来王某虽不同意他继续占有，但也没有执意将手机索回。综合考虑，李某的行为虽然具有社会危害性，但情节显著轻微，没有达到应受刑罚惩罚的程度，因此不构成犯罪。

二、构成要件

犯罪构成要件，是指任何犯罪的成立必须同时具备的要件。犯罪构成的要件有四项，即犯罪客体、犯罪客观要件、犯罪主体、犯罪主观要件。

（一）犯罪客体

犯罪客体，是指我国刑法所保护而为犯罪行为所侵犯的社会主义社会关系。作为犯罪客体的社会关系主要包括四个方面：其一，人民民主专政的政权，即社会主义制度的政治基础；其二，国家所有和劳动群众集体所有的财产，即社会主义制度的经济基础；其三，公民的人身权利、民主权利和其他权利；其四，社会秩序和经济秩序。

犯罪客体是犯罪构成要件的必要要件。一个行为不侵犯任何客体，就意味着不具有社会危害性，也就不能构成犯罪。

（二）犯罪客观要件

犯罪的客观要件，是犯罪活动的客观外在表现，具体是指说明某种犯罪是通过什么样的行为、在什么样的条件下对刑法所保护的社会关系进行侵犯，以及这种侵犯造成了什么样的后果的事实特征。

犯罪客观要件包括必要要件（危害行为）、绝大多数犯罪的要件（危害结果）和选择要件（犯罪的时间、地点、方法），同时，还要研究危害行为与危害结果之间的因果关系。

（三）犯罪主体

犯罪主体，是指实施犯罪行为并应承担刑事责任的人。犯罪主体是犯罪构成的一个必要要件。没有犯罪主体就不存在犯罪，更不会发生刑事责任。犯罪主体分为两类，即自然人犯罪主体和单位犯罪主体。

1. 自然人主体

只有达到法定年龄并具有刑事责任能力的自然人，才能成为犯罪主体，责任年龄和责任能力是构成犯罪主体的必要条件。

（1）刑事责任年龄。刑事责任年龄，是指法律所规定的行为人对自己的犯罪行为负刑事责任所必须达到的年龄。刑法第十七条把刑事责任年龄划分为三个阶段：①已满十六周岁的人犯罪，应当负刑事责任，为完全负刑事责任年龄阶段；②已满十四周岁不满十六周岁的人，犯故意杀人、故意伤害致人重伤或者死亡、强奸、抢劫、贩卖毒品、放火、爆炸、投放危险物质罪的，应当负刑事责任，为相对负刑事责任年龄阶段；③不满十四周岁的人不管实施何种危害社会的行为，都不负刑事责任，为完全不负刑事责任年龄阶段。

（2）刑事责任能力。刑事责任能力，是指辨认和控制自己行为的能力，也即辨认自己行为的意义、性质、作用、后果并加以控制的能力。

刑事责任能力包括三种：无刑事责任能力、限制刑事责任能力、完全刑事责任能力。

一切精神正常的人，对于自己实施的如杀人、伤害等行为都有辨认和控制的能力。精神病人在不能辨认或者控制自己行为的时候造成危害结果，经法定程序鉴定确定的，不负刑事责任。但间歇性精神病人，在其精神正常情况下实施犯罪行为，应当负刑事责任。醉酒的人犯罪，应当负刑事责任。

（3）特殊身份。刑法规定只要达到法定年龄、具有刑事责任能力的都可以构成犯罪的自然人主体叫一般主体，还要附加特殊身份才能构成犯罪的叫特殊主体。这里的特殊身份指的是与犯罪行为相关的身份，如男女性别、国家机关工作人员、司法人员、证人、辩护人、代理人、中介人员等。

（4）共同犯罪。共同犯罪是二人以上共同故意犯罪。共同犯罪与单独犯罪一样，都是以符合犯罪构成要件为前提，即是说“二人以上”的人，必须是符合犯罪主体要件的人；“二人以上”的共同故意，必须符合犯罪构成的主观要件；“二人以上”的共同行为，必须符合犯罪构成的客观要件。共同犯罪，并没有特殊的犯罪构成，与单独犯罪的不同点，在于共同犯罪人之间，具有共同实施同一犯罪这个特点。

2. 单位主体

公司、企业、事业单位、机关、团体实施危害社会的行为，法律规定为单位犯罪的，都是单位犯罪的主体。单位犯罪既不同于自然人的犯罪，也不同于共同犯罪，而是一种单位独立实施的犯罪。单位犯罪在客观上必须是经单位决策机构决定或者由负责人员决定实施犯罪。单位犯罪的罪过形式基本上是故意，但也存在个别过失犯罪。

我国刑法对单位犯罪实行以两罚制为主，以单罚制为辅的处罚原则。在两罚制中，对单位是判处罚金，对直接负责的主管人员和直接责任人员是判处刑罚。刑法在某些情况下规定了单位犯罪的单罚制，即只处罚自然人而不处罚单位。

（四）犯罪主观要件

犯罪主观要件是指行为人对其所实施的危害社会的行为及其危害结果所持的故意或过失的心理态度。犯罪必须是主客观相统一才构成犯罪，因此主观上的罪过（即犯罪的故意或过失）是构成犯罪的必要要件。此外，还要研究犯罪的动机和目的，全面地考查行为人主观恶性的大小，这对于定罪和量刑都是十分重要的。

1. 犯罪故意

犯罪故意是指明知自己的行为会发生危害社会的结果，并且希望或者放任这种结果发生的心理态度。犯罪故意由两个因素构成：一是认识因素，即明知自己的行为会发生危害社会的结果；二是意志因素，即希望（直接故意）或者放任（间接故意）这种结果发生。

2. 犯罪过失

犯罪过失是指行为人应当预见自己的行为可能发生危害社会的结果，因为疏忽大意而没有预见或者已经预见而轻信能够避免，以致发生这种结果的心理状态。

犯罪过失的心理态度表现出以下两个特点：一是实际认识与认识能力相分离，即行为人虽然有能力、有条件认识到自己的行为可能发生危害社会的结果，但行为人事实上没有认识到，或者虽然认识到，但错误地认为可以避免这种危害结果发生；二是主观愿望与实际结果相分离，即行为人主观上并不希望危害社会的结果发生，但由于其错误认识而导致了偏离其主观愿望的危害结果的发生。

3. 无罪过事件

无罪过事件，是指行为在客观上虽然造成了损害结果，但是不是出于故意或者过失，而是由不能抗拒或者不能预见的原因所引起的。无罪过事件包括两种情形：一是不可抗力；二是意外事件。

无罪过事件或缺乏认识因素，或缺乏意志因素，不具备构成罪过的条件，因此，不管客观上造成了多么严重的损害结果，都不能追究刑事责任。

4. 犯罪动机与犯罪目的

在直接故意的犯罪中，犯罪动机和犯罪目的也是刑法定罪量刑必须考虑的因素。犯罪动机的性质、强弱直接反映行为人主观恶性程度大小，因而是决定社会危害性程度的重要因素之一，对量刑具有重要意义。犯罪目的则对直接故意的形成具有重要的意义，在某些特定犯罪中，还是犯罪的构成必要要件之一，对犯罪的成立与否发生影响。

三、犯罪的形态

故意犯罪的形态，是指故意犯罪在其发生、发展到完成犯罪的过程中，因主客观原因而停止下来的各种犯罪状态。

故意犯罪形态，按其停止下来时犯罪是否完成为标准，可分为两种类型：一是犯罪的完成形态，即犯罪的既遂形态；二是犯罪的未完成形态，即犯罪的预备形态、未遂形态和中止形态。既遂是犯罪的标准形态，预备、中止、未遂为特殊形态。

（一）犯罪既遂

犯罪既遂是刑法分则处罚所设定的标准的处罚程度的状况，既遂的标准因犯罪构成的不同而不同：

1. 结果犯

犯罪结果发生是既遂：如杀人，实行终了未必是既遂；故意杀人出现被害人的死亡才既遂。

2. 危险犯

不要求结果发生，只要求有结果发生的危险是既遂：如破坏交通工具罪，破坏火车、汽车、电车、船只、航空器，足以使火车、汽车、电车、船只、航空器发生倾覆、毁坏危险，即便没有造成严重后果，也是既遂。

3. 行为犯

行为人只要实施了刑法规定的某种行为，即已构成既遂的犯罪。如伪证罪，虚假陈述完成，即既遂；诬告陷害罪，告发行为完成即既遂，不要求危害结果的发生。

4. 举动犯

一着手实行犯罪行为，立即宣告既遂，没有未遂。如组织、领导、参加黑社会性质组织罪，组织、领导、参加恐怖组织罪。

（二）犯罪预备

犯罪预备即为了实施犯罪，准备工具、制造条件。犯罪预备具有以下四个特征：

第一，主观上为了犯罪。

第二，客观上实施了犯罪预备行为，包括准备工具和制造条件。

准备工具，指准备为实行犯罪使用的各种物品，如为杀人而购买刀、枪、毒药；

制造条件，指为实行犯罪制造机会或创造条件，如练习扒窃技术、窥测犯罪地点、了解被害人行踪。

第三，事实上未能着手实行犯罪。一是预备行为没有完成，因而不可能着手实行犯罪；二是预备行为虽已完成，但由于某种原因未能着手实行犯罪。

第四，未能着手实行犯罪是由于行为人意志以外的原因。

（三）犯罪未遂

犯罪未遂是指犯罪分子已经着手实行犯罪，但由于他本人意志以外的原因而未得逞。犯罪未遂具有以下三个特征：

1. 犯罪分子已经着手实行犯罪

这一特征是犯罪未遂与犯罪预备相区分的主要标志，它表明犯罪已进入实行阶段。

2. 犯罪未得逞

这一特征是犯罪未遂同犯罪既遂相区分的主要标志。犯罪是否得逞，应该以是否具备刑法分则所规定的犯罪构成的全部要件为标准。

3. 犯罪未得逞是由于犯罪分子意志以外的原因

这一特征是犯罪未遂与犯罪中止相区别的主要标志，所谓犯罪分子意志以外的原因，是指违背犯罪分子本意的原因。

（四）犯罪中止

犯罪中止是指在犯罪过程中，犯罪分子自动放弃犯罪或者自动有效地防止犯罪结果发生。犯罪中止的成立必须具备以下条件：

1. 中止的及时性

犯罪中止必须发生在犯罪过程中。即犯罪中止可以发生在犯罪预备，犯罪未遂的过程中，犯罪一旦既遂，便没有中止可言。

2. 中止的自动性

这是指犯罪分子在自己认为有可能将犯罪进行到底的情况下，出于本人意愿而自动地放弃了犯罪。

3. 中止的客观性

中止不只是一种内心状态的转变，还要求客观上有中止行为。

4. 中止的有效性

这是指在犯罪完成以前自动放弃犯罪或者有效地防止犯罪结果的发生。

第三节　刑　　罚

一、概念和类型

刑罚是刑法规定的由国家审判机关依法对犯罪分子所适用的限制或剥夺其某种权益的、最严厉的强制性法律制裁的方法。

我国的刑罚包括主刑和附加刑两大类。主刑是对犯罪分子适用的主要刑罚，它只能独立适用，不能相互附加适用。主刑分为以下五种：管制、拘役、有期徒刑、无期徒刑和死刑。附加刑，指刑法规定，除主刑之外的刑罚。附加刑既可独立适用，也可相互附加适用。附加刑分为罚金、剥夺政治权利、没收财产。对于犯罪的外国人，可以独立或附加适用驱逐出境。

二、主刑

（一）管制

1. 概念

管制是指对犯罪分子不实行关押交由公安机关管束和人民群众监督，限制其一定自由的刑罚方法。

2. 适用对象

管制是我国主刑中最轻的一种刑罚方法，适用于罪行较轻、人身危险性较小，不需要关押的犯罪分子。

3. 期限

管制作为一种限制人身自由的刑罚，其期限为三个月以上两年以下；数罪并罚时最高不能超过三年。

4. 执行

对判处管制的犯罪分子，依法实行社区矫正。

（二）拘役

1. 概念

拘役是剥夺犯罪人短期人身自由，就近实行强制劳动改造的刑罚方法。

2. 适用对象

在我国刑法分则中，拘役既可适用于犯罪情节轻微，不需要判处有期徒刑的犯罪，也可以适用于本应判处短期徒刑，但具有从轻情节的犯罪。

3. 期限

拘役的期限为一个月以上六个月以下。

4. 执行

被判处拘役的犯罪分子，由公安机关就近执行。

（三）有期徒刑

1. 概念

有期徒刑是剥夺犯罪分子一定期限的人身自由，实行强制劳动改造的刑罚方法。

有期徒刑是剥夺自由刑的主刑，其刑罚幅度变化较大，从较轻犯罪到较重犯罪都可以适用。所以，在我国刑罚体系中，有期徒刑居于中心地位。

2. 适用对象

有期徒刑的适用对象可依刑期不同而有所不同：（1）十年以上有期徒刑为长期徒刑，长期徒刑一般适用于罪行比较严重，情节恶劣、人身危险性较大的罪犯；（2）三年以上十年以下有期徒刑为中期徒刑，中期徒刑的刑期幅度范围较广，适用面也较宽，在刑法分则中有不少犯罪以中期徒刑作为唯一的法定刑；（3）三年以下有期徒刑为短期徒刑。在刑法分则中，有一些犯罪的法定最高刑是短期徒刑，如侮辱罪、诽谤罪、非法剥夺公民宗教信仰自由罪、破坏选举罪等。

3. 期限及刑期计算

有期徒刑的期限为六个月以上十五年以下。但是，有两种情况例外：第一，根据刑法第五十条的规定，判处死刑缓期执行的，在死刑缓期执行期间，如果确有重大立功表现，两年期满以后可减为二十五年有期徒刑；第二，根据刑法第六十九条的规定，数罪并罚时有期徒刑的最高期限可达二十五年。

4. 执行

被判处有期徒刑的犯罪分子，在监狱或者其他执行场所执行。其他执行场所，是指少年犯管教所、拘役所等。

凡是被判有期徒刑的罪犯，有劳动能力的，都应当参加劳动，接受教育和改造。

（四）无期徒刑

1. 概念

无期徒刑是剥夺犯罪分子终身自由，并强制劳动改造的刑罚方法。

2. 适用对象

无期徒刑主要适用于那些不必判处死刑，而又需要与社会永久隔离、罪行严重的危害国家安全的犯罪分子和其他重大刑事犯罪分子以及严重的经济犯罪分子。

3. 执行

根据刑法和监狱法的有关规定，被判无期徒刑的犯罪分子，在监狱或者其他场所执行；凡是有劳动能力的，都应当参加劳动，接受教育和改造。

（五）死刑

1. 概念

死刑是剥夺犯罪分子生命的刑罚方法。死刑是刑罚体系中最严厉的惩罚手段。

2. 适用对象

死刑只适用于罪行极其严重的犯罪分子。

3. 不能适用死刑的犯罪主体

犯罪的时候不满十八周岁的人和审判的时候怀孕的妇女，不适用死刑。审判的时候已满七十五周岁的人，不适用死刑，但以特别残忍手段致人死亡的除外。

4. 判决、核准和执行

判处死刑的案件，除依法由最高人民法院判决的以外，都应当报请最高人民法院核准。

最高人民法院判处和核准的死刑立即执行的判决，应当由最高人民法院院长签发执行死刑的命令。

死刑采用枪决或者注射等方法执行。

5. 死刑缓期执行

对于应当判处死刑的犯罪分子，如果不是必须立即执行的，可以判处死刑同时宣告缓期两年执行。这就是我国刑法中的死刑缓期执行制度，简称死缓，是死刑制度的重要组成部分。死缓不是一个刑种，而是一个运用死刑的刑罚制度：（1）在死刑缓期执行期间如果没有故意犯罪，两年期满后，减为无期徒刑；（2）在死刑缓期执行期间如果确有重大立功表现，两年期满后，减为二十五年有期徒刑；（3）在死刑缓期执行期间，如果故意犯罪，查证属实的，由最高人民法院核准，执行死刑。

以案释法 32

死刑立即执行适用于情节特别恶劣、主观恶性极深的犯罪

【案情介绍】2010年10月20日晚，西安某学院大三学生药某驾车将下班途中的女服务员张某撞倒后，发现张某试图记下车牌号，便对张某连刺八刀致其死亡，并驾车逃逸。10月22日药某被警方抓获。11月23日晚，药某被警方依法刑事拘留。2011年3月23日，西安市中级人民法院开庭审理药某杀人案。4月22日，案件一审宣判，药某被判死刑。5月20日，陕西省高法维持死刑判决。6月7日上午，经最高院核准，西安市中级人民法院对药某执行了死刑。

【以案释法】本案中，药某开车将被害人张某撞伤后，不但不施救，反而因怕被害人记住其车牌号而杀人灭口，犯罪动机极其卑劣，主观恶性极深；药某持尖刀在被害人前胸、后背等部位连捅数刀，致被害人当场死亡，犯罪手段特别残忍，情节特别恶劣，罪行极其严重。因此，药某虽有自首情节，法院仍判处其死刑立即执行。

三、附加刑

（一）罚金

1. 概念

罚金是人民法院判处犯罪人向国家缴纳一定数额金钱的刑罚方法。

2. 适用对象

罚金具有广泛的适用性。它既可适用于处刑较轻的犯罪；也可适用于处刑较重的犯罪。

从犯罪性质上看，我国刑法中的罚金主要适用经济犯罪、财产犯罪以及妨害社会管理秩序和侵犯公民人身权利、民主权利的部分犯罪。

3. 适用方式

（1）单科式。刑法规定的单科罚金主要适用于单位犯罪。

（2）选科式。罚金作为附加刑，既可附加适用，又可单独适用。

（3）并科式。我国刑法中的并科罚金，几乎都是必并制。

（4）复合式。复合式是指罚金的单处与并处同时规定在一个法条之内，以供选择适用。

4. 数额

（1）无限额罚金制，刑法分则仅规定选处、单处或者并处罚金，不规定罚金的具体数额限度，而是由人民法院依据刑法总则确定的原则即根据犯罪情节自由裁量罚金的具体数额；（2）限额罚金制，刑法分则规定了罚金数额的下限和上限，人民法院只需要在规定的数额幅度内裁量罚金；（3）比例罚金制。即以犯罪金额的百分比决定罚金的数额；（4）倍数罚金制。即以犯罪金额的倍数决定罚金的数额；（5）倍比罚金制，即同时以犯罪金额的比例和倍数决定罚金的数额。

5. 缴纳

罚金的缴纳分为五种情况：限期一次缴纳、限期分期缴纳、强制缴纳、随时追缴、减少或者免除缴纳。

（二）剥夺政治权利

1. 概念和内容

剥夺政治权利，是指剥夺犯罪人参加国家管理和政治活动权利的刑罚方法。剥夺政治权利是剥夺犯罪分子下列权利：（1）选举权和被选举权；（2）言论、出版、集会、结社、游行、示威自由的权利；（3）担任国家机关职务的权利；（4）担任国有公司、企业、事业单位和人民团体领导职务的权利。

2. 适用方式和对象

剥夺政治权利的适用方式和对象都比较广泛。在适用方式上，既可以附加适用，也可以独立适用。在适用对象上，既包括严重的刑事犯罪，也包括一些较轻的犯罪。

附加适用剥夺政治权利的对象，主要是以下三种犯罪分子：（1）危害国家安全的犯罪分子；（2）故意杀人、强奸、放火、爆炸、投放危险物质、抢劫等严重破坏社会秩序的犯罪分子；（3）被判处死刑和无期徒刑的犯罪分子。

独立适用剥夺政治权利，是作为一种不剥夺罪犯人身自由的轻刑，适用于罪行较轻、不需要判处主刑的罪犯。

3. 期限

剥夺政治权利的期限：（1）判处管制附加剥夺政治权利的，剥夺政治权利的期限与管制的期限相等，同时执行，即三个月以上两年以下；（2）判处拘役、有期徒刑附加剥夺政治权利的期限，为一年以上五年以下；（3）判处死刑、无期徒刑的犯罪分子，应当剥夺政治权利终身；（4）死刑缓期执行减为有期徒刑或者无期徒刑的，附加剥夺政治权利的期限改为三年以上十年以下。

4. 执行

剥夺政治权利由公安机关执行。

（三）没收财产

1. 概念

没收财产是将犯罪分子个人所有财产的一部或者全部强制无偿地收归国有的刑罚方法。

2. 适用对象

没收财产主要适用于危害国家安全罪、严重的经济犯罪、严重的财产犯罪以及部分其他严重的刑事犯罪。

3. 范围

没收财产是没收犯罪分子个人所有财产的一部或者全部。没收全部财产的，应当对犯罪分子个人及其抚养的家属保留必需的生活费用。在判处没收财产的时候，不得没收属于犯罪分子家属所有或者应有的财产。

4. 方式

（1）选科式。刑法分则对某种犯罪或者某种犯罪的特定情节规定为并处罚金或者没收财产，也就是说既可以适用没收财产，也可以适用其他刑罚，由法官酌情选择适用。

（2）并科式。即在对犯罪人科处生命刑或自由刑的同时判处没收财产。我国刑法分则对没收财产在多数情况下作了并科规定，这种方式又可根据是否必须科处没收财产分为两种情况：一是必并制。指在判处其他刑罚的同时必须并处没收财产。

二是得并制。指在判处其他刑罚的同时可以并处没收财产。

5. 执行

没收财产的判决，无论附加适用或者独立适用，都由人民法院执行；在必要的时候，可以会同公安机关执行。

思考题

1. 我国刑法的基本原则是什么？
2. 犯罪具有哪些法律特征？
3. 主刑和附加刑分别包括哪些内容？

第十章　诉讼和非诉讼程序法律知识

本章要点

★民事诉讼是法院解决民事纠纷的活动；行政诉讼是法院解决特定范围内行政争议的活动；刑事诉讼则是法院、检察院和公安机关等解决被追诉者刑事责任问题的活动。三大诉讼既有共同的原则、程序，又有各自独有的制度规定。

★仲裁是当事人自愿将争议提交由非官方身份的仲裁员组成的仲裁庭进行裁判的一种非诉制度，与诉讼制度有很大的区别。

第一节　民事诉讼法知识

一、民事诉讼的概述

（一）概念

民事诉讼是指法院在当事人和其他诉讼参与人的参加下，以审理、判决、执行等方式解决民事纠纷的活动。

（二）基本原则

民事诉讼法的基本原则是指在民事诉讼的整个过程中起指导作用的根本准则。主要包括：

1. 当事人诉讼权利平等原则

民事诉讼当事人有平等的诉讼权利。人民法院审理民事案件，应当保障和便利当事人行使诉讼权利，对当事人在适用法律上一律平等。

2. 同等原则和对等原则

同等原则是指外国人、无国籍人、外国企业和组织在人民法院起诉、应诉，同中华人民共和国公民、法人和其他组织有同等的诉讼权利义务。对等原则是指外国法院对中华人民共和国公民、法人和其他组织的民事诉讼权利加以限制的，我国人民法院对该国公民、企业和组织的民事诉讼权利，也采取相应措施加以同样的限制。

3. 法院调解自愿和合法原则

人民法院审理民事案件，应当根据自愿和合法的原则进行调解；调解不成的，应当及时判决。

4. 辩论原则

民事诉讼当事人有权对争议的问题进行辩论。当事人辩论的内容，既可以是程序方面的问题，也可以是实体方面的问题。既可以通过口头形式进行，也可以运用书面形式表达。并且当事人的辩论权贯穿民事诉讼的整个过程。

5. 处分原则

当事人有权在法律规定的范围内处分自己的民事权利和诉讼权利。

6. 支持起诉原则

机关、社会团体、企业事业单位对损害国家、集体或者个人民事权益的行为，可以支持受损害的单位或者个人向人民法院起诉。

（三）基本制度

1. 合议制度

合议制度是指人民法院审理的第一审民事案件由审判员、陪审员共同组成合议庭或者有审判员组成合议庭对民事案件进行审理的制度。在普通程序中，合议庭组成有两种形式：一是审判员和人民陪审员共同组成；另一种是由审判员组成。

2. 回避制度

回避制度是指为了案件的公正审判，要求与案件有一定利害关系的审判人员或其他有关人员，不得参与本案的审理活动或诉讼活动的审判制度。适用回避的人员包括：审判人员、书记员、翻译员、鉴定员等。根据法律的规定，具有下列情形之一的，应予以回避：（1）是本案当事人或者当事人、诉讼代理人的近亲属；（2）与本案有利害关系；（3）与本案当事人有其他关系，可能影响对案件公正审理的。

3. 公开审判制度

公开审判制度是指人民法院审理民事案件，除法律规定的情况外，审判过程及结果应当向群众、社会公开。根据法律规定，下列案件不公开审判：（1）涉及国家秘密的案件；（2）涉及个人隐私的案件；（3）当事人申请不公开审理的离婚案件、涉及商业秘密的案件。

4. 两审终审制度

两审终审制度是指一个民事案件经过两级人民法院审判以后即告终结的制度。

二、主管和管辖

（一）民事诉讼主管

民事诉讼主管是指法院受理民事案件的权限范围。根据民事诉讼法第三条规定，人民法院受理公民之间、法人之间、其他组织之间以及它们相互之间因财产关系和人身关系提起的民事诉讼。

（二）民事诉讼管辖

民事诉讼管辖是指各级人民法院和同级人民法院之间受理第一审民事案件的分工和权限。根据我国民事诉讼法的规定，管辖包括级别管辖、地域管辖、专属管辖、协议管辖、移送管辖、指定管辖和管辖权转移。

1. 级别管辖

级别管辖是指民事案件的第一审审判权在上下级人民法院之间的分工。根据法律的规定，基层人民法院管辖第一审民事案件，但法律另有规定的除外。中级人民法院管辖重大涉外案件，在本辖区有重大影响的案件以及最高人民法院确定由中级人民法院管辖的案件。高级人民法院管辖在本辖区有重大影响的第一审民事案件。最高人民法院管辖在全国有重大影响的案件和认为应当由本院审理的案件。

2. 地域管辖

地域管辖是指按照各人民法院的辖区和民事案件的隶属关系来划分同级人民法院受理第一审民事案件的职权范围。根据法律的规定，一般情况下，管辖的确定采用“原告就被告”的原则，对公民提起的民事诉讼，由被告住所地人民法院管辖，被告住所地与经常居住地不一致的，由经常居住地人民法院管辖。对法人或者其他组织提起的民事诉讼，由被告住所地人民法院管辖。

3. 专属管辖

专属管辖是指法律规定某些特殊类型的案件专门由特定的人民法院管辖，其他人民法院无权管辖，也不允许当事人协议变更管辖。专属管辖有以下三种情况：（1）因不动产纠纷提起的诉讼，由不动产所在地人民法院管辖；（2）因港口作业中发生纠纷提起的诉讼，由港口所在地人民法院管辖；（3）因继承遗产纠纷提起的诉讼，由被继承人死亡时住所地或者主要遗产所在地人民法院管辖。

根据以上规定，两个以上人民法院都有管辖权的诉讼，原告可以向其中一个人民法院起诉；原告向两个以上有管辖权的人民法院起诉的，由最先立案的人民法院管辖。

4. 协议管辖

协议管辖是指合同当事人在纠纷发生之前或之后，以书面方式约定特定案件的管辖法院。法律规定，合同的双方当事人可以在书面合同中协议选择被告住所地、原告住所地、合同履行地、合同签订地、标的物所在地人民法院管辖，但不得违反本法对级别管辖和专属管辖的规定。

5. 移送管辖

移送管辖是指人民法院在受理民事案件后，发现自己对案件并无管辖权而依法将案件移送到有管辖权的人民法院审理。

6. 指定管辖

指定管辖是指在特殊情况下，上级人民法院指定某一下级人民法院对某一案件行使管辖权。指定管辖适用于三种情形：（1）有管辖权的人民法院由于特殊原因，不能行使管辖权的，由上级人民法院指定管辖；（2）人民法院之间因管辖权发生争议，协商解决不了的，报请它们的共同上级人民法院指定管辖；（3）受移送的人民法院认为受移送的案件依照规定不属于本院管辖的，应当报请上级人民法院指定管辖，不得再自行移送。

7. 管辖权转移

管辖权转移是依据上级法院的决定或同意，将某一案件的管辖权由上级法院转移至下级法院，或者由下级法院转移至上级法院。管辖权的转移是根据具体案情对级别管辖的变通和调整，通常在直接的上下级法院之间进行。

以案释法㉝

被告住所地与经常居住地不一致的，由经常居住地人民法院管辖

【案情介绍】2010年9月，陆某与陈某相识恋爱。恋爱期间，陆某送给陈某及其父母彩礼若干。后双方中断恋爱关系。2012年11月13日，陆某向陈户籍所在地的浙江省慈溪市人民法院提起诉讼，要求陈某及其父母返还彩礼。陈某及其父母以自己经常居住地在杭州市江干区为理由，向慈溪市人民法院提出管辖权异议。慈溪市人民法院根据陈某等的暂住证认定，三人于2012年1月9日起暂住杭州市江干区，而本案的立案日期为2012年11月13日，三人在杭州市江干区连续居住的时间不满一年，不能认定杭州市江干区为被告的经常居住地，因此裁定驳回陈某等人的管辖权异议。陈某等不服，上诉至宁波市中级人民法院，并出示房屋出租人及江干区闸弄口村治保委员会出具的证明，证实自己暂住江干区的时间为2011年8月。宁波市中级人民法院遂裁定管辖权异议成立，本案移送杭州市江干区人民法院处理。

【以案释法】公民离开住所地至起诉时已连续居住一年以上的地方为经常居住地。我国法律没有明文规定公民申报暂住证的时间为经常居住地的起算时间，故应以公民实际居住时间为经常居住地的起算时间。被告住所地与经常居住地不一致的，由经常居住地人民法院管辖。因此本案应由杭州市江干区人民法院依法管辖。

三、参加人

民事诉讼参加人是指参加民事诉讼的当事人和诉讼代理人。

（一）当事人

当事人是指因民事权利义务发生争议，以自己的名义进行诉讼并受人民法院裁判约束的利害关系人。当事人有狭义和广义之分。狭义的当事人是指原告和被告，广义的当事人除原告和被告外，还包括共同诉讼人和第三人。

1. 原告和被告

原告是因民事权益发生争议或受到侵害，向法院起诉要求保护其合法权益之人。

被告是指被原告诉称侵犯其合法权益或与原告发生民事争议，而由法院通知应诉之人。

2. 共同诉讼人

共同诉讼人是指共同诉讼中的当事人。共同诉讼是指当事人一方或者双方为二人以上，其诉讼标的为共同或者诉讼标的属同一种类、人民法院认为可以合并审理并经当事人双方同意的诉讼。

3. 第三人

第三人是因与案件处理结果有法律上的利害关系，而参加到他人已经开始的诉讼中去的人。根据对诉讼标的是否有独立请求权，可将第三人分为有独立请求权的第三人和无独立请求权的第三人。

（二）诉讼代理人

诉讼代理人是指为了维护被代理人的利益，以被代理人的名义，实施诉讼行为、参加诉讼活动的人。根据产生的原因不同，可分为法定代理人、委托代理人和指定代理人。

1. 法定代理人

法定代理人是指依据法律规定直接行使代理权的人。无诉讼行为能力的人由他的监护人作为法定代理人代为诉讼。

2. 委托代理人

委托代理人是指受当事人或法定代理人的委托而代其进行诉讼活动的人。律师、当事人的近亲属、有关的社会团体或者所在单位推荐的人、经人民法院许可的其他公民，都可以被委托为诉讼代理人。

3. 指定代理人

指定代理人是指根据人民法院的指定行使代理权的人。法定代理人之间互相推诿代理责任的，由人民法院指定其中一人代为诉讼。

四、证据制度

（一）概念

民事诉讼证据是指能够证明民事案件真实情况的客观事实材料。

民事诉讼证据具有客观真实性、关联性和合法性三个最基本的特征。

我国民事诉讼证据的表现形式可以分为书证、物证、视听资料、证人证言、当事人陈述、鉴定结论、勘验笔录和电子资料八种。

（二）举证责任

1. 民事诉讼的举证责任原则

我国民事诉讼的举证责任原则是“谁主张，谁举证”。当事人对自己提出的主张，有责任提供证据。当事人及其诉讼代理人因客观原因不能自行收集的证据，或者人民法院认为审理案件需要的证据，人民法院应当调查收集。

2. 举证责任倒置

在一些侵权诉讼中，对原告提出的侵权事实，被告否认的，由被告负责举证。这些侵权诉讼包括：(1) 因产品制造方法发明专利引起的专利诉讼；(2) 高度危险作业致人损害的侵权诉讼；(3) 因环境污染引起的损害赔偿诉讼；(4) 建筑物或者其他设施以及建筑物的搁置物，悬挂物发生倒塌、脱落、坠落致人损害的侵权诉讼；(5) 饲养动物致人损害的侵权诉讼；(6) 有关法律规定由被告承担举证责任的情形。

五、审判程序

民事诉讼的程序包括第一审程序（包括简易程序）、第二审程序、审判监督程序、特别程序、督促程序、公示催告程序。

（一）一审普通程序

第一审普通程序是我国人民法院审理民事案件时通常适用的最基本的程序。包括起诉与受理、审理前准备、开庭审理和判决和裁定等几个阶段。

1. 起诉和受理

起诉是指当事人为了维护自己的合法权益，向法院提起诉讼主张的行为。起诉应当向人民法院递交起诉状，并按照被告人数提出副本。书写起诉状确有困难的，可以口头起诉，由人民法院记入笔录，并告知对方当事人。起诉必须符合下列条件：(1) 原告是与本案有直接利害关系的公民、法人和其他组织；(2) 有明确的被告；(3) 有具体的诉讼请求和事实、理由；(4) 属于人民法院受理民事诉讼的范围和受诉人民法院管辖。

人民法院接到当事人提交的民事起诉状时，对于符合条件的，应当登记立案；对当场不能判定是否符合起诉条件的，应当接收起诉材料，并出具注明收到日期的书面凭证。

需要补充必要相关材料的，人民法院应当及时告知当事人。在补齐相关材料后，应当在七日内决定是否立案。立案后发现不符合起诉条件的，裁定驳回起诉。

2. 审理前的准备

审理前的准备是指人民法院在决定立案受理后，在开庭审理前依法所做的各项准备工作。主要包括自立案之日起五日内将起诉状副本发送被告，在收到被告答辩状副本之日起五日内将副本发送原告；告知当事人诉讼权利义务以及在合议庭组成后三日内告知当事人合议庭组成人员；审核诉讼材料和调查收集必要证据以及追加当事人等。

3. 开庭审理

开庭审理是指人民法院在法庭上依法对案件进行审理的诉讼活动，包括开庭准备、法庭调查、法庭辩论和评议与宣判四个阶段。

（1）开庭准备。开庭准备是指法院在开庭审理三日前将审理日期和地点通知当事人和其他诉讼参与人；对公开审理的案件，法院应在开庭审理三日前公告案由、开庭的日期及地点，以便群众旁听和记者采访报道。

（2）法庭调查。法庭调查的任务是核实各种诉讼证据以查明案情、认定事实。具体调查顺序为：当事人陈述、证人作证、出示证据、宣读鉴定结论和勘验笔录等。

（3）法庭辩论。法庭辩论是指双方当事人及其诉讼代理人在法庭上就有争议的事实和法律问题进行辩驳和论证。辩论顺序为先原告后被告再第三人。辩论终结后，审判长还应询问原被告及第三人的最后意见。

（4）评议与宣判。法院辩论结束后，法庭休庭，合议庭进行评议。评议后根据案件情况当庭宣判或择日宣判。宣判时，法庭应当告知诉讼当事人的上诉权利、期限和法院。法院依照第一审普通程序审理民事案件一般应在六个月内审结。

（二）二审普通程序

第二审程序是当事人不服第一审人民法院作出的未发生法律效力的判决和裁定而依法提请上级人民法院对案件重新进行审理的程序。

1. 上诉期限

当事人不服地方人民法院第一审判决的，有权在判决书送达之日起十五日内向上一级人民法院提起上诉，不服地方人民法院第一审裁定的，有权在裁定书送达之日起十日日内向上一级人民法院提起上诉。

2. 审理方式

第二审人民法院对上诉请求的有关事实和适用法律进行审查。组成合议庭，开庭审理。经过阅卷和调查，询问当事人，在事实核对清楚后，合议庭认为不需要开庭审理的，也可以径行判决、裁定。

3. 审判结果

（1）原判决认定事实清楚，适用法律正确的，判决驳回上诉，维持原判决；（2）原判决适用法律错误的，依法改判；（3）原判决认定事实错误，或者原判决认定事实不清，证据不足，裁定撤销原判决，发回原审人民法院重审，或者查清事实后改判；（4）原判决违反法定程序，可能影响案件正确判决的，裁定撤销原判决，发回原审人民法院重审。

4. 判决效力

第二审人民法院的判决、裁定，是终审的判决、裁定。

（三）审判监督

审判监督程序是对已经发生法律效力的民事判决、裁定或调解书发现确有错误并依法对案件进行再次审理并作出判决的程序。

1. 启动方式

审判监督程序启动的方式有两种：一是当事人申请再审，二是检察机关抗诉。当事人在判决、裁定发生法律效力后六个月内，认为有错误的，可以向原审人民法院或者上一级人民法院申请再审，但不停止判决、裁定的执行。最高人民检察院对各级人民法院已经发生法律效力的判决、裁定，上级人民检察院对下级人民法院已经发生法律效力的判决、裁定，可以按照审判监督程序提出抗诉。

2. 审理方式

人民法院审理再审案件，应当另行组成合议庭。人民法院按照审判监督程序再审的案件，发生法律效力的判决、裁定是由第一审法院作出的，按照第一审程序审理，所作的判决、裁定当事人可以上诉；发生法律效力的判决、裁定是由第二审法院作出的，按照第二审程序审理，所作的判决、裁定，是发生法律效力的判决、裁定。

（四）简易程序

简易程序是指基层人民法院及其派出法庭审理事实清楚、权利义务关系明确、争议不大的简单民事案件时所适用程序。在简易程序中，原告可以口头起诉，法院可以用简便方式随时传唤当事人，由审判员一人独任审理，审理程序简化，必须在三个月内审结民事案件并不得延长审理期限。

（五）特别程序

特别程序是人民法院审理选民资格案件、宣告失踪或者宣告死亡案件、认定公民无民事行为能力或者限制民事行为能力案件、认定财产无主案件、确认调解协议案件和实现担保物权案件所适用的程序。特别程序审理实行一审终审；选民资格案件或者重大、疑难的案件，由审判员组成合议庭审理，其他案件由审判员一人独任审理；案件应当在立案之日起三十日内或者公告期满后三十日内审结。

（六）督促程序

督促程序是指人民法院接受债权人的申请，督促债务人履行义务的非诉讼程序。债权人请求债务人给付金钱、有价证券，在债权人与债务人没有其他债务纠纷而支付令又有能够送达债务人的情况下，可以向有管辖权的基层人民法院申请支付令。

（七）公示催告程序

公示催告程序是指人民法院根据票据丧失人的申请，以公示方式催促利害关系人在规定期间内申报权利，超过期限则依法宣告票据无效的非诉讼程序。根据民事诉讼法的规定，可以背书转让的票据持有人，因票据被盗、遗失或者灭失，可以向票据支付地的基层人民法院申请公示催告。

第二节　行政诉讼法律知识

一、概述

行政诉讼是人民法院应公民、法人或其他组织的请求，通过法定程序审查行政行为的合法性，从而解决特定范围内行政争议的活动。除了诉讼的一般原则以外，行政诉讼还具有几项特殊的原则：

（一）诉讼不停止执行原则

原告提起行政诉讼，不影响被告（行政主体）行政行为的先行执行力，即行政主体在人民法院作出裁判之前，可以照旧执行原行政行为。

（二）被告负举证责任原则

在行政诉讼中，被告行政主体对作出的行政行为负有举证责任。被告不提供或者无正当理由逾期提供的，应当认定该行政行为没有证据、依据。

（三）合法性审查原则

人民法院审理行政案件，主要针对行政行为是否合法进行审查，不审查行政机关的抽象行政行为（行政立法）和行政诉讼原告行为的合法性。

（四）不适用调解原则

行政诉讼中既不能把调解作为行政诉讼的必经阶段，也不能把调解作为结案的一种方式。但行政赔偿诉讼可以适用调解。

（五）司法有限变更原则

人民法院对被诉违法行政行为原则上只能确认其合法与否，宣告其无效或撤销，但不能直接代替行政主体作出一个行政行为，或对该行政行为的内容加以改变。但对“显失公正”的行政处罚行为，人民法院有权以判决形式加以变更。

（六）复议选择原则

我国的行政诉讼以“复议选择”为原则，以“复议前置”为例外。除法律、法规规定应当先向行政机关申请复议的案件外，公民、法人或者其他组织对于其他行政案件，可以选择先申请复议，对复议不服的，再向人民法院提起诉讼；也可以直接向人民法院提起诉讼。

二、受案范围

根据行政诉讼法第十二条规定：“人民法院受理公民、法人或者其他组织提起的下列诉讼：（一）对行政拘留、暂扣或者吊销许可证和执照、责令停产停业、没收违法所得、没收非法财物、罚款、警告等行政处罚不服的；（二）对限制人身自由或者对财产的查封、扣押、冻结等行政强制措施和行政强制执行不服的；（三）申请行政许可，行政机关拒绝或者在法定期限内不予答复，或者对行政机关作出的有关行政许可的其他决定不服的；（四）对行政机关作出的关于确认土地、矿藏、水流、森林、山岭、草原、荒地、滩涂、海域等自然资源的所有权或者使用权的决定不服的；（五）对征收、征用决定及其补偿决定不服的；（六）申请行政机关履行保护人身权、财产权等合法权益的法定职责，行政机关拒绝履行或者不予答复的；（七）认为行政机关侵犯其经营自主权或者农村土地承包经营权、农村土地经营权的；（八）认为行政机关滥用行政权力排除或者限制竞争的；（九）认为行政机关违法集资、摊派费用或者违法要求履行其他义务的；（十）认为行政机关没有依法支付抚恤金、最低生活保障待遇或者社会保险待遇的；（十一）认为行政机关不依法履行、未按照约定履行或者违法变更、解除政府特许经营协议、土地房屋征收补偿协议等协议的；（十二）认为行政机关侵犯其他人身权、财产权等合法权益的。除前款规定外，人民法院受理法律、法规规定可以提起诉讼的其他行政案件。”

以案释法 34

行政诉讼的对象必须是公务行为

【案情介绍】某县公安局干警王某在一次私人酒宴上与酒店老板李某发生争执，并将酒店内的一台进口彩电砸坏。李某多次向王某索赔无果，便要求王某所在单位县公安局予以赔偿，被公安局拒绝。李某遂以县公安局为被告，向县人民法院提起行政诉讼，请求法院判令县公安局赔偿自己的损失。法院审查后决定不予受理，并建议李某以王某为被告，另行提起民事诉讼。

【以案释法】本案中，王某虽然是公安局的工作人员，但他砸毁彩电的行为并不是以公安局的名义进行的，不属于行政行为，而是应由他本人负责的普通的民事行为，因而对于该行为提起的诉讼应为民事诉讼，而不是行政诉讼。

人民法院不受理公民、法人或者其他组织对下列事项提起的诉讼：第一，国防、外交等国家行为；第二，行政法规、规章或者行政机关制定、发布的具有普遍约束力的决定、命令；第三，行政机关对行政机关工作人员的奖惩、任免等决定；第四，法律规定由行政机关最终裁决的行政行为；第五，公安、国家安全等机关依照刑事诉讼法的明确授权实施的行为；第六，调解行为以及法律规定的仲裁行为；第七，不具有强制力的行政指导行为；第八，驳回当事人对行政行为提起申诉的重复处理行为；第九，对公民、法人或其他组织的权利义务不产生实际影响的行为。

三、管辖

（一）级别管辖

1. 基层人民法院的管辖

除法律规定由上级法院管辖的特殊情形之外，行政案件都应由基层人民法院的管辖。

2. 中级人民法院的管辖

中级人民法院管辖下列第一审行政案件：（1）对国务院部门或者县级以上地方人民政府所作的行政行为提起诉讼的案件；（2）海关处理的案件；（3）本辖区内重大、复杂的案件；（4）其他法律规定由中级人民法院管辖的案件。

3. 高级人民法院的管辖

高级人民法院管辖本辖区内重大、复杂的第一审行政案件。

4. 最高人民法院的管辖

最高人民法院管辖全国范围内重大、复杂的第一审行政案件。

（二）地域管辖

1. 一般地域管辖

（1）原告未经复议直接起诉的，由被告所在地法院管辖。

（2）行政案件由最初作出行政行为的行政机关所在地人民法院管辖。经复议的案件，也可以由复议机关所在地人民法院管辖。

2. 特殊地域管辖

（1）因不动产提起的行政诉讼，由不动产所在地人民法院管辖。

（2）对限制人身自由的行政强制措施不服提起的诉讼，由被告所在地或者原告所在地人民法院管辖。

（三）裁定管辖

裁定管辖是指在特殊情况下，由人民法院以移送、指定等行为确定的管辖，包括移送管辖、指定管辖和管辖权转移。

四、参加人

行政诉讼参加人是指在整个或部分诉讼过程中参加行政诉讼，对行政诉讼程序能够产生重大影响的人，包括原告、被告、第三人和诉讼代理人。

（一）原告

1. 概念

行政诉讼原告是指认为自己的合法权益受到行政机关或行政机关工作人员的行政行为的侵犯，依法以自己的名义向人民法院起诉，请求保护其合法权益，从而引起行政诉讼程序发生的公民、法人或其他组织。

2. 原告资格确认

作为在行政法律关系中处于行政相对人地位的原告，就涉及一个在行政诉讼活动中原告的确认问题。原告的确认包括九种情况：（1）受害人的原告资格；（2）相邻权人的原告资格；（3）公平竞争权人的原告资格；（4）投资人的原告资格；（5）合伙组织的原告确认；（6）股份制企业内部机构的诉权；（7）非国有企业被行政机关分立、终止、兼并、改变隶属关系时的原告确认；（8）企业法定代表人的独立诉权和代位诉权；（9）农村土地使用权人的原告资格。

3. 原告资格的转移

（1）有原告资格的公民死亡，原告资格转移给其近亲属（包括配偶、父母、子女、同胞兄弟姐妹、外祖父母、孙子女、外孙子女）；（2）有原告资格的法人或其他组织终止，原告资格转移给承受其权利的法人或其他组织。

（二）被告

1. 概念

行政诉讼被告是指由原告认为其行政行为违法，并由人民法院通知应诉的行政机关或法律、法规授权的组织。

2. 被告的确认

行政诉讼被告的确认为以下几种情形：（1）公民、法人或者其他组织直接向人民法院提起诉讼的，作出行政行为的行政机关是被告；（2）经复议的案件，复议机关决定维持原行政行为的，作出原行政行为的行政机关和复议机关是共同被告；复议机关改变原行政行为的，复议机关是被告；（3）复议机关在法定期限内未作出复议决定，公民、法人或者其他组织起诉原行政行为的，作出原行政行为的行政机关是被告；起诉复议机关不作为的，复议机关是被告；（4）两个以上行政机关作出同一行政行为的，共同作出行政行为的行政机关是共同被告；（5）行政机关委托的组织所作的行政行为，委托的行政机关是被告（6）行政机关被撤销或者职权变更的，继续行使其职权的行政机关是被告。

（三）第三人

1. 概念

行政诉讼的第三人是指同原被告诉讼争议的行政行为有利害关系，为了维护自己的合法权益而参加诉讼的公民、法人和其他组织。行政诉讼中第三人都有独立的诉讼地位。

2. 种类

第三人在总体上可以分为原告型第三人、被告型第三人和证人型第三人。具体来说主要有以下几种：（1）行政处罚案件中的受害人和加害人；（2）行政处罚案件中的共同被处罚人；（3）行政裁决案件中的当事人；（4）两个以上行政机关作出相互矛盾的行政行为，非被告的行政机关可以是第三人；（5）与行政机关共同署名作出处理决定的非行政组织；（6）应当追加被告而原告不同意追加的，法院应通知其作为第三人参加诉讼。

（四）诉讼代理人

诉讼代理人是指依照法律规定或受当事人的委托代为进行行政诉讼的人。

五、审理程序

（一）起诉和受理

1. 起诉

公民、法人或其他组织未经复议直接向法院提起诉讼的，应当在知道作出行政行为之日起六个月内提出；经复议的一般起诉期限是在收到决定书之日起十五日内提出；复议机关逾期不做决定的在复议期满之日十五日内提出；法律另有规定的除外。

2. 受理

人民法院在接到起诉状时对符合本法规定的起诉条件的，应当登记立案。对当场不能判定是否符合本法规定的起诉条件的，应当接收起诉状，出具注明收到日期的书面凭证，并在七日内决定是否立案。不符合起诉条件的，作出不予立案的裁定。裁定书应当载明不予立案的理由。原告对裁定不服的，可以提起上诉。起诉状内容欠缺或者有其他错误的，应当给予指导和释明，并一次性告知当事人需要补正的内容。不得未经指导和释明即以起诉不符合条件为由不接收起诉状。

（二）一审程序

人民法院对于已经受理的行政案件，经过诉讼前的准备之后，应当指定日期开庭审理。庭审程序包括开庭准备、开庭审理、法庭调查、法庭辩论、合议庭评议和宣读判决。

人民法院审理第一审行政案件，应当自立案之日起六个月内作出判决。有特殊情况需要延长的，由高级人民法院批准，高级人民法院审理第一审行政案件需要延长的，由最高人民法院批准。

法院经过审理之后，根据案件不同情况一般可以对行政机关的行政行为作出以下类型的判决，即判决维持、判决撤销、判决限期履行和判决变更等。

（三）二审程序

在行政诉讼活动中，当事人上诉是引起第二审程序发生的唯一原因。

第二审法院审理上诉行政案件，应当自收到上诉状之日起三个月内作出终审判决。有特殊情况需要延长的，由高级人民法院批准，高级人民法院审理上诉行政案件需要延长的，由最高人民法院批准。

第二审法院审理上诉行政案件，根据不同情况可以作出维持原判和依法改判两种判决以及撤销原判、发回重审的裁定。

（四）审判监督

当事人对已经发生法律效力的裁判、调解书认为确有错误的，可在裁判、调解书生效六个月向人民法院申请再审。

各级人民法院院长对本院已经发生法律效力的判决、裁定，发现确有错误，认为需要再审的，应当提交审判委员会讨论决定。最高人民法院对地方各级人民法院已经发生法律效力的判决、裁定，上级人民法院对下级人民法院已经发生法律效力的判决、裁定，符合法定情形的，或者发现调解违反自愿原则或者调解书内容违法的，有权提审或者指令下级人民法院再审。

最高人民检察院对各级人民法院已经发生法律效力的判决、裁定，上级人民检察院对下级人民法院已经发生法律效力的判决、裁定，符合法定情形的，应当提出抗诉。地方各级人民检察院对同级人民法院已经发生法律效力的判决、裁定，符合法定情形的，或者发现调解书损害国家利益、社会公共利益的，可以向同级人民法院提出检察建议，并报上级人民检察院备案；也可以提请上级人民检察院向同级人民法院提出抗诉。各级人民检察院对审判监督程序以外的其他审判程序中审判人员的违法行为，有权向同级人民法院提出检察建议。

（五）执行

1. 公民、法人或者其他组织拒绝履行判决、裁定的，行政机关可以向第一审人民法院申请强制执行，或者依法强制执行。

2. 行政机关拒绝履行判决、裁定的，第一审人民法院可以采取以下措施：

（1）对应当归还的罚款或者应当给付的赔偿金，通知银行从该行政机关的账户内划拨；（2）在规定期限内不履行的，从期满之日起，对该行政机关负责人按日处五十元至一百元的罚款；（3）将行政机关拒绝履行的情况予以公告；（4）向该行政机关的上一级行政机关或者监察、人事机关提出司法建议。接受司法建议的机关，根据有关规定进行处理，并将处理情况告知人民法院；（5）拒不履行判决、裁定、调解书，社会影响恶劣的，可以对该行政机关直接负责的主管人员和其他直接责任人员予以拘留；情节严重，构成犯罪的，依法追究刑事责任。

第三节　刑事诉讼法律知识

一、概述

刑事诉讼是指审判机关、检察机关和侦查机关在当事人以及诉讼参与人的参加下，依照法定程序解决被追诉者刑事责任问题的诉讼活动。除了诉讼的一般原则以外，刑事诉讼特有的原则包括：

（一）侦查权、检察权、审判权由专门机关依法行使

对刑事案件的侦查、拘留、执行逮捕、预审，由公安机关负责；检察、批准逮捕、检察机关直接受理案件的侦查、提起公诉，由人民检察院负责；审判由人民法院负责。除法律特别规定的以外，其他任何机关、团体和个人都无权行使这些权力。

（二）人民法院、人民检察院依法独立行使职权

人民法院依照法律规定独立行使审判权，人民检察院依照法律规定独立行使检察权。

（三）分工负责、互相配合、互相制约原则

人民法院、人民检察院和公安机关进行刑事诉讼，应当分工负责，互相配合，互相制约，以保证准确有效地执行法律。

（四）犯罪嫌疑人、被告人有权获得辩护

人民法院审判案件，被告人有权获得辩护，人民法院有义务保证被告人获得辩护。犯罪嫌疑人、被告人除自己行使辩护权外，还可以委托一至二人作为辩护人。被告人的辩护权，公诉案件自案件移送审查之日起行使。自诉案件的被告人可以随时委托辩护人。

（五）未经人民法院判决，对任何人都不得确定有罪

未经人民法院依法判决，对任何人都不得确定有罪。即确定被告人有罪的权力由人民法院统一行使。

（六）具有法定情形不予追究刑事责任

法定不予追究刑事责任的情形包括：情节显著轻微、危害不大，不认为是犯罪的；犯罪已过追诉时效期限的；经特赦令免除刑罚的；依照刑法告诉才处理的犯罪，

没有告诉或者撤回告诉的；犯罪嫌疑人、被告人死亡的；其他法律规定免予追究刑事责任的。

二、专门机关和诉讼参与人

（一）专门机关

刑事诉讼中的专门机关主要包括侦查机关、检察机关和审判机关。其中，享有侦查权的机关包括：公安机关、国家安全机关、检察机关、军队的保卫部门、监狱和海关总署缉私局。人民检察院是唯一享有检察权的机关。人民法院是唯一享有审判权的机关。

（二）诉讼参与人

诉讼参与人是指在刑事诉讼过程中享有一定诉讼权利，承担一定诉讼义务的除国家专门机关工作人员以外的人。诉讼参与人包括当事人和其他诉讼参与人。

1. 当事人

（1）被害人。被害人是特指在公诉案件中，直接遭受犯罪行为侵害的人。自诉案件的被害人称为自诉人。

（2）自诉人。自诉人是指以个人名义直接向人民法院提起诉讼的被害人。被害人死亡或者丧失行为能力的，被害人的法定代理人、近亲属有权直接向人民法院提起诉讼。

（3）犯罪嫌疑人。因涉嫌犯罪而被公安机关或人民检察院决定立案侦查，尚未被提起公诉的人。

（4）被告人。被告人是指被指控犯有某种罪行并被起诉到人民法院的当事人。包括自诉案件的被告人和公诉案件的被告人。犯罪嫌疑人自被提起公诉之日起称为被告人。

（5）附带民事诉讼的原告人和被告人。附带民事诉讼的原告人是指向司法机关提起附带民事诉讼，要求被告人对犯罪行为所造成的损失做出物质赔偿的人。附带民事诉讼的被告人是指对其犯罪行为所造成的损失承担物质赔偿责任的人。

2. 其他诉讼参与人

其他诉讼参与人包括法定代理人、辩护人、证人、鉴定人、翻译人员以及诉讼代理人。

三、管辖

（一）立案管辖

立案管辖是人民法院、人民检察院和公安机关在直接受理刑事案件上的分工。

1. 公安机关受理的案件

刑事案件的侦查由公安机关进行，法律另有规定的除外。

2. 人民检察院受理的案件

贪污贿赂犯罪，国家工作人员的渎职犯罪，国家机关工作人员利用职权实施的非法拘禁、刑讯逼供、报复陷害、非法搜查的侵犯公民人身权利的犯罪以及侵犯公民民主权利的犯罪，由人民检察院立案侦查。对于国家机关工作人员利用职权实施的其他重大的犯罪案件，需要由人民检察院直接受理的时候，经省级以上人民检察院决定，可以由人民检察院立案侦查。

3. 人民法院受理的案件

自诉案件，由人民法院直接受理，包括：(1) 告诉才处理的案件；(2) 人民检察院没有提起公诉，被害人有证据证明的轻微刑事案件；(3) 被害人有证据证明对被告人侵犯自己人身、财产权利的行为应当依法追究刑事责任，而公安机关或者人民检察院已经作出不予追究的书面决定的案件。

4. 其他机关管辖的案件

国家安全机关管辖危害国家安全案件；军队保卫部门管辖军队内部发生的刑事案件；监狱管辖罪犯在监狱内犯罪的案件。

（二）审判管辖

审判管辖是指各级人民法院之间、同级人民法院之间以及普通人民法院与专门人民法院之间在审判第一审刑事案件上的分工。审判管辖分为普通管辖和专门管辖；普通管辖又分为级别管辖、地域管辖和指定管辖。

1. 级别管辖

基层人民法院管辖第一审普通刑事案件。中级人民法院管辖危害国家安全、恐怖活动案件，可能判处无期徒刑、死刑的普通刑事案件，以及外国人犯罪的刑事案件。高级人民法院管辖的第一审刑事案件，是全省（自治区、直辖市）性的重大刑事案件。最高人民法院管辖的第一审刑事案件，是全国性的特大刑事案件。

2. 地域管辖

地区管辖按以下原则确定：(1) 以犯罪地人民法院管辖为主、被告人居住地人民法院管辖为辅原则；(2) 以最初受理的人民法院审判为主，主要犯罪地人民法院审判为辅原则。

3. 指定管辖

指定管辖是指由上级人民法院以指定的方式确定具体案件的管辖权。需要指定管辖的案件有以下两种情况：(1) 管辖不明；(2) 管辖不能。

4. 专门管辖

在我国，具有刑事管辖权的专门法院有军事法院和铁路运输法院。

军事法院管辖的案件有：军人违反职责罪案件及现役军人、在军队编制内服务的无军职人员、普通公民危害与破坏国防军事的犯罪案件。

铁路运输法院管辖的案件主要是由铁路系统公安机关负责侦破的危害、破坏铁路运输和生产的案件；破坏铁路交通设施的案件；火车上发生的犯罪案件以及违反铁路运输法规造成重大事故或严重后果的案件。

四、回避与辩护制度

（一）回避制度

刑事回避是指与案件有法定利害关系或者其他可能影响案件公正处理关系的人员及机构，不得参与该刑事案件的处理的一种刑事诉讼制度。

1. 适用对象

回避制度适用于审判人员、检察人员、侦查人员、书记员、翻译人员和鉴定人。

2. 回避事由

（1）审判人员、检察人员、侦查人员自行回避：①是本案的当事人或者是当事人的近亲属的；②本人或者他的近亲属和本案有利害关系的；③担任过本案的证人、鉴定人、辩护人、诉讼代理人、翻译人员的；④与本案当事人有其他利害关系，可能影响公正审判的。

（2）审判人员、检察人员、侦查人员接受当事人及其委托的人的请客送礼，违反规定会见当事人及其委托的人，另一方当事人及其法定代理人有权要求他们回避。

（二）辩护制度

刑事辩护是刑事诉讼制度的一项重要内容，是指作为犯罪嫌疑人、被告人在未经法律规定的程序判决有罪之前，被推定为无罪，因而享有辩护权及其他诉讼权利，可以委托律师或其他辩护人参与刑事诉讼程序，通过充分行使辩护权，与追诉机关进行平等对抗，以维护其合法权益。

1. 自行辩护

犯罪嫌疑人、被告人除自己行使辩护权以外，还可以委托一至二人作为辩护人。公诉案件犯罪嫌疑人自被侦查机关第一次讯问或者采取强制措施之日起，有权委托辩护人；在侦查期间，只能委托律师作为辩护人。自诉案件的被告人有权随时委托辩护人。

2. 指定辩护

法院指定辩护人的情形：（1）犯罪嫌疑人、被告人因经济困难或者其他原因没有委托辩护人的，本人及其近亲属可以向法律援助机构提出申请；（2）犯罪嫌疑人、被告人是盲、聋、哑人，或者是尚未完全丧失辨认或者控制自己行为能力的精神病人，没有委托辩护人的，人民法院、人民检察院和公安机关应当通知法律援助机构指派律师为其提供辩护；（3）犯罪嫌疑人、被告人可能被判处无期徒刑、死刑，没有委托辩护人的，人民法院、人民检察院和公安机关应当通知法律援助机构指派律师为其提供辩护。

五、强制措施

刑事诉讼中的强制措施是指公检法机关为保证刑事诉讼的顺利进行，依法对犯罪嫌疑人、被告人的人身自由进行暂时限制或剥夺的强制性方法。我国刑事诉讼法规定了以下五种强制措施：

（一）拘传

拘传是指司法机关对未被拘留逮捕的犯罪嫌疑人、被告人依法强制其到指定地点接受讯问的强制措施。

（二）取保候审

刑事诉讼中的取保候审是指司法机关责令未被逮捕的犯罪嫌疑人、被告人提出保证人或者交纳保证金，保证不逃避或妨害侦查、起诉、审判并随传随到的一种强制措施。

（三）监视居住

监视居住是指司法机关责令未被逮捕的犯罪嫌疑人、被告人未经批准不得离开住处，无固定住处的，未经批准不得离开指定的住处，依法对其行动加以监视和控制的一种强制措施。

（四）拘留

刑事诉讼中的拘留是指人民检察院、公安机关对直接受理的案件，在侦查过程中，遇到法定的紧急情况下，对现行犯或者重大嫌疑分子，采取暂时限制其人身自由的一种强制措施。

（五）逮捕

逮捕是指司法机关为防止犯罪嫌疑人、被告人实施妨碍刑事诉讼的行为，逃避侦查、起诉、审判或发生社会危害性，而依法暂时剥夺其人身自由的一种强制措施，是刑事诉讼强制措施中最严厉的一种。根据刑事诉讼法规定，对有证据证明有犯罪事实，可能判处有期徒刑以上刑罚的犯罪嫌疑人，采取取保候审、监视居住等方法，尚不足以防止发生社会危险性，而有逮捕必要的，应即依法逮捕。

六、证据制度

（一）种类

刑事诉讼证据有八种：物证；书证；证人证言；被害人陈述；犯罪嫌疑人、被告人供述和辩解；鉴定意见；勘验、检查、辨认、侦查实验等笔录；视听资料和电子数据。

（二）证据收集

证据收集是指公安、司法机关和律师为了证明特定的案件事实，按照法律规定和程序，收集证据和证据材料的法律活动。根据刑事诉讼法规定，审判人员、检察人员和公安人员必须依照法定程序，收集能够证明犯罪嫌疑人、被告人有罪或无罪以及犯罪情节轻重的各种证据，严禁刑讯逼供和以威胁、引诱、欺骗或其他非法方法收集证据。公检法机关有权向有关单位和个人收集调取证据，有关单位和个人应当如实提供证据。

（三）证据的审查

刑事证据的审查，是指司法人员对于已经收集到的各种证据材料，进行分析研究，审查判断，以确定各个证据有无证明力和证明力大小，并对整个案件事实做出合乎实际的结论。对一切案件的判处都要重证据，重调查研究，不轻信口供。只有被告人供述而没有其他证据的，不能认定被告人有罪和处以刑罚。没有被告人供述而其他证据确实充分的，可以认定被告人有罪并处以刑罚。

七、附带民事诉讼

附带民事诉讼，是指司法机关在刑事诉讼过程中，在解决被告人刑事责任的同时，解决因被告人的犯罪行为所造成的物质损失的赔偿而进行的诉讼活动。

人民法院受理刑事案件后，可以告知因犯罪行为遭受损失的被害人、已死亡被害人的近亲属、无行为能力或者限制行为能力被害人的法定代理人，有权提起附带民事诉讼。如果是国家的财产、集体财产受到损失，受损失的单位未提起附带民事诉讼，人民检察院可以在提起公诉时提起附带民事诉讼。

附带民事诉讼应当在刑事案件立案以后第一次判决宣告以前提起。

八、刑事诉讼阶段

（一）立案

立案是指司法机关按照管辖范围，对刑事案件接受、审查和作出受理决定的诉讼活动。任何单位和个人发现有犯罪事实或者犯罪嫌疑人，有权也有义务向公安机关、人民检察院或人民法院报案或举报。被害人对于侵害其人身权或财产权的犯罪事实或犯罪嫌疑人，有权向公安机关、人民检察院或人民法院报案或控告。

（二）侦查

侦查是公安机关和人民检察院为查明案情、收集证据和查获犯罪嫌疑人而依法进行调查工作和采取有关强制措施的诉讼活动。侦查人员在侦查过程中可以采用下列侦查手段：讯问犯罪嫌疑人；询问证人；勘验、检查；搜查；查封、扣押物证、书证；鉴定；通缉。

公安机关和人民检察院通过侦查，弄清事实真相，证据确实充分后就终结侦查。人民检察院对公安机关移送的案件和自己受理侦查终结的案件，应当根

据案件的不同情况，分别作出提起公诉、不起诉或者撤销案件的决定。

（三）起诉

起诉是指请求人民法院对被告人进行审判的诉讼活动。人民检察院代表国家进行的起诉，称为公诉。被害人本人或者他的法定代理人、近亲属进行的起诉，称为自诉。

（四）审判

刑事诉讼中的审判，就是人民法院对人民检察院提起公诉或者自诉人提起自诉的案件，依照法定程序，审查案件事实，并根据已经查明的事实、证据和有关的法律规定，作出被告人是否有罪、应否给予刑事处罚的裁判活动。

1. 一审程序

公诉案件的开庭审判包括开庭准备，法庭调查，法庭辩论，被告人最后陈述，法庭评议、审判五个阶段。人民法院审理公诉案件，一般情况下，应当在受理后两个月以内宣判，至迟不得超过三个月。

简易程序是指基层人民法院审理某些事实清楚、情节简单、犯罪轻微的刑事案件所适用的，相对简化的审判程序。基层人民法院管辖的案件，符合下列条件的，可以适用简易程序审判：（1）案件事实清楚、证据充分的；（2）被告人承认自己所犯罪行，对指控的犯罪事实没有异议的；（3）被告人对适用简易程序没有异议的。人民检察院在提起公诉的时候，可以建议人民法院适用简易程序。适用简易程序审理案件，人民法院一般应当在受理后二十日以内审结，对可能判处的有期徒刑超过三年的，可以延长至一个半月。

2. 二审程序

刑事诉讼被告人、自诉人和他们的法定代理人，不服地方各级人民法院的第一审判决、裁定，有权用书面或口头形式，向上一级人民法院提起上诉。被告人的辩护人和近亲属，经被告人同意，可以提出上诉。附带民事诉讼的当事人及其法定代理人，可以对地方各级人民法院第一审的判决、裁定中的附带民事诉讼部分，提出上诉。地方各级人民检察院认为本级人民法院第一审的判决、裁定确有错误的时候，应向上一级人民法院提出抗诉。

不服判决的上诉和抗诉期限为十日，不服裁定的上诉和抗诉期限为五日，从接到判决书、裁定书的第二日起算。第二审人民法院受理上诉、抗诉案件，应当在二个月以内审结。对于可能判处死刑的案件或者附带民事诉讼的案件，以及刑事诉讼法第一百五十六条规定情形之一的，经省、自治区、直辖市高级人民法院批准或者决定，可以延长二个月；因特殊情况还需要延长的，报请最高人民法院批准。

3. 死刑复核程序

死刑复核程序是对死刑判决进行审查核准的一种特殊程序。死刑由最高人民法院核准。

中级人民法院判处死刑的第一审案件，被告人不上诉的，由高级人民法院复核后，报请最高人民法院核准。高级人民法院不同意判处死刑的，可以提审或发回重审。高级人民法院判处死刑的第一审案件，被告人不上诉的和判处死刑的第二审案件，都应报请最高人民法院核准。

扩展阅读

最高院收回死刑复核权

刑法第四十八条第二款规定："死刑除依法由最高人民法院判决的以外，都应当报请最高人民法院核准。死刑缓期执行的，可以由高级人民法院判决或者核准。"在以往的人民法院组织法的规定及司法实践中，死刑缓期执行由高级人民法院核准。2006年12月13日，最高人民法院审判委员会第1409次会议通过《最高人民法院关于统一行使死刑案件核准权有关问题的决定》，于2007年1月1日开始施行，将下放的死刑复核权收回。并在原来刑一庭，刑二庭的基础上增加三个死刑复核庭，负责全国死刑案件的复核工作。据最高人民法院法官透露，复核权收回后，约有四成死刑案件得不到核准。

在现阶段不可能废除死刑的情况下，把死刑复核权收归最高人民法院行使，有利于在全国范围统一死刑适用标准，有利于对判决死刑的人的权利进行救济，有利于最大限度地贯彻少杀慎杀的死刑政策。这既是尊重和保障人权的客观要求，也从制度上保证了死刑判决的慎重和公正，具有重大的意义。

4. 审判监督

当事人及其法定代理人、近亲属，对已经发生法律效力的判决、裁定，可以向人民法院或者人民检察院提出申诉，但不能停止判决、裁定的执行。最高人民检察院对各级人民法院已经发生法律效力的判决和裁定，如果发现确有错误，有权按照审判监督程序提出抗诉。

人民法院按照审判监督程序重新审判的案件，应当另行组成合议庭进行。如果原来是第一审案件，应当依照第一审程序进行审判，所作的判决、裁定，可以上诉、抗诉；如果原来是第二审案件，或者是上级人民法院提审的案件，应当依照第二审程序进行审判，所作的判决、裁定，是终审的判决、裁定。

（五）执行

人民法院执行死刑，同级人民检察院派员临场监督。执行死刑应当公布，不应示众。

对于被判处死刑缓期二年执行、无期徒刑、有期徒刑或者拘役的罪犯，应当由交付执行的人民法院将执行通知书、判决书送达监督或者其他劳动改造场所执行。

对于被判处徒刑缓刑的罪犯，由公安机关交所在单位或者基层组织予以考察。

对于被判处管制、剥夺政治权利的罪犯，由公安机关执行。

判处罚金、没收财产，由人民法院执行；在必要的时候，可以会同公安机关执行。

第四节　仲裁法律知识

一、概念

仲裁是当事人根据他们之间订立的仲裁协议，自愿将其争议提交由非官方身份的仲裁员组成的仲裁庭进行裁判，并受该裁判约束的一种制度。

平等主体的公民、法人和其他组织之间发生的合同纠纷和其他财产权益纠纷，可以仲裁。

二、基本制度

（一）协议仲裁制度

当事人采用仲裁方式解决纠纷，应当双方自愿，达成仲裁协议。没有仲裁协议，一方申请仲裁的，仲裁委员会不予受理。

（二）或裁或审制度

或裁或审是尊重当事人选择解决争议途径的制度。当事人达成书面仲裁协议的，应当向仲裁机构申请仲裁，不能向法院起诉。人民法院也不受理有仲裁协议的起诉。

（三）一裁终局制度

仲裁裁决作出后，即产生法律效力，即使当事人对裁决不服，也不能就同一案件再次申请仲裁或向法院提出起诉。

三、仲裁委员会

（一）设立

仲裁委员会是常设性仲裁机构，可以在直辖市和省、自治区人民政府所在地的市设立，也可以根据需要在其他设区的市设立，不按行政区划层层设立。

仲裁委员会由市人民政府组织有关部门和商会统一组建。设立仲裁委员会，应当经省、自治区、直辖市的司法行政部门登记。

仲裁委员会应当具备下列条件：有自己的名称、住所和章程；有必要的财产；有该委员会的组成人员；有聘任的仲裁员。

（二）组成

仲裁委员会由主任一人、副主任二至四人和委员七至十一人组成。仲裁委员会的主任、副主任和委员由法律、经济贸易专家和有实际工作经验的人员担任。仲裁委员会的组成人员中，法律、经济贸易专家不得少于三分之二。

四、仲裁协议

（一）概念

仲裁协议，是指双方当事人在自愿、协商、平等互利的基础之上将他们之间已经发生或者可能发生的争议提交仲裁解决的书面文件。

（二）形式

仲裁协议包括合同中订立的仲裁条款和以其他书面方式在纠纷发生前或者纠纷发生后达成的请求仲裁的协议。

（三）内容

仲裁协议应当具有下列内容：请求仲裁的意思表示；仲裁事项；选定的仲裁委员会。

仲裁协议对仲裁事项或者仲裁委员会没有约定或者约定不明确的，当事人可以达成补充协议；达不成补充协议的，仲裁协议无效。

以案释法㉟

约定不明，仲裁条款无效

【案情介绍】甲公司与乙公司于2005年5月签订了加工承揽合同，约定就本合同如有争议，双方协商不成，任何一方可以向地处北京市的仲裁委员会申请仲裁。2006年5月，乙公司一直未按约定付款，甲公司将其起诉至法院，请求判令乙公司偿还所欠工程款。乙公司提出，双方合同中订有仲裁条款，本案不应由法院管辖，应当由合同中约定的仲裁机构进行仲裁。法院审查后认定，两公司所订的仲裁条款无效，于是开庭审理了此案。

【以案释法】由于北京市不止一家仲裁委员会，因此两公司约定的“向地处北京市的仲裁委员会申请仲裁”属于约定不明确的仲裁条款，事后双方又未达成补充协议，因此该仲裁条款无效，法院具有管辖权。

五、仲裁程序

（一）申请和受理

1. 申请

仲裁的申请是指当事人向仲裁委员会提出仲裁要求的行为。

申请仲裁应当符合下列条件：（1）有仲裁协议；（2）有具体的仲裁请求和事实、理由；（3）属于仲裁委员会的受理范围。

当事人申请仲裁，应当向仲裁委员会递交仲裁协议、仲裁申请书及副本。

2. 受理

受理是指仲裁委员会依法接受当事人申请的程序。

仲裁委员会收到仲裁申请书之日起5日内，认为符合受理条件的，应当受理，并通知当事人；认为不符合受理条件的，应当书面通知当事人不予受理，并说明理由。

（二）组织仲裁庭

仲裁委员会受理仲裁申请后，应当在仲裁规则规定的期限内将仲裁规则和仲裁员名册送达申请人和被申请人。申请人和被申请人各自在仲裁委员会仲裁员名册中指一名仲裁员，并由仲裁委员会主席指定一名仲裁员为首仲裁员，共同组成仲裁庭审理案件；双方当事人亦可在仲裁委员名册共同指定或委托仲裁委员会主席指定一名仲裁员为独任仲裁员，成立仲裁庭，单独审理案件。

（三）审理案件

仲裁庭审理案件的形式有两种：一是不开庭审理，这种审理一般是经当事人申请，或由仲裁庭征得双方当事人同意，只依据仲裁申请书、答辩书以及其他材料进行审理并做出裁决；二是开庭审理，这种审理按照仲裁规则的规定，采取不公开审理，如果双方当事人要求公开进行审理时，由仲裁庭做出决定。

（四）作出裁决

仲裁庭在作出裁决前，可以先行调解。当事人自愿调解的，仲裁庭应当调解。调解不成的，应当及时作出裁决。

裁决应当按照多数仲裁员的意见作出，少数仲裁员的不同意见可以记入笔录。仲裁庭不能形成多数意见时，裁决应当按照首席仲裁员的意见作出。

（五）执行

当事人对于仲裁裁决书，应依照其中所规定的时间自动履行，裁决书未规定期限的，应立即履行。一方当事人不履行的，另一方当事可以根据民事诉讼法规定，向法院申请执行。

思考题

1. 民事诉讼的程序是怎样的？
2. 行政诉讼的受案范围有哪些？
3. 刑事诉讼的立案管辖是怎样的？

第十一章　信访、人民调解与法律援助知识

本章要点

★信访是国家设定的下情上达的渠道，原则上老百姓的所有意见和建议都可以通过信访途径向国家提出。

★人民调解是人民调解委员会通过说服、疏导等方法，促使当事人在平等协商的基础上自愿达成调解协议，解决民间纠纷的活动。人民调解是群众自我管理、自我教育、自我服务的自治行为，属于诉讼外调解。

★法律援助是国家在司法制度运行的各个环节和各个层次上，对因经济困难及其他因素而难以通过正常的法律救济手段保障自身权利的社会弱者，减免收费提供法律帮助的一项法律保障制度，对实现社会正义和司法公正具有重要意义。

第一节　依法信访

一、信访的含义

信访，是指公民、法人或者其他组织采用书信、电子邮件、传真、电话、走访等形式，向各级人民政府、县级以上人民政府工作部门反映情况，提出建议、意见或者投诉请求，依法由有关行政机关处理的活动。信访是具有中国特色的一种解决问题的办法。为了保持各级人民政府同人民群众的密切联系，保护信访人的合法权益，维护信访秩序，《信访条例》于2005年1月5日国务院第76次常务会议通过，自2005年5月1日起施行。

二、我国信访工作的现状

由于国有企业改制、城市化和工业化的推进、农村土地流转加速、大量民工流

入城市、大中专毕业生和城市青年就业机制改革、城市和农村社会阶层的分化，使当前的信访问题出现新情况、新变化，概括起来主要有以下几方面：第一，信访总量居高不下，仍呈上升趋势；第二，群体信访十分突出，规模扩大；第三，无序上访问题突出，处理难度较大；第四，信访老户缠访问题，牵涉大量人力物力；第五，群众择机信访，造成工作反复；第六，涉法信访问题，分流较难。

三、信访事项的提出

（一）一般事项的提出

信访人有权对下列组织、人员的职务行为反映情况，提出建议、意见，或者不服下列组织、人员的职务行为，可以向有关行政机关提出信访事项：行政机关及其工作人员；法律、法规授权的具有管理公共事务职能的组织及其工作人员；提供公共服务的企业、事业单位及其工作人员；社会团体或者其他企业、事业单位中由国家行政机关任命、派出的人员；村民委员会、居民委员会及其成员。

但是，对依法应当通过诉讼、仲裁、行政复议等法定途径解决的投诉请求，信访人应当依照有关法律、行政法规规定的程序向有关机关提出。

（二）特殊事项的提出

信访人对各级人大以及县级以上各级人大常委会、人民法院、人民检察院职权范围内的信访事项，应当分别向有关的人大及其常委会、人民法院、人民检察院提出，并遵守《信访条例》关于信访事项提出形式、信访事项客观真实的要求和不违法《信访条例》禁止性的规定。

四、信访提出方式

（一）书面形式

信访人提出信访事项，一般应当采用书信、电子邮件、传真等书面形式；信访人提出投诉请求的，还应当载明信访人的姓名（名称）、住址和请求、事实、理由。

有关机关对采用口头形式提出的投诉请求，应当记录信访人的姓名（名称）、住址和请求、事实、理由。

（二）走访形式

根据《信访条例》的相关规定，信访人采用走访形式提出信访事项，应当向依法有权处理的本级或者上一级机关提出；信访事项已经受理或者正在办理的，信访人在规定期限内向受理、办理机关的上级机关再提出同一信访事项的，该上级机关不予受理。

信访人采用走访形式提出信访事项的，应当到有关机关设立或者指定的接待场所提出。

多人采用走访形式提出共同的信访事项的，应当推选代表，代表人数不得超过5人。

此外，信访无论是以何种形式提出，信访人提出的信访事项，应当客观真实，对其所提供材料内容的真实性负责，不得捏造、歪曲事实，不得诬告、陷害他人。

五、受理程序

（一）登记和受理

信访人按照《信访条例》规定直接向各级人民政府信访工作机构以外的行政机关提出的信访事项，有关行政机关应当予以登记；对符合信访事项的规定并属于本机关法定职权范围的信访事项，应当受理，不得推诿、敷衍、拖延；对不属于本机关职权范围的信访事项，应当告知信访人向有权的机关提出。

（二）书面答复

有关行政机关收到信访事项后，能够当场答复是否受理的，应当当场书面答复；不能当场答复的，应当自收到信访事项之日起十五日内书面告知信访人。但是，信访人的姓名（名称）、住址不清的除外。

（三）办理

信访事项应当自受理之日起六十日内办结；情况复杂的，经本行政机关负责人批准，可以适当延长办理期限，但延长期限不得超过三十日，并告知信访人延期理由。法律、行政法规另有规定的，从其规定。

（四）复查、复核

1. 复查

信访人对行政机关作出的信访事项处理意见不服的，可以自收到书面答复之日起30日内请求原办理行政机关的上一级行政机关复查。收到复查请求的行政机关应当自收到复查请求之日起三十日内提出复查意见，并予以书面答复。

2. 复核

信访人对复查意见不服的，可以自收到书面答复之日起三十日内向复查机关的上一级行政机关请求复核。收到复核请求的行政机关应当自收到复核请求之日起三十日内提出复核意见。

复核机关可以按照《信访条例》的规定举行听证，经过听证的复核意见可以依法向社会公示。听证所需时间不计算在前款规定的期限内。

3. 一事不再理

信访人对复核意见不服，仍然以同一事实和理由提出投诉请求的，各级人民政府信访工作机构和其他行政机关不再受理。

（五）保密义务

行政机关及其工作人员不得将信访人的检举、揭发材料及有关情况透露或者转给被检举、揭发的人员或者单位。

六、信访事项督办

（一）信访督办情形

县级以上人民政府信访工作机构发现有关行政机关有下列情形之一的，应当及时督办，并提出改进建议：无正当理由未按规定的办理期限办结信访事项的；未按规定反馈信访事项办理结果的；未按规定程序办理信访事项的；办理信访事项推诿、敷衍、拖延的；不执行信访处理意见的；其他需要督办的情形。

（二）信访人意见

1. 一般性处理

信访人反映的情况，提出的建议、意见，有利于行政机关改进工作、促进国民经济和社会发展的，有关行政机关应当认真研究论证并积极采纳。收到改进建议的行政机关应当在三十日内书面反馈情况；未采纳改进建议的，应当说明理由。

2. 特殊处理

县级以上人民政府信访工作机构对于信访人反映的有关政策性问题，应当及时向本级人民政府报告，并提出完善政策、解决问题的建议。

县级以上人民政府信访工作机构对在信访工作中推诿、敷衍、拖延、弄虚作假造成严重后果的行政机关工作人员，可以向有关行政机关提出给予行政处分的建议。

七、信访禁止规定

信访人在信访过程中应当遵守法律、法规，不得损害国家、社会、集体的利益和其他公民的合法权利，自觉维护社会公共秩序和信访秩序，不得有下列行为：

第一，在国家机关办公场所周围、公共场所非法聚集，围堵、冲击国家机关，拦截公务车辆，或者堵塞、阻断交通的。

第二，携带危险物品、管制器具的。

第三，侮辱、殴打、威胁国家机关工作人员，或者非法限制他人人身自由的。

第四，在信访接待场所滞留、滋事，或者将生活不能自理的人弃留在信访接待场所的。

第五，煽动、串联、胁迫、以财物诱使、幕后操纵他人信访或者以信访为名借机敛财的。

第六，扰乱公共秩序、妨害国家和公共安全的其他行为。

第二节　人民调解

一、人民调解的概述

（一）人民调解的含义

人民调解是指人民调解委员会通过说服、疏导等方法，促使当事人在平等协商的基础上自愿达成调解协议，解决民间纠纷的活动。

人民调解工作是在人民调解委员会主持下的一种群众性活动。人民调解委员会和人民调解员是参与主体，其调解对象是矛盾双方当事人之间的纠纷，其调整范围是民间纠纷，其目的是通过调解使当事人双方达成合理合法的调解协议，解决纠纷，维护社会稳定。《人民调解工作若干规定》对此作了具体规定：人民调解委员会调解的民间纠纷，包括发生在公民与公民之间、公民与法人和其他社会组织之间涉及民事权利、义务争议的各种纠纷。

（二）人民调解的特点

人民调解是群众自我管理、自我教育、自我服务的自治行为，属于诉讼外调解。人民调解具有广泛的群众性、充分的民主性、自愿性和规范性。人民调解制度是在党和国家的领导下，继承和发扬我国民间调解的传统，经过不断地实践和探索，逐步完善和发展起来的一项具有中国特色的社会主义法律制度，是我国人民独创的化解矛盾、消除纷争的非诉讼纠纷解决方式。它具有扎根基层、程序简单、成本低、效果好的特点，在解决纠纷时的作用独特而不可替代。

（三）人民调解的基本原则

人民调解的基本原则，是人民调解组织及人民调解员在调解纠纷工作中必须遵循的活动准则。它是人民调解工作长期实践积累的经验总结，体现了人民调解工作的性质、特点和根本要求。人民调解法第三条对人民调解的基本原则作出了概括性规定，明确指出人民调解委员会调解民间纠纷，应当遵循下列原则：第一，在当事人自愿、平等的基础上进行调解；第二，不违背法律、法规和国家政策；第三，尊重当事人的权利，不得因调解而阻止当事人依法通过仲裁、行政、司法等途径维护自己的权利。

二、人民调解委员会和调解员

（一）人民调解委员会

人民调解委员会是依法设立的调解民间纠纷的群众性组织，在基层人民政府和基层人民法院指导下工作。村民委员会、居民委员会设立人民调解委员会。人民调解委员会一般由委员三至九人组成，设主任一人，必要时可设副主任若干人。人民调解委员会中应当有妇女委员；多民族聚居地区的人民调解委员会中，应当有人数较少的民族的成员；年龄结构要注意老、中、青结合。

（二）人民调解员

1. 任职条件

人民调解员的任职条件有：（1）公道正派；（2）热心人民调解工作；（3）具有一定的文化水平、政策水平和法律知识；（4）成年公民。

2. 行为规范

人民调解员的行为规范有：（1）不得偏袒一方当事人；（2）不得侮辱当事人；（3）不得索取、收受财物或者牟取其他不正当利益；（4）不得泄漏当事人的个人隐私、商业秘密。

3. 职业道德

人民调解员的职业道德：（1）人民调解员要做遵纪守法、坚持原则的带头人；（2）从事人民调解工作，必须爱岗敬业，热情服务；（3）人民调解员还要做到诚实守信，举止文明；（4）严于律己，做遵纪守法的表率；（5）注重学习，不断提高法律、道德素养和调解技能。

三、人民调解工作流程

（一）纠纷受理

1. 受理范围

人民调解委员会调解的民间纠纷，包括发生在公民与公民之间、公民与法人和其他社会组织之间涉及民事权利义务争议的各种纠纷。具体包括：（1）人身权纠纷；（2）婚姻家庭纠纷；（3）财产权益纠纷；（4）生产经营性纠纷；（5）损害赔偿纠纷；（6）其他违反社会公德的行为引起的纠纷。

2. 受理条件

受理条件：（1）申请调解的纠纷属于人民调解的范围；（2）有明确的调解申请人和被申请人；（3）有明确的请求事项和事实根据；（4）申请调解的纠纷符合人民调解委员会受理范围。

3. 管辖

民间纠纷，由纠纷当事人所在地（所在单位）或者纠纷发生地的人民调解委员会受理调解。

（二）调解程序

1. 启动方式

人民调解的启动方式分为以下两种：第一，当事人申请调解纠纷；第二，人民调解委员会主动调解。当事人一方明确拒绝调解的，不得调解。

2. 人民调解员的确定

一是由人民调解委员会指定一名或者数名人民调解员进行调解；二是由当事人选择一名或者数名人民调解员进行调解。在确定调解人员时，要遵守有关回避的规定以维护人民调解的公正性。

3. 告知当事人权利义务

（1）当事人享有下列权利：①选择或者接受人民调解员；②接受调解、拒绝调解或者要求终止调解；③要求调解公开进行或者不公开进行；④自主表达意愿、自愿达成调解协议。

（2）当事人履行下列义务：①如实陈述纠纷事实；②遵守调解现场秩序，尊重人民调解员；③尊重对方当事人行使权利。

4. 调解期限

调解纠纷一般在一个月内调结。一次调解不成的，可分次进行，但不能久拖不调。

（三）调解协议

1. 调解协议的内容和生效

（1）调解协议书可以载明下列事项：①当事人的基本情况；②纠纷的主要事实、争议事项以及各方当事人的责任；③当事人达成调解协议的内容，履行的方式、期限。

（2）调解协议书自各方当事人签名、盖章或者按指印，人民调解员签名并加盖人民调解委员会印章之日起生效。调解协议书由当事人各执一份，人民调解委员会留存一份。口头调解协议自各方当事人达成协议之日起生效。

2. 调解协议书的效力

双方当事人认为有必要的，可以向人民法院申请司法确认；经人民法院确认合法有效的调解协议，一方当事人拒绝履行或未全部履行的，对方当事人可以向法院申请强制执行。

3. 调解协议的履行

人民调解协议具有民事合同的性质，当事人应当按照约定履行自己的义务，不得擅自变更或者解除调解协议的内容。当事人达成调解协议后反悔，拒不执行，或者履行了协议规定的部分义务而不履行剩余的部分义务，人民调解委员会可以采取以下措施：（1）对反悔有理，双方当事人又请求或者同意人民调解委员会重新调解的，可以重新调解，变更原协议内容，或者重新达成新的调解协议；（2）对反悔有理，但双方当事人不再接受人民调解委员会重新调解的，以及经人民调解委员会研究决定，认为反悔无理，再次说服教育，讲明无理反悔后果，动员自觉履行而无效的，告知双方当事人自愿选择其他解决矛盾纠纷的方式。

以案释法 36

人民调解解决纠纷效果好

【案情介绍】某社区87岁退休教师刘某因精神残疾，全靠儿子照顾，儿子中风生活不能自理后，则由儿媳妇李某照顾。两个女儿要求照顾母亲，认为弟媳妇没有也不可能照顾好母亲，没想到刘某已习惯跟儿子儿媳过，不同意女儿照顾。为此女儿同儿媳发生争吵，闹到了社区。社区调解员经过与双方沟通和分析后发现，刘某女儿之所以对这件事不依不饶，是担心母亲的退休金被儿媳拿走。同时，内心根本不认同社区调解的效力，抗拒社区工作人员的介入，使调解工作阻力重重。调解员向社区配备的律师求助，律师吴某接待双方后，向两个女儿明确了三点法律意见：第一，刘老师是限制民事行为能力人，监护人一直是儿子儿媳，随意变更并改变生活环境对老人会造成诸多不便，何况老人自己也表示愿意跟儿子儿媳生活；第二，根据民法通则的规定，监护人除为了被监护人的利益外，不得处理被监护人的财产，因此两个女儿完全没必要担心母亲的财产被儿媳独占；第三，民法通则规定："对担任监护人有争议的，由精神病人的所在单位或所在地的居民委员会在近亲属中指定"，同时人民调解法也赋予了调解协议等同于"民事合同"的效力，因此大可对社区的调解工作放心。律师的权威解释令两个女儿的态度发生了转变，社区调解员不失时机地对双方做了调解，最终达成共识，至此事情圆满解决。

【以案释法】这是一起监护权纠纷案例。此案例调解初期并不顺利，最终之所以成功调解，主要得益于以下两点：（1）人民调解有时会遇到一些人的不理解甚至质疑，此时，调解员首先就要用真心、耐心和恒心换取当事人的信任，只有这样，才能换取下一步协调的可能。（2）在换取当事人的信任后，人民调解员还巧妙借用了当地政府为社区免费配备的律师，利用他的职业优势和权威，从第三方的角度提出了中肯的法律意见，这样做既肯定了人民调解的地位，又扫除了调解所遇到的障碍，使问题迎刃而解。

第三节　法律援助

一、法律援助的概念

法律援助制度，也称法律救助，是为世界上许多国家所普遍采用的一种司法救济制度，其具体含义是：国家在司法制度运行的各个环节和各个层次上，对因经济困难及其他因素而难以通过通常意义上的法律救济手段保障自身基本社会权利的社会弱者，减免收费提供法律帮助的一项法律保障制度。它作为实现社会正义和司法公正，保障公民基本权利的国家行为，在一国的司法体系中占有十分重要的地位。

二、法律援助的对象和条件

我国法律援助的对象是我国公民和符合一定条件的外国公民，即经济困难和特殊案件的当事人。法律援助的条件可分为一般条件和特殊条件。

（一）一般条件

一般条件是对中国公民普遍适用的条件，它是指确因经济困难、无能力或无完全能力支付法律服务费用，并有充分理由证明为保障自己合法权益需要帮助的我国公民，可以申请法律援助。

（二）特殊条件

特殊条件主要指刑事案件被控一方获得法律援助应具备的特殊情况，主要有以下几种：

1. 犯罪嫌疑人、被告人是盲、聋、哑人，或者是尚未完全丧失辨认或者控制自己行为能力的精神病人，没有委托辩护人的，人民法院、人民检察院和公安机关应当通知法律援助机构指派律师为其提供辩护。

2. 犯罪嫌疑人、被告人可能被判处无期徒刑、死刑，没有委托辩护人的，人民法院、人民检察院和公安机关应当通知法律援助机构指派律师为其提供辩护。

三、法律援助的范围

涉及下列法律事项，符合上述条件的当事人可以申请法律援助：依法请求国家赔偿的；请求给予社会保险待遇或者最低生活保障待遇的；请求发给抚恤金、救济金的；请求给付赡养费、抚养费、扶养费的；请求支付劳动报酬的；主张因见义勇为行为产生的民事权益的。

四、法律援助的申请

属于人民法院指定辩护的刑事法律援助案件，由该人民法院所在地的法律援助机构统一受理并组织实施，即由法院通知法律援助机构，由法律援助机构负责指定律师担任刑事被告人的辩护人。非指定辩护的刑事诉讼案件和其他诉讼案件的法律援助，由申请人向有管辖权的法院所在地的法律援助机构提出申请。其他非诉讼法律事务，由申请人向住所地或工作单位所在地的法律援助机构提出申请。

申请应当以书面形式提出，并递交下列材料：身份证、户籍证明或暂住证；有关单位出具的申请人及家庭成员经济状况的证明；申请法律援助的基本情况；法律援助机构认为需要提供的其他材料。

五、法律援助机构

法律援助机构是负责组织、指导、协调、监督及实施本地区法律援助工作的机构，统称“法律援助中心”。司法部设立法律援助中心，指导和协调全国的法律援助工作。

各级司法行政机关要积极向党委、政府报告，争取有关部门的支持，尽快设立法律援助中心，指导、协调、组织本地区的法律援助工作。未设立法律援助中心的地方，由司法局指派人员代行法律援助中心职责。律师事务所、公证处、基层法律服务机构在本地区法律援助中心的统一协调下，实施法律援助。其他团体、组织、学校开展的法律援助活动，由所在地法律援助中心指导和监督。

以案释法 37

法律援助保障弱势群体利益

【案情介绍】2010年7月底，徐州某玻璃制品有限公司法人代表李某因涉嫌犯罪被铜山区公安机关逮捕，该公司拖欠工人两个月的工资。196名工人向单位讨要无果后，多次到镇政府信访。铜山区法律援助中心获悉后主动介入，将工人引导至法律维权的道路上来，积极帮助工人准备、收集法律援助申请材料，并指派铜山区马坡法律援助工作站提供法律援助。工作站站长杨某接手案件后，多次深入到工厂、村庄为工人理顺劳动关系、收集证据材料，并经过三次开庭庭审，终于为196名工人讨回工钱35万元。

【以案释法】本案是涉及196人的农民工讨薪案件，人数众多、劳动关系复杂、取证困难，涉及铜山、沛县两县区，若处理不当，将会对社会造成重大影响。承办人员在庭外做了大量的工作，进厂入户30余次，及时维护了农民工的合法权益，保护了弱势群体，体现了社会的公平正义。

思考题

1. 人民群众针对哪些事项可以进行信访？
2. 人民调解的程序是怎样的？
3. 法律援助的对象和条件是怎样的？

第十二章　党内法规的学习宣传

本 章 要 点

党内法规是管党治党的重要依据，也是建设社会主义法治国家的有力保障。我们党历来高度重视党内法规建设。党的十八届四中全会提出，要加强党内法规制度建设，形成完善的党内法规体系。习近平总书记强调，各级党委（党组）都要把党内法规建设作为事关党长期执政和国家长治久安的重大战略任务，摆到更加突出位置，切实抓紧抓好。《中央宣传部、司法部关于在公民中开展法治宣传教育的第七个五年规划》明确要求，将深入学习宣传党内法规作为“七五”普法宣传的一项重要任务，“注重党内法规宣传与国家法律宣传的衔接和协调，坚持纪在法前、纪严于法，把纪律和规矩挺在前面，教育引导广大党员做党章党规党纪和国家法律的自觉尊崇者、模范遵守者、坚定捍卫者。”

第一节　党内法规的分类

根据党内法规的调整对象，党内法规可分为以下八类：

一、党章及相关法规

用以规范党的性质和宗旨、路线和纲领、指导思想和奋斗目标、组织原则和组织机构、党员基本义务和基本权利、党的纪律，以及衍生于党章、与党章相配套、直接保障党章实施，确定党的理论和路线方针政策、确立党内生活基本准则、规定党员基本行为规范、规范党内法规制定活动、规定党的标志象征等的法规，如《中国共产党章程》《关于党内政治生活的若干准则》《中国共产党党内法规制定条例》等。

二、党的领导和党的工作方面法规

用以调整党在发挥总揽全局、协调各方的领导核心作用时，与人大、政府、政协、司法机关、人民团体、企业事业单位、军队等形成的领导与被领导关系，主要规定党的领导体制机制、领导方式，规范党组工作、纪律检查工作、组织工作、宣传工作、政法工作、统一战线工作、军队工作、群众工作等，为党更好地实施领导、执政治国提供重要制度保证，如《中国共产党党组工作条例（试行）》《中国共产党统一战线工作条例（试行）》等。

三、思想建设方面法规

用以规范党的思想建设方面的工作和活动，主要包括规范思想建设、理论武装、党性教育、道德建设等的法规，如《中国共产党党校工作条例》《中共中央纪律检查委员会关于共产党员违反社会主义道德党纪处分的若干规定（试行）》等。

四、组织建设方面法规。

用以规范党的组织建设方面的工作和活动，主要包括规范党的组织制度、组织机构、干部队伍、党员队伍、人才工作等的法规，如《中国共产党地方组织选举工作条例》《党政领导干部选拔任用工作条例》《干部教育培训工作条例》等。

五、作风建设方面法规

用以规范党的作风建设方面的工作和活动，主要包括规范思想作风、工作作风、领导作风、学风、干部生活作风等的法规，如《十八届中央政治局关于改进工作作风、密切联系群众的八项规定》《党政机关厉行节约反对浪费条例》等。

六、反腐倡廉建设方面法规

用以规范党的反腐倡廉建设方面的工作和活动，主要包括规范反腐败领导体制机制、反腐倡廉教育、党内监督、预防腐败、惩治腐败等的法规，如《中国共产党廉洁自律准则》《中国共产党纪律处分条例》《中国共产党党内监督条例（试行）》等。

七、民主集中制建设方面法规

用以规范党的民主集中制建设方面的工作和活动，推动民主集中制具体化、程序化，主要包括规范党员民主权利保障、党的代表大会制度、党的委员会制度等的法规，如《中国共产党党员权利保障条例》《中国共产党地方委员会工作条例》等。

八、机关工作方面法规

用以规范党的机关运行和服务保障体制机制，主要包括规范党的各级机关公文办理、会议活动服务、综合协调、信息报送、督促检查、法规服务、安全保密、通信保障、档案服务、机关事务管理等的法规，如《党政机关公文处理工作条例》《中国共产党党内法规和规范性文件备案规定》等。

以上八个方面的法规，共同构成党内法规体系。

扩展阅读

党内法规体系已初步形成

新中国成立以来特别是改革开放以来，适应不同历史时期党的建设需要，中央科学谋划、统筹布局，制定颁布了一系列党内法规，初步形成了以党章为核心的党内法规体系，党内生活主要方面基本实现了有规可依。截至目前，我们党制定了1个党章，2个准则，26个条例，约1800个规则、规定、办法、细则；其中，党的中央组织制定的党内法规140多个，中央纪委和中央各部门制定的党内法规约150个，地方

第二节　党的反腐倡廉建设法规

腐败是侵蚀党的肌体的毒瘤。保持党的先进性纯洁性，必须坚决惩治和有效预防腐败。制度建设是反腐倡廉建设的治本之策。我们党历来高度重视反腐倡廉制度建设，制定发布了一大批反腐倡廉建设法规，教育、监督、改革、纠风、惩治等反腐倡廉建设各个方面基本实现了有规可依，反腐倡廉法规制度体系已基本形成。据统计，改革开放以来，中央制定发布了20多件反腐倡廉建设方面的党内法规，同时中央纪委印发了130多件配套法规制度。这里重点介绍《中国共产党廉洁自律准则》和《中国共产党纪律处分条例》。

一、中国共产党廉洁自律准则

办好中国的事情，关键在党。我们党是靠革命理想和铁的纪律组织起来的马克思主义政党，组织严密、纪律严明是党的优良传统和政治优势，是我们党的力量所在。全面从严治党，必然要求全体党员特别是党员领导干部坚定理想信念，坚持根本宗旨，发扬优良作风，始终走在时代前列，始终成为中国特色社会主义事业的坚强领导核心。

2001年中共中央印发的《中国共产党党员领导干部廉洁从政若干准则》，

对于促进党员领导干部廉洁从政，保持党的先进性纯洁性发挥了重要作用。党的十八大以来，随着全面从严治党实践的不断深化，准则已不能完全适应新的实践需要。主要表现在：一是适用对象过窄，仅对党员领导干部提出要求，未能涵盖8700多万党员；二是缺少正面倡导，许多条款与修订前的党纪处分条例和国家法律重复；三是廉洁主题不够突出，一些内容与廉洁主题无直接关联。鉴于以上原因，有必要对准则予以修订。2015年10月18日，中共中央印发了新修订的《中国共产党廉洁自律准则》。准则共八条，包括导语、党员廉洁自律规范和党员领导干部廉洁自律规范三部分。主要内容源自于党章和党的几代领导人特别是习近平总书记的重要论述，可以概括为“四个必须”“八条规范”。准则在导语部分提出“四个必须”，体现了准则的制定目的和目标要求，即全体党员和各级党员领导干部必须坚定共产主义理想和中国特色社会主义信念，必须坚持全心全意为人民服务根本宗旨，必须继承发扬党的优良传统和作风，必须自觉培养高尚道德情操，努力弘扬中华民族传统美德，廉洁自律，接受监督，永葆党的先进性和纯洁性。在党员廉洁自律规范部分，准则围绕如何正确对待和处理“公与私”“廉与腐”“俭与奢”“苦与乐”的关系提出“四条规范”，即坚持公私分明，先公后私，克己奉公；坚持崇廉拒腐，清白做人，干净做事；坚持尚俭戒奢，艰苦朴素，勤俭节约；坚持吃苦在前，享受在后，甘于奉献。在党员领导干部廉洁自律规范部分，针对党员领导干部这个“关键少数”，围绕廉洁从政，准则从公仆本色、行使权力、品行操守、良好家风等方面，对党员领导干部提出要求更高的“四条规范”，即廉洁从政，自觉保持人民公仆本色；廉洁用权，自觉维护人民根本利益；廉洁修身，自觉提升思想道德境界；廉洁齐家，自觉带头树立良好家风。

任何一个社会、任何一个公民不能都踩到法律的底线上，党员更不能站在纪律的边缘。准则以党章作为根本遵循，坚持依规治党与以德治党相结合，针对现阶段党员和党员领导干部在廉洁自律方面存在的主要问题，为党员和党员领导干部树立了一个看得见、够得着的高标准，展现了共产党人高尚道德追求，体现了古今中外道德规范从高不从低的共性要求。

修订后的廉洁自律准则，是党执政以来第一个坚持正面倡导、面向全体党员的廉洁自律规范，是向全体党员发出的道德宣示和对全国人民的庄严承诺。各级党组织要切实担当和落实好全面从严治党的主体责任，抓好准则的学习宣传和贯彻落实，把各项要求刻印在全体党员特别是党员领导干部的心上。各级党员领导干部要发挥表率作用，以更高更严的要求，带头践行廉洁自律规范。广大党员要加强党性修养，保持和发扬党的优良传统作风，使廉洁自律规范内化于心、外化于行，坚持理想信念宗旨“高线”，永葆共产党人清正廉洁的政治本色。

二、中国共产党纪律处分条例

坚持党要管党、从严治党，是实现“两个一百年”奋斗目标和中华民族伟大复兴中国梦的根本保证。全面从严治党，必须围绕坚持党的领导这个根本，注重依规依纪治党，切实加强党的纪律建设。

原党纪处分条例是在1997年《中国共产党纪律处分条例（试行）》基础上修订而成的，2003年12月颁布实施，对维护党章和其他党内法规，严肃党的纪律等发挥了重要作用。随着党的建设深入推进，条例也呈现一些不相适应的地方：一是对违反党章、损害党章权威的违纪行为缺乏必要和严肃的责任追究；二是纪法不分，近半数条款与刑法等国家法律规定重复，将适用于全体公民的法律规范作为党组织和党员的纪律标准，降低了对党组织和党员的要求；三是有必要将党的十八大以来从严治党的实践成果制度化，将严明政治纪律和政治规矩、组织纪律，落实中央八项规定精神，反对“四风”等内容吸收进条例。为把党规党纪的权威性在全党树起来、立起来，切实唤醒广大党员干部的党章党规党纪意识，有必要对党纪处分条例进行修订。2015年10月18日，中共中央颁布了新修订的《中国共产党纪律处分条例》。

修订后的条例共三编、十一章、一百三十三条，分总则、分则、附则三部分。主要内容有以下五方面：一是对条例的指导思想、基本原则和适用范围作出规定，增加了党组织和党员必须自觉遵守党章，模范遵守国家法律法规的规定；二是对违纪概念、纪律处分种类及其影响等作出规定，将严重警告的影响期由原来的一年修改为一年半；三是对纪律处分运用规则作出规定，将在纪律集中整饬过程中不收敛、不收手列为从重或者加重处分的情形；四是对涉嫌违法犯罪党员的纪律处分作出规定，实现党纪与国法的有效衔接；五是将原条例规定的十类违纪行为整合修订为六类，分别为：对违反政治纪律行为的处分、对违反组织纪律行为的处分、对违反廉洁纪律行为的处分、对违反群众纪律行为的处分、对违反工作纪律行为的处分、对违反生活纪律行为的处分。在这6种违纪行为的规定中，增加了拉帮结派、对抗组织审查、组织或者参加迷信活动、搞无原则一团和气以及违反党的优良传统和工作惯例等党的规矩的违纪条款；不按照有关规定或者工作要求向组织请示报告重大问题，不如实报告个人有关事项，篡改、伪造个人档案资料，隐瞒入党前严重错误等违纪条款；搞权权交易，对亲属和身边工作人员管教不力，赠送明显超出正常礼尚往来的礼品、礼金、消费卡，违规出入私人会所，搞权色交易和钱色交易等违纪条款；超标准、超范围向群众筹资筹劳，在办理涉及群众事务时故意刁难、吃拿卡要等侵害群众利益的违纪条款；党组织不履行全面从严治党主体责任，违规干预和插手市场经济活动，违规干预和插手司法活动、执纪执法活动等违纪条款；生活奢靡，违背社会公序良俗等违纪条款。

条例贯彻党的十八大和十八届三中、四中全会精神，坚持依规治党与以德治党相结合，围绕党纪戒尺要求，开列负面清单，重在立规，是对党章规定的具体化，划出了党组织和党员不可触碰的底线，对于贯彻全面从严治党要求，把纪律和规矩挺在前面，切实维护党章和其他党内法规的权威性严肃性，保证党的路线方针政策和国家法律法规的贯彻执行，深入推进党风廉政建设和反腐败斗争，具有十分重要的意义。

各级党委（党组）要按照中央要求，切实担当和落实好全面从严治党的主体责任，认真贯彻执行党纪处分条例，严明党纪戒尺，把党的纪律刻印在全体党员特别是党员领导干部的心上。要坚持问题导向，把严守政治纪律和政治规矩放在首位，通过严肃政治纪律和政治规矩带动其他纪律严起来。要坚持把纪律和规矩挺在前面，落实抓早抓小，绝不允许突破纪律底线。党员领导干部要以身作则，敢于担当、敢于较真、敢于斗争，确保把党章党规党纪落实到位。广大党员要牢固树立党章党规党纪意识，做到讲规矩、守纪律，知敬畏、存戒惧，自觉在廉洁自律上追求高标准，在严守党纪上远离违纪红线，在全党逐渐形成尊崇制度、遵守制度、捍卫制度的良好风尚。

思考题

1. 什么是党内法规？
2. 八项规定是什么时间提出的？
3.《中国共产党纪律处分条例》主要包括几方面内容？

附录

中共中央 国务院转发《中央宣传部、司法部关于在公民中开展法治宣传教育的第七个五年规划（2016—2020年）》的通知

各省、自治区、直辖市党委和人民政府，中央和国家机关各部委，解放军各大单位、中央军委机关各部门，各人民团体：

《中央宣传部、司法部关于在公民中开展法治宣传教育的第七个五年规划（2016—2020年）》（以下简称“七五”普法规划）已经中央同意，现转发给你们，请结合实际认真贯彻执行。

全民普法和守法是依法治国的长期基础性工作。深入开展法治宣传教育，是贯彻落实党的十八大和十八届三中、四中、五中全会精神的重要任务，是实施“十三五”规划、全面建成小康社会的重要保障。各级党委和政府要把法治宣传教育纳入当地经济社会发展规划，进一步健全完善党委领导、人大监督、政府实施的法治宣传教育工作领导体制，确保“七五”普法规划各项目标任务落到实处。要坚持把领导干部带头学法、模范守法作为树立法治意识的关键，完善国家工作人员学法用法制度，把法治观念强不强、法治素养好不好作为衡量干部德才的重要标准，把能不能遵守法律、依法办事作为考察干部的重要内容，切实提高领导干部运用法治思维和法治方式深化改革、推动发展、化解矛盾、维护稳定的能力。坚持从青少年抓起，把法治教育纳入国民教育体系，引导青少年从小掌握法律知识、树立法治意识、养成守法习惯。要坚持法治宣传教育与法治实践相结合，深化基层组织和部门、行业依法治理，深化法治城市、法治县（市、区）等法治创建活动，全面提高全社会法治化治理水平。要推进法治教育与道德教育相结合，促进实现法律和道德相辅相成、法治和德治相得益彰。要健全普法宣传教育机制，实行国家机关“谁执法谁普法”的普法责任制，健全媒体公益普法制度，推进法治宣传教育工作创新，不断增强法治宣传教育的实效。要通过深入开展法治宣传教育，传播法律知识，弘扬法治精神，建设法治文化，充分发挥法治宣传教育在全面依法治国中的基础作用，推动全社会树立法治意识，为顺利实施“十三五”规划、全面建成小康社会营造良好的法治环境。

中共中央　国务院

2016年3月25日

中央宣传部、司法部关于在公民中开展法治宣传教育的第七个五年规划（2016—2020年）

在党中央、国务院正确领导下，全国第六个五年法制宣传教育规划（2011—2015年）顺利实施完成，法治宣传育工作取得显著成效。以宪法为核心的中国特色社会主义法律体系得到深入宣传，法治宣传教育主题活动广泛开展，多层次多领域依法治理不断深化，法治创建活动全面推进，全社会法治观念明显增强，社会治理法治化水平明显提高，法治宣传教育在建设社会主义法治国家中发挥了重要作用。

党的十八大以来，以习近平同志为总书记的党中央对全面依法治国作出了重要部署，对法治宣传教育提出了新的更高要求，明确了法治宣传教育的基本定位、重大任务和重要措施。十八届三中全会要求"健全社会普法教育机制"；十八届四中全会要求"坚持把全民普法和守法作为依法治国的长期基础性工作，深入开展法治宣传教育"；十八届五中全会要求"弘扬社会主义法治精神，增强全社会特别是公职人员尊法学法守法用法观念，在全社会形成良好法治氛围和法治习惯"。习近平总书记多次强调"领导干部要做尊法学法守法用法的模范"，要求法治宣传教育"要创新宣传形式，注重宣传实效"，为法治宣传教育工作指明了方向，提供了基本遵循。与新形势新任务的要求相比，有的地方和部门对法治宣传教育重要性的认识还不到位，普法宣传教育机制还不够健全，实效性有待进一步增强。深入开展法治宣传教育，增强全民法治观念，对于服务协调推进"四个全面"战略布局和"十三五"时期经济社会发展，具有十分重要的意义。为做好第七个五年法治宣传教育工作，制定本规划。

一、指导思想、主要目标和工作原则

第七个五年法治宣传教育工作的指导思想是：高举中国特色社会主义伟大旗帜，全面贯彻党的十八大和十八届三中、四中、五中全会精神，以马克思列宁主义、毛泽东思想、邓小平理论、"三个代表"重要思想、科学发展观为指导，深入贯彻习近平总书记系列重要讲话精神，坚持"四个全面"战略布局，坚持创新、协调、绿色、开放、共享的发展理念，按照全面依法治国新要求，深入开展法治宣传教育，扎实推进依法治理和法治创建，弘扬社会主义法治精神，建设社会主义法治文化，推进法治宣传教育与法治实践相结合，健全普法宣传教育机制，推动工作创新，充分发挥法治宣传教育在全面依法治国中的基础作用，推动全社会树立法治意识，为"十三五"时期经济社会发展营造良好法治环境，为实现"两个一百年"奋斗目标和中华民族伟大复兴的中国梦作出新的贡献。

第七个五年法治宣传教育工作的主要目标是：普法宣传教育机制进一步健全，法治宣传教育实效性进一步增强，依法治理进一步深化，全民法治观念和全体党员党章党规意识明显增强，全社会厉行法治的积极性和主动性明显提高，形成守法光荣、违法可耻的社会氛围。

第七个五年法治宣传教育工作应遵循以下原则：

——坚持围绕中心，服务大局。围绕党和国家中心工作开展法治宣传教育，更好地服务协调推进“四个全面”战略布局，为全面实施国民经济和社会发展“十三五”规划营造良好法治环境。

——坚持依靠群众，服务群众。以满足群众不断增长的法治需求为出发点和落脚点，以群众喜闻乐见、易于接受的方式开展法治宣传教育，增强全社会尊法学法守法用法意识，使国家法律和党内法规为党员群众所掌握、所遵守、所运用。

——坚持学用结合，普治并举。坚持法治宣传教育与依法治理有机结合，把法治宣传教育融入立法、执法、司法、法律服务和党内法规建设活动中，引导党员群众在法治实践中自觉学习、运用国家法律和党内法规，提升法治素养。

——坚持分类指导，突出重点。根据不同地区、部门、行业及不同对象的实际和特点，分类实施法治宣传教育。突出抓好重点对象，带动和促进全民普法。

——坚持创新发展，注重实效。总结经验，把握规律，推动法治宣传教育工作理念、机制、载体和方式方法创新，不断提高法治宣传教育的针对性和时效性，力戒形式主义。

二、主要任务

（一）深入学习宣传习近平总书记关于全面依法治国的重要论述。党的十八大以来，习近平总书记站在坚持和发展中国特色社会主义全局的高度，对全面依法治国作了重要论述，提出了一系列新思想、新观点、新论断、新要求，深刻回答了建设社会主义法治国家的重大理论和实践问题，为全面依法治国提供了科学理论指导和行动指南。要深入学习宣传习近平总书记关于全面依法治国的重要论述，增强走中国特色社会主义道路的自觉性和坚定性，增强全社会厉行法治的积极性和主动性。深入学习宣传以习近平同志为总书记的党中央关于全面依法治国的重要部署，宣传科学立法、严格执法、公正司法、全民守法和党内法规建设的生动实践，使全社会了解和掌握全面依法治国的重大意义和总体要求，更好地发挥法治的引领和规范作用。

（二）突出学习宣传宪法。坚持把学习宣传宪法摆在首要位置，在全社会普遍开展宪法教育，弘扬宪法精神，树立宪法权威。深入宣传依宪治国、依宪执政等理念，宣传党的领导是宪法实施的最根本保证，宣传宪法确立的国家根本制度、根本任务和我国的国体、政体，宣传公民的基本权利和义务等宪法基本内容，宣传宪法的实施，实行宪法宣誓制度，认真组织好“12·4”国家宪法日集中宣传活动，推动宪法家喻户晓、深入人心，提高全体公民特别是各级领导干部和国家机关工作人员的宪法意识，教育引导一切组织和个人都必须以宪法为根本活动准则，增强宪法观念，坚决维护宪法尊严。

（三）深入宣传中国特色社会主义法律体系。坚持把宣传以宪法为核心的中国特色社会主义法律体系作为法治宣传教育的基本任务，大力宣传宪法相关法、民法商法、行政法、经济法、社会法、刑法、诉讼与非诉讼程序法等多个法律部门的法律法规。大力宣传社会主义民主政治建设的法律法规，提高人民有序参与民主政治的意识和水平。大力宣传保障公民基本权利的法律法规，推动全社会树立尊重和保障人权意识，促进公民权利保障法治化。大力宣传依法行政领域的法律法规，推动各级行政机关树立“法定职责必须为、法无授权不可为”的意识，促进法治政府建设。大力宣传市场经济领域的法律法规，推动全社会树立保护产权、平等交换、公平竞争、诚实信用等意识，促进大众创业、万众创新，促进经济在新常态下平稳健康运行。大力宣传有利于激发文化创造活力、保障人民基本文化权益的相关法律法规，促进社会主义精神文明建设。大力宣传教育、就业、收入分配、社会保障、医疗卫生、食品安全、扶贫、慈善、社会救助和妇女儿童、老年人、残疾人合法权益保护等方面法律法规，促进保障和改善民生。大力宣传国家安全和公共安全领域的法律法规，提高全民安全意识、风险意识和预防能力。大力宣传国防法律法规，提高全民国防观念，促进国防建设。大力宣传党的民族、宗教政策和相关法律法规，维护民族地区繁荣稳定，促进民族关系、宗教关系和谐。大力宣传环境保护、资源能源节约利用等方面的法律法规，推动美丽中国建设。大力宣传互联网领域的法律法规，教育引导网民依法规范网络行为，促进形成网络空间良好秩序。大力宣传诉讼、行政复议、仲裁、调解、信访等方面的法律法规，引导群众依法表达诉求、维护权利，促进社会和谐稳定。在传播法律知识的同时，更加注重弘扬法治精神、培育法治理念、树立法治意识，大力宣传宪法法律至上、法律面前人人平等、权由法定、权依法使等基本法治理念，破除“法不责众”、“人情大于国法”等错误认识，引导全民自觉守法、遇事找法、解决问题靠法。

（四）深入学习宣传党内法规。适应全面从严治党、依规治党新形势新要求，切实加大党内法规宣传力度。突出宣传党章，教育引导广大党员尊崇党章，以党章为根本遵循，坚决维护党章权威。大力宣传《中国共产党廉洁自律准则》、《中国共产党纪律处分条例》等各项党内法规，注重党内法规宣传与国家法律宣传的衔接和协调，坚持纪在法前、纪严于法，把纪律和规矩挺在前面，教育引导广大党员做党章党规党纪和国家法律的自觉尊崇者、模范遵守者、坚定捍卫者。

（五）推进社会主义法治文化建设。以宣传法律知识、弘扬法治精神、推动法治实践为主旨，积极推进社会主义法治文化建设，充分发挥法治文化的引领、熏陶作用，使人民内心拥护和真诚信仰法律。把法治文化建设纳入现代公共文化服务体系，推动法治文化与地方文化、行业文化、企业文化融合发展。繁荣法治文化作品创作推广，把法治文化作品纳入各级文化作品评奖内容，纳入艺术、出版扶持和奖励基金内容，培育法治文化精品。利用重大纪念日、民族传统节日等契机开展法治文化活动，组织开展法治文艺展演展播、法治文艺演出下基层等活动，满足人民群众日益增长的法治文化需求。把法治元素纳入城乡建设规划设计，加强基层法治文化公共设施建设。

（六）推进多层次多领域依法治理。坚持法治宣传教育与法治实践相结合，把法律条文变成引导、保障经济社会发展的基本规则，深化基层组织和部门、行业依法治理，深化法治城市、法治县（市、区）等法治创建活动，提高社会治理法治化水平。深入开展民主法治示范村（社区）创建，进一步探索乡村（社区）法律顾问制度，教育引导基层群众自我约束、自我管理。发挥市民公约、乡规民约、行业规章、团体章程等社会规范在社会治理中的积极作用，支持行业协会商会类社会组织发挥行业自律和专业服务功能，发挥社会组织对其成员的行为导引、规则约束、权益维护作用。

（七）推进法治教育与道德教育相结合。坚持依法治国和以德治国相结合的基本原则，以法治体现道德理念，以道德滋养法治精神，促进实现法律和道德相辅相成、法治和德治相得益彰。大力弘扬社会主义核心价值观，弘扬中华传统美德，培育社会公德、职业道德、家庭美德、个人品德，提高全民族思想道德水平，为全面依法治国创造良好人文环境。强化规则意识，倡导契约精神，弘扬公序良俗，引导人们自觉履行法定义务、社会责任、家庭责任。发挥法治在解决道德领域突出问题中的作用，健全公民和组织守法信用记录，完善守法诚信褒奖机制和违法失信行为惩戒机制。

三、对象和要求

法治宣传教育的对象是一切有接受教育能力的公民，重点是领导干部和青少年。

坚持把领导干部带头学法、模范守法作为树立法治意识的关键。完善国家工作人员学法用法制度，把宪法法律和党内法规列入党委（党组）中心组学习内容，列为党校、行政学院、干部学院、社会主义学院必修课；把法治教育纳入干部教育培训总体规划，纳入国家工作人员初任培训、任职培训的必训内容，在其他各类培训课程中融入法治教育内容，保证法治培训课时数量和培训质量，切实提高领导干部运用法治思维和法治方式深化改革、推动发展、化解矛盾、维护稳定的能力。加强党章和党内法规学习教育，引导党员领导干部增强党章党规党纪意识，严守政治纪律和政治规矩，在廉洁自律上追求高标准，自觉远离违纪红线。健全日常学法制度，创新学法形式，拓宽学法渠道。健全完善重大决策合法性审查机制，积极推行法律顾问制度，各级党政机关和人民团体普遍设立公职律师，企业可设立公司律师。把尊法学法守法用法情况作为考核领导班子和领导干部的重要内容，领导班子和领导干部在年度考核职中进行述法。把法治观念强不强、法治素养好不好作为衡量干部德才的重要标准，把能不能遵守法律、依法办事作为考察干部的重要内容。

坚持从青少年抓起。切实把法治教育纳入国民教育体系，制定和实施青少年法治教育大纲，在中小学设立法治知识课程，确保在校学生都能得到基本法治知识教育。完善中小学法治课教材体系，编写法治教育教材、读本，地方可将其纳入地方课程义务教育免费教科书范围，在小学普及宪法基本常识，在中、高考中增加法治知识内容，使青少年从小树立宪法意识和国家意识。将法治教育纳入“中小学幼儿园教师国家级培训计划”，加强法治课教师、分管法治教育副校长、法治辅导员培训。充分利用第二课堂和社会实践活动开展青少年法治教育，在开学第一课、毕业仪式中有机融入法治教育内容。加强对高等院校学生的法治教育，增强其法治观念和参与法治实践的能力。强化学校、家庭、社会“三位一体”的青少年法治教育格局，加强青少年法治教育实践基地建设和网络建设。

各地区各部门要根据实际需要，从不同群体的特点出发，因地制宜开展有特色的法治宣传教育。突出加强对企业经营管理人员的法治宣传教育，引导他们树立诚信守法、爱国敬业意识，提高依法经营、依法管理能力。加强对农民工等群体的法治宣传教育，帮助、引导他们依法维权，自觉运用法律手段解决矛盾纠纷。

四、工作措施

第七个法治宣传教育五年规划从2016年开始实施，至2020年结束。各地区各部门要根据本规划，认真制定本地区本部门规划，深入宣传发动，全面组织实施，确保第七个五年法治宣传教育规划各项目标任务落到实处。

（一）健全普法宣传教育机制。各级党委和政府要加强对普法工作的领导，宣传、文化、教育部门和人民团体要在普法教育中发挥职能作用。把法治教育纳入精神文明创建内容，开展群众性法治文化活动。人民团体、社会组织要在法治宣传教育中发挥积极作用，健全完善普法协调协作机制，根据各自特点和实际需要，有针对性地组织开展法治宣传教育活动。积极动员社会力量开展法治宣传教育，加强各级普法讲师团建设，选聘优秀法律和党内法规人才充实普法讲师团队伍，组织开展专题法治宣讲活动，充分发挥讲师团在普法工作中的重要作用。鼓励引导司法和行政执法人员、法律服务人员、大专院校法律专业师生加入普法志愿者队伍，畅通志愿者服务渠道，健全完善管理制度，培育一批普法志愿者优秀团队和品牌活动，提高志愿者普法宣传水平。加强工作考核评估，建立健全法治宣传教育工作考评指导标准和指标体系，完善考核办法和机制，注重考核结果的运用。健全激励机制，认真开展“七五”普法中期检查和总结验收，加强法治宣传教育先进集体、先进个人表彰工作。围绕贯彻中央关于法治宣传教育的总体部署，健全法治宣传教育工作基础制度，加强地方法治宣传教育条例制定和修订工作，制定国家法治宣传教育法。

（二）**健全普法责任制**。实行国家机关“谁执法谁普法”的普法责任制，建立普法责任清单制度。建立法官、检察官、行政执法人员、律师等以案释法制度，在执法司法实践中广泛开展以案释法和警示教育，使案件审判、行政执法、纠纷调解和法律服务的过程成为向群众弘扬法治精神的过程。加强司法、行政执法案例整理编辑工作，推动相关部门面向社会公众建立司法、行政执法典型案例发布制度。落实“谁主管谁负责”的普法责任，各行业、各单位要在管理、服务过程中，结合行业特点和特定群体的法律需求，开展法治宣传教育。健全媒体公益普法制度，广播电视、报纸期刊、互联网和手机媒体等大众传媒要自觉履行普法责任，在重要版面、重要时段制作刊播普法公益广告，开设法治讲堂，针对社会热点和典型案（事）例开展及时权威的法律解读，积极引导社会法治风尚。各级党组织要坚持全面从严治党、依规治党，切实履行学习宣传党内法规的职责，把党内法规作为学习型党组织建设的重要内容，充分发挥正面典型倡导和反面案例警示作用，为党内法规的贯彻实施营造良好氛围。

（三）**推进法治宣传教育工作创新**。创新工作理念，坚持服务党和国家工作大局、服务人民群众生产生活，努力培育全社会法治信仰，增强法治宣传教育工作实效。针对受众心理，创新方式方法，坚持集中法治宣传教育与经常性法治宣传教育相结合，深化法律进机关、进乡村、进社区、进学校、进企业、进单位的“法律六进”主题活动，完善工作标准，建立长效机制。创新载体阵地，充分利用广场、公园等公共场所开展法治宣传教育，有条件的地方建设宪法法律教育中心。在政府机关、社会服务机构的服务大厅和服务窗口增加法治宣传教育功能。积极运用公共活动场所电子显示屏、服务窗口触摸屏、公交移动电视屏、手机屏等，推送法治宣传教育内容。充分运用互联网传播平台，加强新媒体新技术在普法中的运用，推进“互联网+法治宣传”行动。开展新媒体普法益民服务，组织新闻网络开展普法宣传，更好地运用微信、微博、微电影、客户端开展普法活动。加强普法网站和普法网络集群建设，建设法治宣传教育云平台，实现法治宣传教育公共数据资源开放和共享。适应我国对外开放新格局，加强对外法治宣传工作。

五、组织领导

（一）切实加强领导。各级党委和政府要把法治宣传教育纳入当地经济社会发展规划，定期听取法治宣传教育工作情况汇报，及时研究解决工作中的重大问题，把法治宣传教育纳入综合绩效考核、综治考核和文明创建考核内容。各级人大要加强对法治宣传教育工作的日常监督和专项检查。健全完善党委领导、人大监督、政府实施的法治宣传教育工作领导体制，加强各级法治宣传教育工作组织机构建设。高度重视基层法治宣传教育队伍建设，切实解决人员配备、基本待遇、工作条件等方面的实际问题。

（二）加强工作指导。各级法治宣传教育领导小组每年要将法治宣传教育工作情况向党委（党组）报告，并报上级法治宣传教育工作领导小组。加强沟通协调，充分调动各相关部门的积极性，发挥各自优势，形成推进法治宣传教育工作创新发展的合力。结合各地区各部门工作实际，分析不同地区、不同对象的法律需求，区别对待、分类指导，不断增强法治宣传教育的针对性。坚持问题导向，深入基层、深入群众调查研究，积极解决问题，努力推进工作。认真总结推广各地区各部门开展法治宣传教育的好经验、好做法，充分发挥先进典型的示范和带动作用，推进法治宣传教育不断深入。

（三）加强经费保障。各地区要把法治宣传教育相关工作经费纳入本级财政预算，切实予以保障，并建立动态调整机制。把法治宣传教育列入政府购买服务指导性目录。积极利用社会资金开展法治宣传教育。

中国人民解放军和中国人民武装警察部队的第七个五年法治宣传教育工作，参照本规划进行安排部署。

全国人民代表大会常务委员会
关于开展第七个五年法治宣传教育的决议

（2016年4月28日第十二届全国人民代表大会常务委员会第二十次会议通过）

2011年至2015年，我国法治宣传教育第六个五年规划顺利实施，法治宣传教育在服务经济社会发展、维护社会和谐稳定、建设社会主义法治国家中发挥了重要作用。为深入学习宣传习近平总书记关于全面依法治国的重要论述，全面推进依法治国，顺利实施“十三五”规划，全面建成小康社会，推动全体公民自觉尊法学法守法用法，推进国家治理体系和治理能力现代化建设，从2016年至2020年在全体公民中开展第七个五年法治宣传教育，十分必要。通过开展第七个五年法治宣传教育，使全社会法治观念明显增强，法治思维和依法办事能力明显提高，形成崇尚法治的社会氛围。特作决议如下：

一、突出学习宣传宪法。坚持把学习宣传宪法摆在首要位置，在全社会普遍开展宪法宣传教育，重点学习宣传宪法确立的我国的国体、政体、基本政治制度、基本经济制度、公民的基本权利和义务等内容，弘扬宪法精神，树立宪法权威。实行宪法宣誓制度，组织国家工作人员在宪法宣誓前专题学习宪法。组织开展“12·4”国家宪法日集中宣传活动，教育引导一切组织和个人以宪法为根本活动准则。

二、深入学习宣传国家基本法律。坚持把学习宣传宪法相关法、民法商法、行政法、经济法、社会法、刑法、诉讼与非诉讼程序法等法律法规的基本知识，作为法治宣传教育的基本任务，结合学习贯彻创新、协调、绿色、开放、共享发展理念，加强对相关法律法规的宣传教育。在全社会树立宪法法律至上、法律面前人人平等、权由法定、权依法使等基本法治理念。

三、推动全民学法守法用法。一切有接受教育能力的公民都要接受法治宣传教育。坚持把全民普法和守法作为依法治国的长期基础性工作，加强农村和少数民族地区法治宣传教育，以群众喜闻乐见、易于接受的方式开展法治宣传教育，引导公民努力学法、自觉守法、遇事找法、解决问题靠法，增强全社会厉行法治的积极性、主动性和自觉性。大力弘扬法治精神，培育法治理念，树立法治意识，共同维护法律的权威和尊严。

四、坚持国家工作人员带头学法守法用法。坚持把各级领导干部带头学法、模范守法、严格执法作为全社会树立法治意识的关键。健全国家工作人员学法用法制度，将法治教育纳入干部教育培训总体规划。坚持把依法办事作为检验国家工作人员学法用法的重要标准，健全重大决策合法性审查机制，推行政府法律顾问制度，推动行政机关依法行政，促进司法机关公正司法。坚持把尊法学法守法用法情况作为考核领导班子和领导干部的重要内容。

五、切实把法治教育纳入国民教育体系。坚持从青少年抓起，制定青少年法治教育大纲，设立法治知识课程，完善法治教材体系，强化学校、家庭、社会“三位一体”的青少年法治教育格局，加强青少年法治教育实践基地建设，增强青少年的法治观念。

六、推进社会主义法治文化建设。把法治文化建设纳入现代公共文化服务体系，繁荣法治文化作品创作推广，广泛开展群众性法治文化活动。大力弘扬社会主义核心价值观，推动法治教育与道德教育相结合，促进法律的规范作用和道德的教化作用相辅相成。健全公民和组织守法信用记录，建立和完善学法用法先进集体、先进个人宣传表彰制度。

七、推进多层次多领域依法治理。坚持法治宣传教育与法治实践相结合，把法律规定变成引领保障经济社会发展的基本规范。深化基层组织和部门、行业依法治理，深入开展法治城市、法治县（市、区）、民主法治示范村（社区）等法治创建活动，提高社会治理法治化水平。

八、推进法治宣传教育创新。遵循现代传播规律，推进法治宣传教育工作理念、方式方法、载体阵地和体制机制等创新。结合不同地区、不同时期、不同群体的特点和需求，分类实施法治宣传教育，提高法治宣传教育的针对性和实效性，力戒形式主义。充分发挥报刊、广播、电视和新媒体新技术等在普法中的作用，推进互联网 + 法治宣传教育行动。建立法官、检察官、行政执法人员、律师等以案释法制度，充分运用典型案例，结合社会热点，开展生动直观的法治宣传教育。加强法治宣传教育志愿者队伍建设。深化法律进机关、进乡村、进社区、进学校、进企业、进单位等活动。

九、健全普法责任制。一切国家机关和武装力量、各政党和各人民团体、企业事业组织和其他社会组织都要高度重视法治宣传教育工作，按照“谁主管谁负责”的原则，认真履行普法责任。实行国家机关“谁执法谁普法”的普法责任制，建立普法责任清单制度。健全媒体公益普法制度，落实各类媒体的普法责任，在重要频道、重要版面、重要时段开展公益普法。把法治宣传教育纳入当地经济社会发展规划，进一步健全完善党委领导、人大监督、政府实施、部门各负其责、全社会共同参与的法治宣传教育工作体制机制。

十、加强组织实施和监督检查。各级人民政府要积极开展第七个五年法治宣传教育工作，强化工作保障，做好中期检查和终期评估，并向本级人民代表大会常务委员会报告。各级人民代表大会及其常务委员会要充分运用执法检查、听取和审议工作报告以及代表视察、专题调研等形式，加强对法治宣传教育工作的监督检查，保证本决议得到贯彻落实。

最新全国“七五”普法系列读物

总顾问：张苏军　　总主编：李林　陈甦　陈泽宪　莫纪宏

名　　称	规格	定价
全国“七五”普法统编教材（以案释法版，共25册）		
宪法知识党员干部读本（以案释法版）	16开	28
宪法知识中小学生读本（以案释法版）	16开	18
宪法知识公民读本（以案释法版）	16开	18
全面推进依法治国党员干部读本（以案释法版）	16开	28
领导干部法治思维和法治方式读本（以案释法版）	16开	28
党委(党组)理论学习中心组法治学习读本（以案释法版）	16开	38
领导干部学法用法读本（以案释法版）	16开	38
公务员学法用法读本（以案释法版）	16开	38
事业单位人员学法用法读本（以案释法版）	16开	38
企业经营管理人员学法用法读本（以案释法版）	16开	38
非公有制企业和商会学法用法读本（以案释法版）	16开	38
职工学法用法读本（以案释法版）	16开	28
农民工学法用法读本（以案释法版）	16开	24
社区居委会干部学法用法读本（以案释法版）	16开	28
社区居民学法用法读本（以案释法版）	16开	24
农村“两委”干部学法用法读本（以案释法版）	16开	32
农民学法用法读本（以案释法版）	16开	24
公民学法用法读本（以案释法版）	16开	28
青少年法治教育（以案释法小学版）	16开	12
青少年法治教育（以案释法初中版）	16开	15
青少年法治教育（以案释法高中版）	16开	18
教职工法治教育读本（以案释法版）	16开	38
“大众创业万众创新”法律知识读本（以案释法版）	16开	28
“一带一路”法律知识读本（以案释法版）	16开	28
党内法规宣传读本（以案释法版）	16开	28
“谁执法谁普法”行业普法读本（以案释法版70册）		
审判法律知识读本（以案释法版）	16开	28
检察法律知识读本（以案释法版）	16开	28
监察法律知识读本（以案释法版）	16开	28
政府法制法律知识读本（以案释法版）	16开	28
保密法律知识读本（以案释法版）	16开	28
档案法律知识读本（以案释法版）	16开	28

信访法律知识读本（以案释法版）	16开	28
国防法律知识读本（以案释法版）	16开	28
发展改革法律知识读本（以案释法版）	16开	28
粮食法律知识读本（以案释法版）	16开	28
教育法律知识读本（以案释法版）	16开	28
体育法律知识读本（以案释法版）	16开	28
科技法律知识读本（以案释法版）	16开	28
工业和信息化法律知识读本（以案释法版）	16开	28
烟草法律知识读本（以案释法版）	16开	28
民族法律知识读本（以案释法版）	16开	28
宗教法律知识读本（以案释法版）	16开	28
公安法律知识读本（以案释法版）	16开	28
国家安全法律知识读本（以案释法版）	16开	28
民政法律知识读本（以案释法版）	16开	28
司法协助法律知识读本（以案释法版）	16开	28
财政法律知识读本（以案释法版）	16开	28
审计法律知识读本（以案释法版）	16开	28
国土资源法律知识读本（以案释法版）	16开	28
人力资源和社会保障法律知识读本（以案释法版）	16开	28
环境保护法律知识读本（以案释法版）	16开	28
住房和城乡建设法律知识读本（以案释法版）	16开	28
交通法律知识读本（以案释法版）	16开	28
铁路法律知识读本（以案释法版）	16开	28
民航法律知识读本（以案释法版）	16开	28
邮政法律知识读本（以案释法版）	16开	28
商务法律知识读本（以案释法版）	16开	28
农业法律知识读本（以案释法版）	16开	28
林业法律知识读本（以案释法版）	16开	28
水利法律知识读本（以案释法版）	16开	28
文化法律知识读本（以案释法版）	16开	28
新闻出版广电法律知识读本（以案释法版）	16开	28
卫生法律知识读本（以案释法版）	16开	28
计划生育法律知识读本（以案释法版）	16开	28
人民银行法律知识读本（以案释法版）	16开	28
海关法律知识读本（以案释法版）	16开	28
国资监管法律知识读本（以案释法版）	16开	28
税务法律知识读本（以案释法版）	16开	28
工商行政管理法律知识读本（以案释法版）	16开	28
质量检验检疫法律知识读本（以案释法版）	16开	28
安全生产监管法律知识读本（以案释法版）	16开	28
食品药品监管法律知识读本（以案释法版）	16开	28

统计法律知识读本（以案释法版）	16开	28
旅游法律知识读本（以案释法版）	16开	28
地震法律知识读本（以案释法版）	16开	28
气象法律知识读本（以案释法版）	16开	28
银行业监管法律知识读本（以案释法版）	16开	28
证券监管法律知识读本（以案释法版）	16开	28
保险监管法律知识读本（以案释法版）	16开	28
能源法律知识读本（以案释法版）	16开	28
编制法律知识读本（以案释法版）	16开	28
海洋法律知识读本（以案释法版）	16开	28
外汇管理法律知识读本（以案释法版）	16开	28
文物法律知识读本（以案释法版）	16开	28
中医药法律知识读本（以案释法版）	16开	28
国防科工法律知识读本（以案释法版）	16开	28
港澳台法律知识读本（以案释法版）	16开	28
知识产权法律知识读本（以案释法版）	16开	28
供销社法律知识读本（以案释法版）	16开	28
工会法律知识读本（以案释法版）	16开	28
共青团法律知识读本（以案释法版）	16开	28
妇联法律知识读本（以案释法版）	16开	28
文联作协法律知识读本（以案释法版）	16开	28
残联法律知识读本（以案释法版）	16开	28
红十字会法律知识读本（以案释法版）	16开	28
“谁执法谁普法”宣传册丛书（漫画故事版，共70册）		
审判普法宣传册（漫画故事版）	大32	8
检察普法宣传册（漫画故事版）	大32	8
监察普法宣传册（漫画故事版）	大32	8
政府法制普法宣传册（漫画故事版）	大32	8
保密普法宣传册（漫画故事版）	大32	8
档案普法宣传册（漫画故事版）	大32	8
信访普法宣传册（漫画故事版）	大32	8
国防普法宣传册（漫画故事版）	大32	8
发展改革普法宣传册（漫画故事版）	大32	8
粮食普法宣传册（漫画故事版）	大32	8
教育普法宣传册（漫画故事版）	大32	8
体育普法宣传册（漫画故事版）	大32	8
科技普法宣传册（漫画故事版）	大32	8
工业和信息化普法宣传册（漫画故事版）	大32	8
烟草普法宣传册（漫画故事版）	大32	8
民族普法宣传册（漫画故事版）	大32	8
宗教普法宣传册（漫画故事版）	大32	8

公安普法宣传册（漫画故事版）	大32	8
国家安全普法宣传册（漫画故事版）	大32	8
民政普法宣传册（漫画故事版）	大32	8
司法协助普法宣传册（漫画故事版）	大32	8
财政普法宣传册（漫画故事版）	大32	8
审计普法宣传册（漫画故事版）	大32	8
国土资源普法宣传册（漫画故事版）	大32	8
人力资源和社会保障普法宣传册（漫画故事版）	大32	8
环境保护普法宣传册（漫画故事版）	大32	8
住房和城乡建设普法宣传册（漫画故事版）	大32	8
交通普法宣传册（漫画故事版）	大32	8
铁路普法宣传册（漫画故事版）	大32	8
民航普法宣传册（漫画故事版）	大32	8
邮政普法宣传册（漫画故事版）	大32	8
商务普法宣传册（漫画故事版）	大32	8
农业普法宣传册（漫画故事版）	大32	8
林业普法宣传册（漫画故事版）	大32	8
水利普法宣传册（漫画故事版）	大32	8
文化普法宣传册（漫画故事版）	大32	8
广电新闻出版普法宣传册（漫画故事版）	大32	8
卫生普法宣传册（漫画故事版）	大32	8
计划生育普法宣传册（漫画故事版）	大32	8
人民银行普法宣传册（漫画故事版）	大32	8
海关普法宣传册（漫画故事版）	大32	8
国资监管普法宣传册（漫画故事版）	大32	8
税务普法宣传册（漫画故事版）	大32	8
工商行政管理普法宣传册（漫画故事版）	大32	8
质量检验检疫普法宣传册（漫画故事版）	大32	8
安全生产监管普法宣传册（漫画故事版）	大32	8
食品药品监管普法宣传册（漫画故事版）	大32	8
统计普法宣传册（漫画故事版）	大32	8
旅游普法宣传册（漫画故事版）	大32	8
地震普法宣传册（漫画故事版）	大32	8
气象普法宣传册（漫画故事版）	大32	8
银行业监管普法宣传册（漫画故事版）	大32	8
证券监管普法宣传册（漫画故事版）	大32	8
保险监管普法宣传册（漫画故事版）	大32	8
能源普法宣传册（漫画故事版）	大32	8
编制普法宣传册（漫画故事版）	大32	8
海洋普法宣传册（漫画故事版）	大32	8
外汇管理普法宣传册（漫画故事版）	大32	8

文物普法宣传册（漫画故事版）	大32	8
中医药普法宣传册（漫画故事版）	大32	8
国防科工普法宣传册（漫画故事版）	大32	8
港澳台普法宣传册（漫画故事版）	大32	8
知识产权普法宣传册（漫画故事版）	大32	8
供销社普法宣传册（漫画故事版）	大32	8
工会普法宣传册（漫画故事版）	大32	8
共青团普法宣传册（漫画故事版）	大32	8
妇联普法宣传册（漫画故事版）	大32	8
文联作协普法宣传册（漫画故事版）	大32	8
残联普法宣传册（漫画故事版）	大32	8
红十字会普法宣传册（漫画故事版）	大32	8
青少年《法治教育》教材（法治实践版，共30册）		
法治教育（法治实践版·小学一年级注音版上）	16开	6.8
法治教育（法治实践版·小学一年级注音版下）	16开	6.8
法治教育（法治实践版·小学二年级注音版上）	16开	6.8
法治教育（法治实践版·小学二年级注音版下）	16开	6.8
法治教育（法治实践版·小学三年级上）	16开	8.8
法治教育（法治实践版·小学三年级下）	16开	8.8
法治教育（法治实践版·小学四年级上）	16开	8.8
法治教育（法治实践版·小学四年级下）	16开	8.8
法治教育（法治实践版·小学五年级上）	16开	8.8
法治教育（法治实践版·小学五年级下）	16开	8.8
法治教育（法治实践版·小学六年级上）	16开	8.8
法治教育（法治实践版·小学六年级下）	16开	8.8
法治教育（法治实践版·初中一年级上）	16开	10.8
法治教育（法治实践版·初中一年级下）	16开	10.8
法治教育（法治实践版·初中二年级上）	16开	10.8
法治教育（法治实践版·初中二年级下）	16开	10.8
法治教育（法治实践版·初中三年级上）	16开	10.8
法治教育（法治实践版·初中三年级下）	16开	10.8
法治教育（法治实践版·高中一年级上）	16开	12.8
法治教育（法治实践版·高中一年级下）	16开	12.8
法治教育（法治实践版·高中二年级上）	16开	12.8
法治教育（法治实践版·高中二年级下）	16开	12.8
法治教育（法治实践版·高中三年级上）	16开	12.8
法治教育（法治实践版·高中三年级下）	16开	12.8
法治教育（法治实践版·中职中专一年级）	16开	14.8
法治教育（法治实践版·中职中专二年级）	16开	14.8
法治教育（法治实践版·中职中专三年级）	16开	14.8
法治教育（法治实践版·大学一年级）	16开	19.8

法治教育（法治实践版·大学二年级）	16开	19.8
法治教育（法治实践版·大学三年级）	16开	19.8
“七五”普法书架—“以案释法”丛书（共60册）	16开	2160
《公民权益保护法律指南》丛书（10册/套）	16开	360（量大时外包装纸盒上可署名**编印或**捐赠，订60册全套增书架一幅）
公民权利义务法律指南（以案释法版）	16开	
未成年人权益保护法律指南（以案释法版）	16开	
妇女权益保护法律指南（以案释法版）	16开	
老年人权益保护法律指南（以案释法版）	16开	
务工人员权益保护法律指南（以案释法版）	16开	
军人权益保护法律指南（以案释法版）	16开	
消费者维权法律指南（以案释法版）	16开	
征地拆迁维权法律指南（以案释法版）	16开	
监狱罪犯维权法律指南（以案释法版）	16开	
国家赔偿法律指南（以案释法版）	16开	
《大众创业风险防范法律指导》丛书（10册/套）	16开	360（量大时外包装纸盒上可署名**编印或**捐赠，订60册全套增书架一幅）
合同纠纷防范法律指导（以案释法版）	16开	
民间借贷纠纷防范法律指导（以案释法版）	16开	
合伙纠纷防范法律指导（以案释法版）	16开	
公司设立与股权纠纷防范法律指导（以案释法版）	16开	
企业税收风险防范法律指导（以案释法版）	16开	
抵押担保纠纷防范法律指导（以案释法版）	16开	
商标、专利纠纷防范法律指导（以案释法版）	16开	
票据存单纠纷防范法律指导（以案释法版）	16开	
委托理财纠纷防范法律指导（以案释法版）	16开	
企业改制与破产清算纠纷防范法律指导（以案释法版）	16开	
《一生中要远离这些违法犯罪》丛书（10册/套）	16开	360（量大时外包装纸盒上可署名**编印或**捐赠，订60册全套增书架一幅）
什么是违法（以案释法版）	16开	
什么是犯罪（以案释法版）	16开	
哪些行为构成危害公共安全罪（以案释法版）	16开	
哪些行为构成破坏社会主义市场经济秩序罪（以案释法版）	16开	
哪些行为构成侵犯公民人身权利、民主权利罪（以案释法版）	16开	
哪些行为构成侵犯财产罪（以案释法版）	16开	
哪些行为构成妨害社会管理秩序罪（以案释法版）	16开	
哪些行为构成贪污贿赂罪（以案释法版）	16开	
哪些行为构成渎职罪（以案释法版）	16开	
违法犯罪后如何辩护代理（以案释法版）	16开	
《民事纠纷法律适用指南》丛书（10册/套）	16开	360（量大时外包装纸盒上可署名**编印
人身伤害赔偿纠纷法律适用指南（以案释法版）	16开	
医疗事故赔偿纠纷法律适用指南（以案释法版）	16开	
环境污染赔偿纠纷法律适用指南（以案释法版）	16开	
工伤赔偿与劳动合同纠纷法律适用指南（以案释法版）	16开	

交通事故赔偿纠纷法律适用指南（以案释法版）	16开	
婚姻家庭纠纷法律适用指南（以案释法版）	16开	
收养、抚养、赡养与继承纠纷法律适用指南（以案释法版）	16开	
房屋纠纷法律适用指南（以案释法版）	16开	
宅基地与土地承包纠纷法律适用指南（以案释法版）	16开	
民事证据与民事诉讼法律适用指南（以案释法版）	16开	
《“法治创建”法律适用指导》丛书（10册/套）	16开	360（量大时外包装纸盒上可署名**编印或**捐赠，订60册全套增书架一幅）
安全生产法律适用指导（以案释法版）	16开	
食品安全法律适用指导（以案释法版）	16开	
道路交通安全法律适用指导（以案释法版）	16开	
工程建设质量与安全法律适用指导（以案释法版）	16开	
环境污染赔偿法律适用指导（以案释法版）	16开	
治安管理法律适用指导（以案释法版）	16开	
村民自治法律适用指导（以案释法版）	16开	
农村治安法律适用指导（以案释法版）	16开	
社区矫正法律适用指导（以案释法版）	16开	
人民调解法律适用指导（以案释法版）	16开	
《阳光执法适用指导》丛书（10册/套）	16开	360（量大时外包装纸盒上可署名**编印或**捐赠，订60册全套增书架一幅）
公安执法监督适用指导（以案释法版）	16开	
环保执法监督适用指导（以案释法版）	16开	
食药品监督管理适用指导（以案释法版）	16开	
安全生产监督管理适用指导（以案释法版）	16开	
行政处罚适用指导（以案释法版）	16开	
行政复议适用指导（以案释法版）	16开	
行政证据收集、举证、审查适用指导（以案释法版）	16开	
行政诉讼适用指导（以案释法版）	16开	
冤错案件的防范与纠正适用指导（以案释法版）	16开	
国家赔偿适用指导（以案释法版）	16开	
普法连续出版物《普法漫画》（合订本）	48辑	1440
全国普法办审定《普法漫画》月刊（1-12辑）	12辑	360
全国普法办审定《普法漫画》月刊（13-24辑）	12辑	360
全国普法办审定《普法漫画》月刊（25-36辑）	12辑	360
全国普法办审定《普法漫画》月刊（37-48辑）	12辑	360
普法连续出版物《普法音像》（合订本）	48辑	19200
全国普法办监制《普法音像》月刊（1-12辑）	12辑	4800
全国普法办监制《普法音像》月刊（13-24辑）	12辑	4800
全国普法办监制《普法音像》月刊（25-36辑）	12辑	4800
全国普法办监制《普法音像》月刊（37-48辑）	12辑	4800
普法连续出版物《普法挂图》（合订本）	48辑	960
《普法挂图》月刊（1-12辑）	24张	240
《普法挂图》月刊（13-24辑）	24张	240

《普法挂图》月刊（25-36 辑）	24 张	240
《普法挂图》月刊（37-48 辑）	24 张	240
“七五”普法挂图系列（45 种）		
《中华人民共和国国家安全法》挂图	2 张	20
《中华人民共和国食品安全法(修订版)》挂图	2 张	20
《中华人民共和国广告法》挂图	2 张	20
《中华人民共和国立法法》挂图	2 张	20
《中华人民共和国行政许可法》挂图	2 张	20
《中华人民共和国行政复议法》挂图	2 张	20
《中华人民共和国行政处罚法》挂图	2 张	20
《中华人民共和国社会救助暂行办法》挂图	2 张	20
《中华人民共和国水污染防治法》挂图	2 张	20
《中华人民共和国药品管理法》挂图	2 张	20
《工伤保险条例》挂图	2 张	20
《不动产登记暂行条例》挂图	2 张	20
《中华人民共和国社会保险法》挂图	2 张	20
《中华人民共和国突发事件应对法》挂图	2 张	20
《中华人民共和国劳动合同法》挂图	2 张	20
《中华人民共和国土地管理法》挂图	2 张	20
《中华人民共和国禁毒法》挂图	2 张	20
《中华人民共和国刑事诉讼法》挂图	2 张	20
《校车安全管理条例》挂图	2 张	20
《中华人民共和国道路交通安全法》挂图	2 张	20
《中华人民共和国民事诉讼法》(修正案)挂图	2 张	20
《中华人民共和国老年人权益保障法》挂图	2 张	20
《中华人民共和国预防未成年人犯罪法》挂图	2 张	20
《国有土地上房屋征收与补偿条例》挂图	2 张	20
《中华人民共和国物权法》挂图	2 张	20
《中华人民共和国治安管理处罚法》挂图	2 张	20
《中华人民共和国教师法》挂图	2 张	20
《中华人民共和国劳动法》挂图	2 张	20
《中华人民共和国农业法》挂图	2 张	20
《中华人民共和国旅游法》挂图	2 张	20
《中华人民共和国消费者权益保障法》挂图	2 张	20
《中华人民共和国职业病防治法》挂图	2 张	20
《中华人民共和国村民委员会组织法》挂图	2 张	20
《社区矫正实施办法》挂图	2 张	20
《信访条例》挂图	2 张	20
《法律援助条例》挂图	2 张	20
《中华人民共和国环境保护法(修订版)》挂图	2 张	20
《中华人民共和国劳动争议调解仲裁法》挂图	2 张	20

《中华人民共和国侵权责任法》挂图	2张	20
《中华人民共和国国家赔偿法》挂图	2张	20
《中华人民共和国安全生产法(修订版)》挂图	2张	20
《中华人民共和国教育法》挂图	2张	20
《中华人民共和国著作权法》挂图	2张	20
《中华人民共和国人民调解法》挂图	4张	30
《中华人民共和国反家庭暴力法》挂图	2张	20
“七五”普法·“法律六进”系列普法挂图	72张	720
《法律进农村》系列普法挂图	12张	120
《法律进社区》系列普法挂图	12张	120
《法律进学校》系列普法挂图	12张	120
《法律进企业》系列普法挂图	12张	120
《法律进单位》系列普法挂图	12张	120
《法律进机关》系列普法挂图	12张	120
“七五”普法·新时期法治宣传教育微讲座		
《立法法修正解读与立法实务操作》高端讲座	12DVD	1800
《行政执法能力提升培训》高端讲座	12DVD	2900
《宪法知识微讲座100讲》	10DVD	980
《法治思维100例》(领导干部、公务员、事业、国企、村居)	10DVD	1980
《公职人员法律和廉政风险防范讲座·领导干部篇》	2DVD	396
《公职人员法律和廉政风险防范讲座·公务员篇》	2DVD	396
《公职人员法律和廉政风险防范讲座·事业单位人民团体管理人员	2DVD	396
《公职人员法律和廉政风险防范讲座·国企经营管理人员篇》	2DVD	396
《公职人员法律和廉政风险防范讲座·基层村(居)干部篇》	2DVD	396
《开心普法——校园篇》电视情景短剧30集	10DVD	1800
“七五”普法·法学名家讲座系列(75讲)		
《全面推进依法治国基本方略》(中国社科院莫纪宏)	2DVD	200
《宪法的价值和我国宪法的实施》(中国社科院陈云生)	2DVD	200
《坚持依法行政建设法治政府》(国家行政学院杨伟东)	1DVD	100
《行政许可法讲座》(国家行政学院杨伟东)	1DVD	100
《行政处罚法讲座》(中国政法大学解志勇)	1DVD	100
《行政复议法讲座》(国家行政学院杨伟东)	1DVD	100
《行政强制法讲座》(全国人大法工委李援)	2DVD	200
《行政诉讼法(修订)讲座》(首都经贸大兰燕卓)	2DVD	200
《国家赔偿法讲座》(中国政法大学解志勇)	1DVD	100
《突发事件应对法讲座》(中国政法大学王敬波)	2DVD	200
《公共应急体制和应急预案体系》(中国政法大学林鸿潮)	1DVD	100
《义务教育法》讲座(中国劳动学院宋艳慧)	1DVD	100
《未成年人保护法》讲座(北京外国语大学姚金菊)	1DVD	100
《校车安全管理条例》讲座(中国政法大学王敬波)	1DVD	100
《预防未成年人犯罪法》讲座(中国政法大学皮艺军)	1DVD	100

《中小学幼儿园安全管理办法》讲座(中国政法大学王敬波)	1DVD	100
《未成年人保护法》讲座(中国政法大学皮艺军)	1DVD	100
《中小学公共安全教育指导纲要》讲座(中国政法大学王敬波)	1DVD	100
《教师法》讲座(北京外国语大学姚金菊)	1DVD	100
《学生伤害事故处理办法》讲座(中国政法大学王敬波)	1DVD	100
《消防法》讲座(中国劳动学院颜峻)	1DVD	100
《治安管处罚法》讲座(中国公安大学陈天本)	1DVD	100
《禁毒法》讲座(国家禁毒委领导专家)	4DVD	400
《侵权责任法》讲座(中国人民大学邢海宝)	2DVD	200
《精神卫生法》讲座(北京大学医学部刘瑞爽)	1DVD	100
《全国人民代表大会和地方各级人民代表大会代表法》(莫纪宏)	2DVD	200
《村民委员会组织法》讲座(民政部基层司汤晋苏)	1DVD	100
《保守国家秘密法(修订)》讲座(全国人大法工委孙镇平)	1DVD	100
《出境入境管理法》讲座(北京理工大学刘国福)	2DVD	200
《物权法》讲座(中国社科院法学所渠涛)	2DVD	200
《公司法(修订)》讲座(中国人民大学贾林青)	2DVD	200
《合伙企业法》讲座(中国社科院法学所崔勤之)	2DVD	200
《消费者权益保护法》讲座(中国人民大学刘俊海)	2DVD	200
《商标法》讲座(中国政法大学冯晓青)	2DVD	200
《著作权法》讲座(中国政法大学杨利华)	2DVD	200
《专利法》讲座(中国政法大学陈丽苹)	1DVD	100
《信息网络传播权的保护》(中国政法大学冯晓青)	2DVD	200
《非物质文化遗产法》讲座(全国人大法工委李文阁)	1DVD	100
《税收征收管理法实施细则》讲座(北京大学翟继光)	2DVD	200
《征信业管理条例》讲座(中国人民大学刘俊海)	2DVD	200
《安全生产法》讲座(国务院发展研究中心常纪文)	2DVD	200
《药品管理法》讲座(南开大学宋华琳)	1DVD	100
《食品安全法与食品安全法制建设》讲座(全国人大李援)	1DVD	100
《环境保护法》讲座(国务院发展研究中心常纪文)	1DVD	100
《节约能源法》讲座(首都经贸大学高桂林)	1DVD	100
《清洁生产促进法》讲座(中国青年政治学院刘映春)	1DVD	100
《循环经济促进法》讲座(中国人民大学周珂)	1DVD	100
《水环境与水资源法律制度》讲座(中国人民大学周珂)	1DVD	100
《水土保持法》讲座(中国人民大学周珂)	1DVD	100
《渔业法》讲座(国务院发展研究中心常纪文)	1DVD	100
《土地管理法》讲座(北京立天律师事务所张捷)	1DVD	100
《国有土地上房屋征收与补偿条例》讲座(最高法院原法官王达)	3DVD	300
《城市房地产管理法》讲座(中国政法大学符启林)	2DVD	200
《物业管理条例》讲座(中国政法大学薛克刚)	1DVD	100
《农村土地承包法》讲座(中国社科院法学所刘海波)	1DVD	100
《农村土地承包经营纠纷调解仲裁法》讲座(社科院法学所刘海波)	1DVD	100

《旅游法》讲座(对外经贸大学苏号朋)	2DVD	200
《保险法》讲座(对外经贸大学李青武)	1DVD	100
《交强险条例》讲座(中国人民大学贾林青)	2DVD	200
《劳动合同法》讲座(北京市劳动仲裁委吴立华)	2DVD	200
《劳动争议调解仲裁法》讲座(北京市劳动仲裁委梁桂琴)	1DVD	100
《职业病防治法》讲座(中国劳动学院孟燕华)	1DVD	100
《社会保险法》讲座(人社部政策研究司李月田)	1DVD	100
《军人保险法》讲座(中国人民大学邢海宝)	1DVD	100
《婚姻法司法解释(三)》讲座(中国社科院法学所薛宁兰)	2DVD	200
《老年人权益保障法》讲座(河北经贸大学田宝会)	1DVD	100
《妇女权益保障法》讲座(河北经贸大学梁洪杰)	1DVD	100
《残疾人权益保障法》讲座(河北经贸大学梁洪杰)	1DVD	100
《刑法修正案(八)》讲座(中国政法大学阮齐林)	2DVD	200
《刑事诉讼法(修订)》讲座(中国社科院冀祥德)	2DVD	200
《民事诉讼法(修订)》讲座(中国政法大学肖建华)	2DVD	200
《刑事法律援助制度的发展和实施》(中国政法大学顾永忠)	2DVD	200
《人民调解法》讲座(中国人民大学范愉)	1DVD	100
《调解制度在司法实践中的运用》(国家法官学院徐继军)	2DVD	200
《社区矫正的理论与实务》讲座(司法部预防犯罪所陈志海)	4DVD	400
“七五”普法·“宪法”宣传图书		
《宪法》宣誓·手持本(精装)	32开	28
《宪法》宣誓·手按本(精装)	32开	40
《宪法与我》宣传册(漫画案例版)	32开	5
《宪法》单行本(平装)	32开	4
《宪法》单行本(精装)	32开	16
《宪法》单行本(口袋书,简装,2000册起订)	64开	2
《中小学生“宪法晨读”本》(口袋书)	64开	5
《国家工作人员“我读宪法”本》(口袋书)	64开	5
“七五”普法·“宪法”广播电视和新媒体系列		
《宪法》宣传条幅(室外,每包10条,红底白字内容不同)	10条	2000
《宪法》宣传标语(社区、农村,每包10条,红底白字内容不同)	10条	30
《宪法》摘要广播(流动车大喇叭,著名播音员录制,23分钟)	23分钟	1000
《宪法》宣传电视专题片(电视台,多画面,播音员录制,26分钟)	26分钟	5000
《宪法讲座—著名宪法学家陈云生》(上、下集120分钟,2DVD光盘)	2DVD	200
《宪法》宣传动漫公益广告(源文件)(6分钟9个主题,可自主编	9个	4000
《宪法与我》手机短信(生活中的宪法,50条)	50条	1000
《宪法与我》手机报(彩信版,漫画生活中的宪法,10条)	10条	1000
《宪法与我》手机微信(漫画生活中的宪法,10条)	10条	1000
“七五”普法·“宪法”单页挂图展板台日历系列		
《宪法》宣传单页(16开,铜版纸,双面彩印,5000起订)	16开	0.6
《宪法》宣传单页(电子版,16开,正背彩印,漫画故事)	16开	2000

《"宪法与我"宣传折页》(漫画故事5折12面彩印，5000册起订)	5折页	5000
《"宪法与我"宣传折页》(电子版，可自主印制署名，含若干漫画)	5折页	5000
《宪法宣传挂图》(一套6张，铜版纸彩色印刷，100套起订)	6张	60
《宪法宣传挂图》(电子版，一套6张，可自主印刷署名)	6张	6000
《宪法宣传展板》(易拉宝，含架，一套6块)	6块	1200
《宪法宣传展板》(电子版，一套6张，可自主喷绘署名)	6块	6000
宪法宣传年度桌历(大32，13张高档铜板彩印，500册起订)	大32	8
宪法宣传年度桌历(电子版，可自主印制署名，含若干漫画)	大32	10000
宪法宣传年度周历(大32，53张高档铜板彩印，500册起订)	大32	20
宪法宣传年度周历(电子版，可自主印制署名，含若干漫画)	大32	20000
宪法宣传年度年历(4开1张，彩色高档印制，1000册起订)	4开	3
宪法宣传年度年历(电子版，可自主印刷署名)	4开	5000
宪法宣传年度日历(365页，手撕，72开，5000起订)	72开	10
"七五"普法·"宪法"宣传办公和生活用品系列		
宪法宣传笔记本(皮革，精装，16开，500册起订)	16开	20
宪法宣传笔记本(简装，2000册起)	大32	5
宪法宣传鼠标垫(常规，1000个起订)	常规	3.5
宪法宣传纸杯(常规，2000个起订)	常规	1
宪法宣传水写笔(常规，2000支起订)	常规	3
宪法宣传书签(常规，10000起订)	常规	0.5
宪法宣传茶具(普通青花瓷，1套7件，即1壶6杯，现货)	7件	160
宪法宣传茶具(优质骨瓷，1套11件，现货)	11件	360
宪法宣传茶杯(青花牡丹图)(高档优质骨瓷带盖、每箱10杯，现货)	10杯	420
宪法宣传茶杯(墨竹图)(普通陶瓷带盖、每箱10杯，现货)	10杯	190
宪法宣传笔筒(红瓷，1个，现货)	1个	198
宪法宣传扑克牌(72开，高档印制，1000起订)	72开	5
宪法宣传扑克牌(漫画+条文，电子版，可自主署名)	72开	10000
宪法宣传手提袋(无纺布，30cm×40cm×8cm，1000个起订)	无纺布	3
宪法宣传围裙(防水布，长80×宽65cm，1000个起订)	防水布	8
宪法宣传围裙(优质型/韩版，77×67×23cm，1000个起)	常规	15
宪法宣传毛巾(常规，1000个起订)	全棉	10
宪法宣传太阳伞(名牌杭州天堂伞、7-8片，500个起订)	7-8片	28
宪法宣传晴雨伞(广告品牌伞、7片-8片、500个起订)	7-8片	20
宪法宣传太阳帽(常规，1000个起订)	夏	10

银行汇款：开户名：中国民主法制出版社有限公司，账号：1100 1071 6000 5604 0867，开户行：建行北京市右安门支行（行号：1051 0000 9098）。**注：开发票时品名均为"图书"。**

分社地址：北京市海淀区北三环西路32号恒润国际大厦711、901、911（邮编100086）。

咨询电话：**400-659-2288**（多线，免长话费），传真：010-62167260、62151293。

网　　址：www.faxuan.net　或者　www.pfcx.cn　或者　www.Law124.com.cn 。